CC

EL CONCIERTO DE SAN OVIDIO
EL TRAGALUZ

clásicos castalia

ANTONIO BUERO VALLEJO

EL CONCIERTO DE SAN OVIDIO
EL TRAGALUZ

Edición,
introducción y notas
de
RICARDO DOMÉNECH

clásicos castalia

Madrid

Impreso en España. Printed in Spain
Unigraf, S. A. Fuenlabrada (Madrid)

Cubierta de Victor Sanz

I.S.B.N.: 84-7039-059-7
Depósito Legal: M-23787-1981

SUMARIO

INTRODUCCIÓN
BIOGRÁFICA Y CRÍTICA

1. LA FORJA DE UN DRAMATURGO

En su discurso de recepción del Premio Nobel de Literatura, en 1957, Albert Camus recordaba, oportunamente, las dos obligaciones que engrandecen el oficio del escritor: "el servicio a la verdad y a la libertad". Habló Camus, asimismo, de los hombres de su generación: "Esos hombres, nacidos al comienzo de la primera guerra mundial, que tenían veinte años en el momento en que se instalaban simultáneamente el poder hitleriano y los primeros procesos revolucionarios; que fueron situados después —para completar su educación— ante la guerra de España, la segunda guerra mundial, el universo concentracionario, la Europa de la tortura y de las cárceles, deben cuidar hoy de sus hijos y de sus obras en un mundo amenazado por la destrucción nuclear". Dijo también: "Sin duda, cada generación se cree destinada a rehacer el mundo. La mía sabe, sin embargo, que no lo rehará. Pero su tarea quizá sea aún más grande. Consiste en impedir que el mundo se deshaga. Heredera de una historia corrompida, en la que se mezclan las revoluciones frustradas, las técnicas enloquecidas, los dioses muertos y las ideologías extenuadas; cuando poderes mediocres pueden vencerlo todo, aunque no pueden convencer; cuando la inteligencia se ha rebajado hasta convertirse en la

criada del odio y la opresión, esta generación ha tenido
que restaurar, en sí misma y alrededor de sí misma, a
partir de sus negaciones, un poco de lo que hace digno
el vivir y el morir". [1]

Estas palabras de Camus, por lo que tienen de testimonio histórico y por lo que tienen de declaración de
una firmísima postura intelectual, nos parecen el más
adecuado pórtico para el estudio de otro escritor europeo de esa misma generación: Antonio Buero Vallejo.
Este escritor "solitario y solidario", como a menudo se
ha definido a sí mismo, asume —desde una perspectiva
española— una postura básicamente paralela, forjada
en circunstancias biográficas muy particulares y gene-
radora —incluso— de su vocación literaria.

Buero Vallejo nació en Guadalajara, el 29 de septiembre de 1916, en el seno de una familia de la clase
media. Su padre, D. Francisco Buero, era militar y tenía
entonces la graduación de capitán. El matrimonio contaba ya con otro hijo, Francisco, y años más tarde
nacería una niña: Carmen. Así integrada, la familia
Buero residió en Guadalajara hasta 1934. En esta ciudad castellana quedan enmarcadas, pues, la infancia y
adolescencia del futuro dramaturgo. El dato más sig-
nificativo de la infancia es el que se refiere a su temprana afición por el dibujo. "Conservo un álbum donde
hay dibujos míos desde los cinco años", nos ha dicho
Buero. [2] Don Francisco valoró en seguida esta aptitud
y le alentó en ella. "Mi padre coleccionaba y guardaba
dibujos míos, porque entendía que, efectivamente, en
mi caso podía haber unas condiciones especiales". Otro
dato de la infancia, que sólo pasados muchos años co-
braría especial significación, merece la pena añadir: en

1 Citamos por el texto reproducido en *Primer Acto*, núm. 116,
enero 1970, pp. 35-36.
2 No habríamos podido confeccionar estas páginas biográficas,
con la amplitud de datos y detalles hasta ahora no conocidos, si
esa información no nos la hubiera facilitado el propio Buero Vallejo.
Muy explícito, nuestro agradecimiento a su gentileza. Salvo indi-
cación en contrario, las frases entre comillas corresponden a declaraciones literales, grabadas en cinta magnetofónica.

1924 pide en reyes un teatrito de juguete, que constaba de un pequeño escenario de cartón y madera, muñecos recortables, efectos de luz, varios decorados y varios textos. Más de una vez ha comentado Buero Vallejo que allí aprendió a jugar al teatro, el juego "más fascinante" de su vida.

1926-33. Estudios de bachillerato. "Fui un estudiante irregular: muy bueno en algunas asignaturas, regular en las más, malo en algunas". El poeta Ramón de Garciasol, amigo y condiscípulo suyo, recuerda al Buero de aquellos años escolares como un muchacho "ensimismado, meditador, despacioso, de risa fácil y borbolleante, de calma tenaz y ahondadora".[3] En él se perfilaba, de un modo cada vez más resuelto, una clara vocación por la pintura. Mas también la literatura, y en particular la literatura dramática, ocupa un lugar en sus ocios adolescentes. Muy a mano, en la biblioteca paterna, están algunas de las obras de Galdós, de los escritores del 98, de Ibsen, de Bernard Shaw, autores todos ellos que influyen decisivamente en su formación y cuyos lejanos ecos serán perceptibles, mucho tiempo después, en su peculiar universo dramático. En 1933, obtiene un galardón literario. El primer premio en un concurso, sobre tema libre, convocado para alumnos de Segunda Enseñanza y de Magisterio de Guadalajara, con una narración titulada *El único hombre*. Sin embargo, su vocación continúa siendo la pintura y, terminado el bachillerato, plantea a sus padres el firme deseo de trasladarse a Madrid para cursar estudios en la Escuela de Bellas Artes. Ellos acceden, no sin cierta inquietud ante un porvenir que se anuncia difícil y problemático. Unos meses más tarde, D. Francisco es destinado a un puesto en Madrid y la familia Buero aparece nuevamente reunida, ahora en la capital de España.

3 Ramón de Garciasol, "Antonio Buero Vallejo", *Agora*, núm. 79-82, mayo-agosto 1963, p. 26.

1934-36. Estudios en la Escuela de Bellas Artes de San Fernando. Buero Vallejo conserva un recuerdo particularmente grato de las clases de Historia del Arte, dictadas por D. Rafael Laynez Alcalá y D. Enrique Lafuente Ferrari; de Anatomía, por D. Manuel Menéndez, y, entre las asignaturas de caracter propiamente plástico, las clases de D. Aurelio Arteta, "gran pintor vasco". Conocemos el testimonio personal de Lafuente Ferrari, quien recuerda al Buero de aquella etapa estudiantil como un muchacho muy ágil y despierto. Hasta que estalla la guerra, Buero se entrega con entusiasmo al aprendizaje del arte pictórico. En 1935, toma parte, como conferenciante esporádico, en los cursos nocturnos para obreros que la F. U. E. organiza en la Universidad de San Bernardo. Jorge Campos describe así cómo eran estas charlas:

> Un muchacho alto, delgado, más bien flaco, más recortado de perfil que de frente —¿vestía de luto?—, entrando de noche por los pasillos de la Universidad de San Bernardo. Pocas luces, apenas animación en lo que por las mañanas era bullicio, pasiones, guirigay. Las clases llenas de unos estudiantes distintos, más callados, sin desenvoltura al moverse en el cambio de un aula a otra. El muchacho entraba y comenzaba a explicar una clase. Hablaba de pintura. Quería llegar a lo hondo de sus discípulos, de oyentes que trataban de borrar de su cabeza varias horas de trabajo para meterse en ella lecciones: recuerdo un carpintero, un relojero, varios metalúrgicos, uno que vendía plátanos, otros que buscaban trabajo o que no hacían nada. Hablaba de colores contrarios. Y los pintaba con su palabra, tratando de despertar recuerdos involuntarios: "Si hay una tela amarilla, de un amarillo muy fuerte, tendida al sol, y le da un sol fuerte, si nos fijamos en los bordes..." Pasión. Arte. Y una necesidad de comunicarlo a los demás. [4]

La vida intelectual y artística madrileña ha alcanzado, en estos años, una riqueza que la ciudad no había

---

[4] Jorge Campos, "Buero, en tres momentos", *Agora*, núm. cit., p. 23.

conocido, probablemente, desde el Siglo de Oro. Conviven en este Madrid republicano casi todas las grandes figuras del 98; Ortega, Marañón y Pérez de Ayala, los nuevos y brillantes escritores del 27, sin contar tantas otras figuras eminentes en la música y en las artes plásticas. Buero Vallejo, que se encuentra en una edad básicamente receptiva, mira a todos lados con curiosidad y con avidez, asiste a las representaciones teatrales más importantes del momento —"aunque no al estreno: nunca fui estrenista"— y presencia, entre otras, las de *Yerma, La zapatera prodigiosa, Bodas de sangre...* Y lee. Lee infatigablemente. Como los libros siguen siendo caros, los adquiere habitualmente en los carritos que, apostados en la calle, ofrecen libros de reventa a precios muy asequibles. ¿Qué autores influyen más en él durante estos años? Buero Vallejo responde sin vacilar: "Por supuesto, el 98. Y no sólo en mí, sino en la mayor parte de los chicos de mi edad. Hablábamos constantemente de ellos y los leíamos constantemente. Valle-Inclán, Unamuno, Machado, Baroja... eran nuestros dioses. También en parte los del 27, pero quizá algo menos, por ser gente como quien dice apenas mayores que nosotros y estar todavía en una liza en que los otros ya no estaban. Nos interesaban mucho —por ejemplo, Lorca nos interesaba mucho; Alberti nos interesaba mucho...— pero eran todavía valores más en discusión".

18 de julio de 1936: estalla la guerra civil, que va a conmocionar y perturbar hasta sus cimientos toda la vida española. La catástrofe repercute en el hogar de los Buero de un modo particularmente trágico. La biografía de Buero Vallejo, que hasta aquí no es más que la de un muchacho despierto de la clase media que quiere ser pintor, se hace ahora grave y conflictiva. Al estallar la guerra, su primera reacción es querer alistarse voluntario para ir al frente, a lo que su familia se opone. "A falta de esta brillante perspectiva, que quizá me hubiera costado la cabeza, estuve trabajando en

el taller de propaganda plástica de la F. U. E. hasta
que ya me movilizaron, oficialmente, por la llamada
de mi quinta y con este motivo fui a parar a un bata-
llón de infantería". La muerte de D. Francisco, fusilado
el 7 de noviembre de 1936, y la experiencia directa de
la guerra y de la postguerra marcan una huella profunda,
decisiva, en el espíritu del futuro escritor; despiertan en
su mente una preocupación desde entonces constante —y
vertebral en su futuro teatro— acerca del sentido ético
de las cosas; acerca de la conducta humana en general
y de los españoles en particular.

Como soldado de la República, muy pronto pasó
a prestar servicios en la oficina de la Jefatura de Sani-
dad de la 15 División, en el frente del Jarama. En
1938, su Jefe se traslada al Ejército de Maniobra, lle-
vándose unos pocos colaboradores consigo, entre ellos
Buero. Ahora es el frente de Aragón. A fines del 38,
se fusionaron el Ejército de Maniobra y el Ejército de
Levante, bajo el nombre de éste último, y allí continuó
Buero hasta el final de la guerra, final que le sorprendió
en Valencia, donde estaba la sede. Tras estos breves
datos, se esconden sucesos, experiencias de todo tipo,
que el dramaturgo debería pormenorizar alguna vez en
un libro de memorias. En este escueto apunte biográ-
fico, difícilmente pueden tener cabida. Es interesante
recoger aquí, sin embargo, estas palabras con que Buero
nos refiere su situación en Valencia, en el momento de
terminar la guerra: "Después de pasar dos días en
casa de un amigo, me fui a la estación con el ánimo
de ver si me podía venir hasta Madrid, cosa que no
pude. Nos detuvieron a todos los que estábamos en
la estación. Ya habían salido varios trenes, pero el nuestro no salió. Nos llevaron a la plaza de toros. Allí estuvimos congregadas miles y miles de personas: prácticamente, todo el Ejército de Levante. Estuvimos unos
días en la plaza de toros y fueron formando expedicio-
nes para diversos campos de concentración. A mí me
tocó el de Soneja, en la provincia de Castellón y allí

estuve unos veintitantos días". Ese tren que no salió, y esa estación de postguerra, ¿acaso no hacen pensar en *El tragaluz?*

Vuelto a Madrid, poco después sería encarcelado y condenado a muerte por "adhesión a la rebelión". Conmutada la pena de muerte ocho meses más tarde, y tras las sucesivas rebajas de condena debidas a los decretos oficiales, saldría de la cárcel en 1946, en libertad condicional. A lo largo de estos seis años y medio, un largo, difícil itinerario por las colonias penitenciarias de la postguerra. Primero, la prisión "Conde de Toreno", en Madrid. Allí coincide con Miguel Hernández, a quien ya había conocido durante la guerra, y con quien ahora traba una buena amistad. Del poeta de Orihuela hizo entonces un excelente retrato, recogido en las *Obras Completas* de Hernández.[5] De la prisión de "Conde de Toreno", Buero pasó a la de Yeserías, donde estuvo aproximadamente un mes y de allí pasó a penales. Primero, la colonia penitenciaria del Dueso, en Santoña, donde permaneció tres años. Después, la prisión de Santa Rita —habilitada en el antiguo correccional del mismo nombre—, en Madrid. De allí, al penal de Ocaña, donde estuvo, como en Santa Rita, alrededor de un año o poco más. De Ocaña sale, por fin, en libertad condicional.

1946-49. Años de perplejidad, de búsquedas e incertidumbres intelectuales; años —también— de estrecheces y dificultades económicas. Quiere volver a pintar y no lo consigue, los pinceles se resisten. Intenta la narración y la abandona también... Sin embargo, siente una imperiosa necesidad de comunicación. A lo largo de los trece años precedentes, se ha venido forjando en su espíritu una imagen del hombre y del mundo que, urgentemente, necesita comunicar ahora. Intenta el teatro. A fines de 1946, escribe *En la ardiente oscuridad,*

<hr/>

5 Miguel Hernández, *Obras Completas*, Buenos Aires, 1960, Losada, pp. 608-609. El retrato contiene la siguiente dedicatoria: "Para Miguel Hernández, en recuerdo de nuestra amistad de la cárcel". Está fechado: 25-I-XL.

a la que siguen de inmediato dos o tres obras más, nunca estrenadas ni publicadas. En 1947, escribe *Historia de una escalera*; entre el 48 y el 49, *Aventura en lo gris*; a fines del 49, *El terror inmóvil*, no estrenada ni publicada tampoco... Hace simultánea esta tarea con dibujos y ocasionales escritos literarios; entre éstos últimos, destaca un estudio crítico-biográfico sobre Gustavo Doré, que aparece como epílogo a *Viaje por España*, de Charles Davillier. [6] Sin éxito, inicia algunas gestiones para el estreno de sus primeros dramas.

En 1949, y tras quince años de suspensión, el Ayuntamiento de Madrid convoca el Premio "Lope de Vega". Buero Vallejo presenta dos obras, *En la ardiente oscuridad* e *Historia de una escalera*, y el galardón recae sobre ésta última. El estreno preceptivo, en el Teatro Español, tiene lugar el 14 de octubre de 1949, bajo la dirección escénica de Cayetano Luca de Tena, siendo principales intérpretes María Jesús Valdés, Elena Salvador, Gabriel Llopart y Alberto Bové. En la breve autocrítica, el dramaturgo se manifestaba con una cautela que no deja de resultar sorprendente cuando se piensa en el tono, habitualmente extemporáneo, inocente y agresivo, con que casi todo autor suele expresarse en el momento de su primer estreno. "Como en todo lo que escribo, pretendí hacer una comedia en la que lo ambicioso del propósito estético se articule en formas teatrales susceptibles de ser recibidas con agrado por el gran público". [7] Nadie, o casi nadie, presagiaba el formidable éxito de aquella noche, y menos aún que ese éxito fuera a marcar una fecha histórica en el desarrollo de la escena española de nuestro tiempo. A la mañana siguiente, la crítica de la prensa diaria se hizo eco en términos muy elogiosos. En la crítica aparecida en el diario "ABC" y firmada por Alfredo Marqueríe, por ejemplo, se puede leer: "Desde las primeras esce-

6 Antonio Buero Vallejo, "Gustavo Doré. Estudio crítico-biográfico", *Viaje por España* de Charles Davillier, Madrid, 1949, Ediciones Castilla, pp. 1379-1508.
7 Antonio Buero Vallejo, "Autocrítica", *ABC*, 14-X-1949.

nas de *Historia de una escalera,* el público que asistió anoche al estreno tuvo la impresión de que se hallaba ante la obra de un autor auténticamente nuevo, con una preparación cultural y un sentido del teatro engarzados exactamente en el momento en que vivimos. En nuestra ya larga vida de escritores y periodistas hemos presenciado media docena de acontecimientos parecidos". [8] Elogios muy similares dedicaron al nuevo autor y a su obra los demás críticos, no sólo de la prensa diaria.

Hoy, con la perspectiva que nos da el tiempo, sabemos bien cuál fue el verdadero alcance de aquel éxito fuera de lo común. Desde luego, mucho mayor y más complejo de lo que supuso la crítica diaria. *Historia de una escalera* significaba, además de la revelación de un nuevo autor, la restauración de *lo trágico* en nuestros escenarios. Con ello, la reaparición en escena de la realidad española, de la vida española —crítica, moralmente entrevista— que durante diez años había brillado por su más completa ausencia de nuestros teatros de postguerra. Muerto García Lorca en 1936 y exiliados nuestros primeros autores dramáticos, durante la década 1939-49 lo único estimable que se produce en nuestra desolada escena es —con excepción de algunos grupos experimentales, de actividad aislada y minoritaria— un interesante teatro cómico: la última etapa teatral de Jardiel Poncela y la primera de Mihura. [9] Podría decirse —creo que se ha dicho alguna vez— que con *Historia de una escalera* se acabaron las bromas, que *Historia de una escalera* era un "vamos a hablar en serio" frente al "vamos a contar mentiras" del teatro cómico de los años inmediatamente anteriores. Por su carácter específicamente trágico, por su implícita denuncia de unas injustas condiciones sociales de vida, por su afortunado intento de aunar y trascender

[8] *ABC,* 15-X-1949.
[9] Cf. Domingo Pérez Minik, *Teatro Europeo Contemporáneo,* Madrid, 1961, Ediciones Guadarrama.—Gonzalo Torrente Ballester, *Teatro Español Contemporáneo,* Madrid, 1957, *Ibid.*

algunas importantes líneas dramáticas anteriores (el sainete, el teatro de Unamuno), *Historia de una escalera* aparece hoy ante nosotros como el primer drama lúcido, verdaderamente *fundamental,* del teatro español de postguerra.

Un segundo éxito, aunque de menor relieve, contribuye ese mismo año a la espectacular revelación del nuevo autor. La Asociación de Amigos de los Quintero había convocado un concurso para obras en un acto y Buero había presentado al certamen la pieza titulada *Las palabras en la arena.* El fallo se realiza tras la representación de las tres piezas finalistas, representación efectuada en el Teatro Español el 19 de diciembre, y el premio recae sobre la obrita de Buero, interpretada por los alumnos de la clase de Declamación del Conservatorio, bajo la dirección de Ana Martos de la Escosura.

El éxito de *Historia de una escalera,* y en parte también el de *Las palabras en la arena,* confirman a Buero en su vocación de autor de teatro, recién descubierta. Atrás quedan las dudas, las vacilaciones, la busca tenaz de un medio de comunicación. Atrás quedan la pintura, el dibujo. Atrás, o mejor dicho, *dentro,* queda la terrible experiencia de la guerra y de la postguerra. La suerte del dramaturgo está echada. Y acaso se puede añadir que ya en este momento se perfila con claridad su significación en el marco del teatro español y de la sociedad española de este tiempo, significación que cabría resumir con estas palabras de Pérez Minik: "Después de nuestra guerra civil, la historia de la convivencia española necesitaba un proceso. De esto no cabe duda. Nuestro dramaturgo no ha hecho otra cosa, a lo largo de su brillante carrera escénica, que abrir un proceso a gran parte de la existencia de nuestro país". [10]

---

[10] Pérez Minik, *Op. cit.,* p. 385.

Desde entonces, cada estreno de Buero [11] va precedido de una expectación inusitada. "Es una expectación —ha escrito Martí Zaro— que se avecina mucho a la que provoca el trapecista cuando prescinde de la red en su actuación, o al torero cuando se mete demasiado en los pitones. Es una sensación de peligro inminente, como si flotara en el aire la sospecha de que Buero lo arriesga todo en la partida". [12] Desde entonces, los éxitos —sin que, por otra parte, falte algún fracaso en los primeros años, como el de *La señal que se espera*— van jalonando su carrera dramática, de firme ejecutoria. Desde entonces, los premios de concesión automática (el Nacional de Teatro, el "María Rolland", el "Larra", etcétera) recaen una y otra vez sobre sus obras, destacando entre estas distinciones, por su excepcional cuantía económica, el "March" de 1959, otorgado a *Hoy es fiesta*. Desde entonces, Buero siempre está presente en las más importantes manifestaciones de la vida intelectual española. Trátese de unos coloquios, de una conferencia o de un estreno relevantes, no es difícil

---

[11] A partir de *Historia de una escalera* y *Las palabras en la arena*, los estrenos de A. B. V. se suceden en el siguiente orden: *En la ardiente oscuridad* (Teatro María Guerrero, 1-XII-1950. Dirección: Luis Escobar y Huberto Pérez de la Ossa); *La tejedora de sueños* (Teatro Español, 11-I-1952. Dirección: Cayetano Luca de Tena); *La señal que se espera* (Teatro Infanta Isabel, 21-V-1952. Dirección: Antonio Vico); *Casi un cuento de hadas* (Teatro Alcázar, 10-I-1953. Dirección: Cayetano Luca de Tena); *Madrugada* (Teatro Alcázar, 9-XII-1953. Dirección: Cayetano Luca de Tena); *Irene, o el tesoro* (Teatro María Guerrero, 14-XII-1954. Dirección: Claudio de la Torre); *Hoy es fiesta* (Teatro María Guerrero, 20-IX-1956. Dirección: Claudio de la Torre); *Las cartas boca abajo* (Teatro Reina Victoria, 5-XI-1957. Dirección: Fernando Granada); *Un soñador para un pueblo* (Teatro Español, 18-XII-1958. Dirección: José Tamayo); *Las Meninas* (Teatro Español, 9-XII-1960. Dirección: José Tamayo); *El Concierto de San Ovidio* (Teatro Goya, 16-XI-1962. Dirección: José Osuna); *Aventura en lo gris* (Teatro Recoletos, 1-X-1963. Dirección: el autor); *El tragaluz* (Teatro Bellas Artes, 7-X-1967. Dirección: José Osuna); *La doble historia del Doctor Valmy* (Gateway Theater de Chester, Inglaterra, 22-XI-1968. Versión de Farris Anderson. Dirección: Julian Oldfield) y *El sueño de la razón* (Teatro Reina Victoria, 6-II-1970. Dirección: José Osuna). Hay que sumar sus versiones de *Hamlet* (Teatro Español, 14-XII-1961) y de *Madre Coraje* (Teatro Bellas Artes, 8-X-1966).

[12] Pablo Martí Zaro, "Buero y su teatro", *Pulso*, núm. 0, febrero 1962, Recogido en *Teatro* de A. B. V., Madrid, 1968, Taurus, p. 30.

distinguir la figura inconfundible y familiar del dramaturgo, que García Pavón ha descrito en estos términos:
"Por ahí viene, despacioso, como el que cuenta los
pasos, ligeramente alzado su perfil rococó, desafiante su
nariz de espátula, pujante el agudo botón de su nuez.
Siempre hay en él cierto gesto de *doloroso sentir,* de no
se sabe qué melancolía". [13] En sus intervenciones en
público, en sus artículos esporádicos, en las polémicas
a las que a veces se ha visto arrastrado, en las encues-
tas y entrevistas con que los periodistas le asedian tan
frecuentemente, Buero siempre ha tenido algo que decir, siempre ha expuesto puntos de vista originales,
puntillosos a veces, de positivo interés en todo momento.

En 1959, contrae matrimonio con la actriz Victoria
Rodríguez, intérprete de algunas de sus obras: *Hoy es
fiesta, Las Meninas, Aventura en lo gris.* El matrimonio
tiene en la actualidad dos hijos. En 1963, a Buero le
autorizan la salida de España —que le había sido ne-
gada hasta ese año— y realiza viajes a Francia, Estados
Unidos, Italia e Inglaterra... En 1971, ingresa en la
Real Academia Española, cubriendo el sillón X, que
dejara vacante don Antonio Rodríguez Moñino. Admi-
rado, traducido, discutido, aplaudido con calor, Buero
Vallejo es para muchos el primer dramaturgo del teatro
español de este tiempo.

2.   UNIDAD, DIVERSIDAD

Con bastante razón —y con no menos machacone-
ría— Buero ha reivindicado numerosas veces la unidad
radical de su teatro, frente al criterio —anterior al estreno de *Un soñador para un pueblo*— de que en éste
se dibujaban dos tendencias: realista, una; simbolista,
otra. Así, por ejemplo, escribe en 1957: "Opino que
no hay tal tendencia doble, sino en realidad una sola
que se disfraza de realismo y a veces de otras cosas.

---

[13] Francisco García Pavón, "Semblanza de Antonio Buero Vallejo",
Agora, núm. cit., p. 24.

Mas, cualquiera que sea su apariencia, insisto en que encierra siempre o casi siempre parecidas exploraciones". [14] Esta unidad —inclusive después de la serie de dramas históricos que inaugura *Un soñador para un pueblo*— es muy cierta, no obstante las múltiples y aun contradictorias experiencias formales que se registran en la obra buerista, los distintos ambientes en que se sitúan las acciones dramáticas y lo aparentemente opuesto, en ocasiones, de los temas elegidos. Más aún: se podría añadir que este teatro, en conjunto, se reduce a unos pocos problemas esenciales, angustiosa y obsesivamente reiterados. [15] Es interesante observar que todos ellos se manifiestan o insinúan en su primer drama: *En la ardiente oscuridad*.

En consecuencia, ninguna obra mejor que ésta puede servirnos como punto de partida para entender esa unidad radical del teatro de Buero, sus dudas y perplejidades, su problemática medular que es a un tiempo trágica y esperanzada. Si el estreno de *Historia de una escalera* nos revela con notable precisión lo que ha significado y significa este teatro en la escena española y en la sociedad española de este tiempo, *En la ardiente oscuridad* nos facilita todas o casi todas las claves para comprender este teatro en su interioridad y en su profundidad. De hecho, *En la ardiente oscuridad* viene a ser como un centro motor, del que parten —y al que regresan— las posteriores y sucesivas *exploraciones* del dramaturgo. Visto de este modo, el teatro de Buero no responde a un desarrollo en forma de proceso lineal, sino que ese desarrollo responde a una forma espiral. Lo que este teatro quiere comunicarnos acerca del hombre y del mundo está básicamente enunciado o esbozado en su primer drama, y el porqué de ello es fácil

---

[14] "El autor y su obra. El teatro de Buero Vallejo visto por Buero Vallejo", *Primer Acto*, núm. 1, abril 1957, p. 6.
[15] Gonzalo Torrente Ballester conviene en esta unidad radical, subrayando que "el principio subordinante último de todos los elementos del teatro de Buero es su significación ética" ("Notas de introducción al teatro de Buero Vallejo", *Primer Acto*, núm. 38, diciembre 1962, p. 14).

de advertir: Buero escribe *En la ardiente oscuridad* a los treinta años, y por entonces ya tiene forjada en su mente una visión personal del hombre y del mundo; visión que es fruto, paralelamente, de su anterior experiencia intelectual y artística, y de su dilatada experiencia vital. Esto no quiere decir, claro está, que a lo largo de veinticinco años de carrera dramática no haya perfeccionado y enriquecido su dominio de las formas teatrales y literarias, y menos aún que en este tiempo no haya incorporado a su obra experiencias formales, conflictos y preocupaciones que han venido emergiendo en la anegada vida española de estos años. Más todavía: cada drama particular adquiere, en el contexto del teatro de Buero, una entidad poderosamente singularizada. Como escribe Martí Zaro, "para Buero, cada obra constituye de alguna manera, en alguna dirección, un objetivo absoluto que le empuja hacia el límite de sí mismo, que polariza y absorbe toda su energía y su capacidad de creación, porque es como una comprometedora y siempre última respuesta personal que necesariamente ha de dar, para no traicionarse ni traicionar a los demás". [16] Nada de esto contradice —antes bien, lo confirma— ese desarrollo en forma espiral, a que antes aludíamos, y cuyo más expresivo origen nos lo muestra *En la ardiente oscuridad,* obra escrita en 1946 y sometida por su autor a numerosas correcciones hasta el estreno en 1950.

En este drama encontramos una tara física, la ceguera, sobre la cual el dramaturgo proyecta un determinado sentido alegórico: el de las limitaciones humanas. Todos somos "ciegos", es decir, somos imperfectos, carecemos de libertad suficiente para comprender el misterio de nuestro ser y de nuestro destino en el mundo, pero necesitamos comprender a toda costa ese misterio. "No debemos conformarnos", dice el protagonista, Ignacio. Al mismo tiempo, el drama sitúa esta aspiración en una realidad concreta, en un microcosmos social, y allí pre-

[16]   Martí Zaro, *Ibid.,* p. 31.

senciamos un estimulante debate acerca del orden y de la libertad. La conclusión podría enunciarse así: no somos libres y no podemos conocer el misterio que nos rodea, porque, *además,* vivimos en una sociedad organizada desde y para la mentira, una sociedad que se empeña en convencernos de que no somos ciegos, es decir, de que somos libres y felices, cuando en realidad no somos libres y somos desgraciados. También ahora se nos invita a exclamar con Ignacio: "No debemos conformarnos". Si no fuéramos ciegos, seguramente esta sociedad en que vivimos no estaría organizada sobre la mentira; seguramente, esta sociedad así organizada es una prueba más de nuestra ceguera. Sin embargo, el hecho de que esta sociedad no estuviera organizada sobre la mentira, no significaría que por eso dejaríamos de ser ciegos. Seguramente seguiríamos siendo ciegos. Pero esta sospecha no excluye la esperanza de lo imposible: la de que alguna vez podamos alcanzar la visión y la luz, para lo cual hay que empezar por asumir la verdad trágica de nuestras tinieblas y sobre esta verdad asentar nuestro vivir y nuestro convivir. Dicho de otro modo, hay que empezar por conquistar la verdad y la libertad en el aquí y el ahora que nos han sido dados.

Esta doble raíz conflictiva subyace en casi todas las obras posteriores del autor, empeñado en hacer un teatro trágico que exprese la *realidad total* del hombre: el misterio inherente a su condición y a la vez su cotidiano bregar en una sociedad que se apoya en la mentira, en la injusticia o en la violencia. El tema del misterio domina ampliamente en obras de corte más o menos simbolista, como *Irene, o el tesoro, Casi un cuento de hadas, La señal que se espera, Aventura en lo gris* o *Mito.* El tema social —la sociedad española actual, con todas sus injusticias, sus mentiras y sus violencias—, en dramas como *Historia de una escalera, Hoy es fiesta, Las cartas boca abajo* y *El tragaluz.* Pero ni aquellas obras ni éstas serían enteramente explicables si se interpretaran en una sola dirección. En todas ellas está siempre presente —o cuando menos, latente— esa dualidad a que nos hemos referido. Dualidad a la que no son del todo ajenos los dramas históricos —*Un soñador para un pueblo, Las Meninas, El Concierto de San Ovidio y El sueño de la razón*—, donde no es difícil reconocer la esperanza y la desesperación de Ignacio, ahora transmitidas a otros personajes —sean reales o inventados— en otras situaciones concretas.

En la ardiente oscuridad pone de relieve, asimismo, una preocupación básica en todo el teatro de Buero: mostrar lo que uno de los investigadores de *El tragaluz* llama "la importancia infinita del caso singular". En otras palabras, *la tragedia del individuo.* Este propósito resulta evidente, quizá, a simple vista. Pero nos descubre todo su alcance cuando tomamos en consideración el papel que las taras físicas —y psíquicas— desempeñan en este universo dramático. El número de ellas es demasiado elevado para ser casual. La ceguera reaparece en *El Concierto de San Ovidio.* Pilar, en *Hoy es fiesta,* sufre una grave sordera. También el protagonista de *El sueño de la razón,* y en este caso se trata de algo más que de respetar el hecho cierto de que Goya fue sordo. La demencia o el desequilibrio psíquico son factores impulsores de las acciones en *Irene, o el tesoro, La señal que se espera, El tragaluz* y *El sueño de la razón.* Anita, figura clave y enigmática de *Las cartas boca abajo,* es muda, y de Riquet, el protagonista de *Casi un cuento de hadas,* escribe el autor que su cara "está cercana a la más horrible fealdad". Diferentes significados pueden deducirse de este cúmulo de imperfecciones, al margen de lo ya dicho a propósito de la ceguera como símbolo de las limitaciones humanas en general. Jean-Paul Borel, afortunado estudioso del teatro de Buero, ha profundizado en esta cuestión y ha encontrado otras dos significaciones que son, cuando menos, tan importantes como la ya mencionada. "La mayoría de los lisiados de Buero Vallejo —escribe

Borel— poseen una especie de *segunda vista, o sexto sentido,* como si su atención, por fuerza apartada de lo exterior, de lo llamativo, aprendiera a conocer lo profundo, lo esencial. La coexistencia de ciegos y gente normal significaría, pues, que no todos vemos las mismas cosas (o sea, que la noción de lo concreto, de lo que se ve, no es unívoca), y sobre todo que los que prestamos atención a algunos aspectos de lo real, nos volvemos ciegos para otros aspectos". Un paso más y comprobamos que las taras físicas se orientan hacia una peculiar revelación de la soledad trágica del individuo. Escribe Borel, casi a continuación: "ciegos, no lo somos *absolutamente* (o, por lo menos, no sólo absolutamente), sino en relación a los demás. Soy ciego, luego no veo lo que ve el prójimo; quedo apartado de lo que a él le es dado inmediatamente; pertenezco a otro mundo que él; estoy solo en mi universo sin colores (...) Estoy condenado a no conocer sino *mi* realidad (...) Estoy encerrado en mi *mónada,* sin puerta ni ventanas, según dijo Leibniz, y éste es el sentido profundo de nuestra ceguera: la soledad". [17] Un rasgo muy notable hemos de añadir, y es el que se refiere a la significación que a menudo cobran algunos lisiados frente a personajes "normales": una significación premeditadamente ambigua y en extremo sugerente. Anita, en *Las cartas boca abajo,* y Pilar, en *Hoy es fiesta,* llegan a constituirse —merced a su tara física— en la conciencia de, respectivamente, Adela y Silverio. (No es menos sugerente la locura de El Padre, en *El tragaluz,* según veremos más adelante). El tema de la soledad individual se amplía así al tema de la personalidad, y ello desde una perspectiva que abarca, sustancialmente, las connotaciones éticas de ese tema.

La antinomia Ignacio-Carlos (*En la ardiente oscuridad*) volveremos a encontrarla, con cualesquiera variantes, en no pocas obras posteriores. Es, en parte, la

17 J. P. Borel, "Prólogo. Buero Vallejo, ¿vidente o ciego?", *El Concierto de San Ovidio* de A. B. V., Barcelona, 1963, Aymá, páginas 10-11.

antinomia Fernando-Urbano (*Historia de una escalera*); es, desde luego, la de Silvano-Goldman (*Aventura en lo gris*), la de Riquet-Armando (*Casi un cuento de hadas*), la de Anfino-Ulises (*La tejedora de sueños*), la de David-Valindin (*El Concierto de San Ovidio*), la de Mario-Vicente (*El tragaluz*)... En algún grado es también la de Irene-Dimas (*Irene, o el tesoro*), la de Luis-Enrique *(La señal que se espera)*, etc. A un lado están los hombres *contemplativos*; al otro, los *activos* —por decirlo con los términos utilizados en el más reciente drama en que tal antinomia aparece: *El tragaluz*—. Este esquema, no menos persistente que las taras físicas y psíquicas, se apoya en una preocupación íntimamente conectada con lo anterior: la preocupación acerca del *comportamiento del individuo*. Y hace constar un doble desacuerdo: el desacuerdo entre pensamiento y acción; el desacuerdo entre el individuo y *el otro*.

A un lado, los *contemplativos*; al otro, los *activos* —hemos dicho. Debemos añadir en seguida que si partimos de una rígida clasificación de este tipo, en la cual estas figuras antitéticas están condenadas a enunciar meramente la existencia de "dos bandos" contrapuestos, corremos el peligro de no comprender en su profundidad y diversidad este continuado debate que aparece en el teatro de Buero. En primer lugar, porque hay obras en las que se plantea ese debate y, sin embargo, no aparece abiertamente en escena la figura del personaje *activo* (esto sucede, por ejemplo, en *Hoy es fiesta*). En segundo lugar, porque lo frecuente es que, en relación con ello, cada obra adopte un punto de partida distinto y, consecuentemente, suministre aspectos nuevos y particulares. Así, por ejemplo, en *Historia de una escalera* encontramos un falso *contemplativo* —Fernando— y un *activo* —Urbano— que es profundamente diferente de todos los demás. En *Un soñador para un pueblo*, un activo que fundamentalmente es capaz de soñar —Esquilache— y en *El Concierto de*

San Ovidio, un *contemplativo* que es capaz de actuar: David. Más aún: hay personajes que superan, en sí mismos, esa antítesis. La supera Amalia, en *Madrugada,* a causa de su amor. La superan Velázquez, en *Las Meninas,* y Goya, en *El sueño de la razón,* a causa de su arte, que es —diríamos, parafraseando al propio Buero— un "modo de contemplación activa".

Lo dicho remite a la necesidad de examinar con detalle, en cada obra concreta, la forma especial como el autor se replantea —y nos plantea— esta persistente antinomia. Ahora bien, es posible esbozar unos rasgos de conjunto, preliminares y abiertos a sucesivas matizaciones en cada caso particular. Por lo común, el personaje *activo* revela una carencia mucho más grave que cualquier tara física: la carencia de escrúpulos. Piénsese en Carlos, Ulises, Dimas, Goldman, Valindin, Vicente... o Fernando VII. Impulsados por sus egoísmos o por sus bajos apetitos, todos estos personajes se valen de cualesquiera medios, y estos medios suelen ser la crueldad y la violencia, para hacer realidad sus deseos. Son víctimas de sí mismos y convierten en víctimas a quienes están a su alrededor o bajo su poder. Ante ellos, el espectador comprende inmediatamente que, por un elemental imperativo ético, no se puede ser así y, sobre todo, *no se puede actuar así.* Ahora bien, ¿quiere esto decir, como Vicente dice en *El tragaluz,* que "toda acción es impura"? A través de sus personajes *contemplativos,* el autor parece corregir esa afirmación del modo siguiente: toda acción *puede ser impura.* Depende del cómo y el porqué de cada acción particular.

La galería de personajes *contemplativos* precipita un modelo humano bastante homogéneo. Piénsese en Ignacio, Riquet, Silvano, Anfino, David, Mario... Sin olvidar las figuras de Esquilache —en cuanto éste tiene de soñador—, de Silverio y tantas otras. Son personajes escrupulosos, dubitativos, angustiados, que no pueden vivir en un mundo que les viene demasiado pequeño, que tienen clara conciencia de las limitaciones de su

propia condición o de las imperfecciones de la sociedad, que sueñan una libertad y una perfección superiores... Casi todos fracasan, en el sentido inmediato
de que no consiguen verificar su sueño en el mundo de
la realidad en que viven. No lo consiguen porque sueñan lo imposible, o quizá porque su capacidad de acción es inferior al mundo hostil que les rodea, o quizá
porque no son suficientemente buenos, suficientemente
limpios, para conseguirlo. Sea cual sea el motivo que más
directamente pueda explicar ese fracaso, hay que añadir en seguida que todos estos personajes "se salvan"
porque han verificado una relación humana con *el otro*.
Han muerto o han sido aniquilados en su lucha por
la verdad y por la libertad, pero esa lucha no ha
sido en vano. Precisamente por y a partir de ella, acaso
otros puedan un día convertir en realidad lo que para
estos personajes sólo ha sido un sueño. Es en este punto
donde el teatro de Buero despliega más abiertamente
su repertorio de exigencias éticas, y donde mejor puede
corroborarse su idea de la esperanza trágica.

A estas características y constantes que venimos des-
cribiendo, es imprescindible sumar, cuando menos, esta
otra: la que se refiere al tema de España. Heredero
de una cultura aplastada bajo los escombros de la guerra y de la postguerra, nuestro autor ha adoptado desde
el principio una clara voluntad integradora y restauradora. Jean-Paul Borel subraya que en el teatro de Buero
se reavivan temas, preocupaciones cardinales del mejor
teatro español anterior a la guerra civil. [18] Podemos decir que, movido por esta voluntad restauradora y con-
tinuadora, el teatro de Buero reencuentra el tema de
España desde una perspectiva intelectual muy semejante a la de un Larra, a la de un Galdós, a la de los
escritores del 98; esto es, una perspectiva desde la cual
el criticismo aparece como la forma más positiva, necesaria y honrada de un patriotismo auténtico; criti-

18   Jean-Paul Borel, *El teatro de lo imposible*, Madrid, 1966,
Guadarrama, p. 227 y ss.

cismo que surge al comprobar con melancolía lo que la España real es, en contraste con lo que la España soñada puede ser. Algo muy nuevo, muy personal, puede apreciarse, sin embargo, en este criticismo buerista: esa preocupación de signo primordialmente ético, que acabamos de hallar, y que en parte resulta explicable al considerar el momento social e histórico en que el autor escribe: a partir de —y también a *pesar de*, y en otro sentido, *a causa de*— las ruinas materiales y morales de nuestra última discordia civil. El tema de España, perceptible incluso, de una manera *mediata*, en aquellas obras en que el autor sobrepasa los límites de la realidad, es especialmente visible, de una manera inmediata y fundamental, en estas acabadas pinturas de la sociedad española de este tiempo, que se titulan *Historia de una escalera, Hoy es fiesta, Las cartas boca abajo* y *El tragaluz.* Lo es, igualmente, en los dramas históricos —en *Un soñador para un pueblo*, en *Las Meninas*, en *El sueño de la razón*—, dramas que contemplan circunstancias fronterizas de nuestra historia, conflictos que en su día no fueron resueltos y que han prefigurado, en notable medida, nuestro presente. En todas estas obras, el autor se afana en descubrir las grandes lecciones transmitidas y desoídas, los cimientos éticos desde los cuales habría sido posible, y todavía hoy puede serlo, construir la España soñada. El espectador se siente llamado, muy pronto, a recabar sobre sí —moral y cívicamente— esta formidable tarea.

Unidad, diversidad. No resultaría fácil decidir cuál es, de entre todas estas características que hasta aquí hemos podido comprobar, la que más genuinamente singulariza el teatro de Buero Vallejo. Acaso lo sea el deliberado empeño de integrar esa diversidad en una unidad radical, aunque no monocorde.

3. *El tragaluz*

El tragaluz, subtitulada "experimento en dos partes", se estrenó en 1967, y es una de las obras que mejor expresan el empeño totalizador, integrador, de nuestro dramaturgo. Por un lado, *El tragaluz* desarrolla el criticismo social, predominante en *Historia de una escalera, Hoy es fiesta* y *Las cartas boca abajo,* enriqueciendo su enfoque, aportando datos, haciendo más explícitos otros, insistiendo en lo que estas obras tienen de *proceso* a la sociedad española. Se diría que *Hoy es fiesta, Las cartas boca abajo* y *El tragaluz* añaden en profundidad nuevos actos dramáticos, nuevos cortes en el tiempo, a los tres que —espaciados a lo largo de treinta años— componían *Historia de una escalera.* De otro lado, sin embargo, *El tragaluz* reabsorbe, íntegramente, el tema del misterio del hombre; tema medular de *En la ardiente oscuridad* —aparte las demás connotaciones, que ya hemos señalado— y sólo latente o, cuando más, esbozado en las otras obras que acabamos de citar; tema medular también —y hasta, en algún caso, excluyente— en diversas obras estrenadas entre 1950 y 1956. De este modo, *El tragaluz* —como asimismo, según veremos más adelante, *El Concierto de San Ovidio*— viene a ser una síntesis de anteriores experiencias dramáticas del autor. Es también —como *El Concierto de San Ovidio*— una vigorosa y brillante creación en el ámbito de lo trágico.

Al comienzo, *El tragaluz* se nos presenta como una obra de ciencia-ficción. Dos investigadores, Él y Ella, un hombre y una mujer de un siglo futuro, lejano, se dirigen a nosotros —supuestos espectadores también de ese siglo— para darnos a conocer un experimento. En esa época, merced a un extraordinario desarrollo científico, se ha hecho realidad un antiguo sueño del hombre: *recobrar* el pasado, reconstruir hechos y figuras del pasado, detectando sus huellas misteriosamente preservadas en el espacio. Él y Ella, por ejemplo, han logrado detectar una historia ocurrida en España, en la segunda mitad del siglo XX. Esa historia —"oscura y singular"— nos va a ser mostrada de una forma peculiarísima: los detectores no sólo captan acciones, sino también pensamientos y sentimientos, convertidos en imágenes, de suerte que el experimento nos va a enfrentar con una *realidad total,* en la que la frontera del mundo objetivo y el mundo subjetivo es dudosa, escurridiza, a menudo inexistente.

La acción dramática de *El tragaluz* avanzará, así, en un doble plano: el de ese siglo futuro, con las figuras de Él y Ella, y con nosotros, espectadores; y el del siglo XX, con los personajes de esta historia trágica de una familia española. Más adelante comprobaremos cuál es la finalidad de este aparente juego, y en qué grado proyecta una luz especial sobre los hechos dramáticos, al situarnos frente a ellos desde una determinada perspectiva.

La historia trágica de una familia española, hemos dicho. ¿Qué historia es ésa? Ocurrió al terminar la guerra civil, y se ha prolongado en la vida de estos personajes hasta casi treinta años después. Tratemos de imaginar por un momento a esa familia, recién terminada la guerra, en una estación, queriendo tomar un tren que los llevara hasta Madrid. Los padres y tres hijos: dos muchachos de diez a quince años, Vicente y Mario, y una niña pequeña, Elvirita. Los trenes venían muy llenos, repletos de soldados que regresaban a sus casas. En aquellas circunstancias, no resultaba fácil tomar un tren. Como Vicente era un muchacho fuerte, ágil, el padre le había encomendado que llevara un saco con las provisiones y recursos de la familia; entre las provisiones, unos botes de leche para la niña. Llegó uno de aquellos trenes y —no es difícil imaginarlo— la gente se abalanzó materialmente sobre él. Entre la muchedumbre excitada, entre los gritos, los empujones, no nos es imposible distinguir a esta familia, todos ellos muy excitados también, cogidos entre sí de la mano, intentando subir a ese vagón todos juntos, sin perderse. Vicente consiguió subir y, como los demás no podían hacerlo, el padre le ordenó que bajara. En el tumulto, la orden del padre, clara,

terminante, que Mario recordará muchos años después:
"¡Baja! ¡Baja!" Los soldados empujaban a Vicente
para que bajara, y el muchacho forcejeó con ellos, re-
sistiéndose, decidido a no bajar, a marchar él solo a
Madrid. Así ocurrió, en efecto, y con resultados muy
graves. La niña murió de hambre. Y todo ello fue un
golpe tan duro para El Padre que enloqueció. Pero en
la familia no se ha reconocido nunca la verdad de
aquel suceso. Por el contrario, se estableció una versión dulcificada, según la cual Vicente no contrajo responsabilidad ni culpabilidad alguna, ya que, si no bajó
del tren, fue porque los soldados se lo impidieron. Esta
versión —externamente aceptada por toda la familia,
pero no creída subjetivamente por ninguno de sus miembros— se ha mantenido a lo largo de unos treinta
años, que es cuando empieza la acción.

A excepción de Vicente, la familia habita en una
vivienda inhóspita: un semisótano, en el que hay un
tragaluz, por el que se ven únicamente las piernas de
los transeúntes que pasan. Es el agujero que encontraron cuando, al fin, pudieron llegar a Madrid, y del cual
no han salido en todos estos años. Años difíciles, de
estrechez económica. El Padre, que era empleado de un
ministerio, fue depurado al terminar la guerra, y cuando le fue posible solicitar la reincorporación, no quiso
hacerlo. Hoy vive sumido en la locura: constantemente,
como si fuera una tarea, se dedica a recortar de las
revistas ilustradas, las tarjetas postales, etc., las figuras
humanas que allí aparecen, y guarda estos recortes en
un fantástico archivo. Siempre pregunta lo mismo ante
cualquier fotografía: "¿Quién es ése?" La respuesta
de su mujer, de Mario o de Vicente —cuando Vicente
viene a ver a su familia— es invariable: no se lo pueden decir, porque, claro está, no lo saben. Él, en cambio, les replica con esta enigmática afirmación: "Yo, sí".

Mario, decíamos, vive con sus padres. Trabaja a salto
de mata, en "chapuzas" intelectuales: corrige pruebas de imprenta, escribe algún artículo, etc. Vicente,

desde hace algún tiempo, vive solo en un apartamento y ocupa un alto cargo en una empresa editorial, que últimamente ha conseguido una ampliación de capital muy importante, al incorporarse un nuevo grupo financiero a su sociedad. Este cuadro de personajes quedará finalmente completo si sumamos la figura de Encarna. Es la secretaria de Vicente. Una pobre muchacha, bastante ignorante, que conserva su trabajo porque, además, es amante de su jefe, de quien va a tener un hijo. A la vez, Encarna ama profundamente a Mario, quien desconoce por completo las relaciones amorosas de la muchacha con Vicente, y desea casarse con ella.

Esta necesaria descripción nos permite pasar ya a un examen de las figuras dramáticas, en busca de sus diferentes significados y del sentido último de esta historia trágica. Comencemos por la antinomia Mario-Vicente.

Algunas afirmaciones o confesiones de Mario nos permiten comprender con claridad cómo es este personaje, cómo piensa, qué impulsos le mueven o le retienen en relación con la sociedad o con las personas de su alrededor. "Me repugna nuestro mundo —dice en una ocasión a su hermano—. En él no cabe más que comerte a los demás o ser comido. Y encima todos te dicen: ¡Devora antes de que te devoren! Te daremos bellas teorías para tu tranquilidad. La lucha por la vida... El mal inevitable para llegar al bien necesario... La caridad bien entendida... Pero yo, en mi rincón, intento comprobar si puedo salvarme de ser devorado... aunque no devore". En su tragaluz, indiferente a las llamadas de esa sociedad en la que "no cabe más que comerte a los demás o ser comido", escéptico, triste, honrado, solitario... He aquí una dimensión del personaje. Pero nos equivocaríamos si creyésemos que es la única, o la que más le caracteriza. Por debajo de este velo de apatía hay un espíritu vibrante, inquieto, muy fuera de lo común. A menudo se pregunta Mario si la idea obsesiva de su padre —"¿quién es ése?"—

no esconderá un profundo anhelo de la humanidad, bien distinto a la locura. Cuando eran niños, él y Vicente se sentaban ante el tragaluz y jugaban a adivinar quiénes o cómo serían los transeúntes que pasaban por la calle, y de los cuales únicamente veían las piernas. Entonces eran niños y eran inocentes. Hoy, Mario —que conserva cierta forma de inocencia— también puede preguntarse como su padre, ante una tarjeta postal, quién es ese hombre anónimo, fortuitamente retratado, inmovilizado sin él saberlo en una imagen. Y ha llegado incluso a pensar, dejando volar libremente la imaginación, cómo se podría averiguar quién es, llevando a cabo una investigación inmensa y complicada. Tarea imposible, sin embargo, como su razón le dicta y él reconoce:

MARIO. Tonterías, figúrate. Es como querer saber el comportamiento de un electrón en una galaxia lejanísima.
VICENTE. *(Riendo.)* ¡El punto de vista de Dios!
MARIO. Que nunca tendremos, pero que anhelamos.

En este anhelo de Mario, ¿no reconocemos la esperanza y la desesperación del protagonista de *En la ardiente oscuridad,* su anhelo de luz y de visión? Anhelo de luz y de visión, de trascender las tinieblas de nuestra condición humana, de penetrar en los últimos enigmas del hombre, del mundo y de la vida. Anhelo de luz y de visión, que hace fracasar —por insuficientes— todas las respuestas al misterio de nuestra vida, ya que siempre hay un último *porqué* incontestable, que excede de los límites de nuestra razón. Y, sin embargo, "no debemos conformarnos", parece decirnos también Mario, desde su tragaluz, como Ignacio nos había dicho desde su ceguera.

Vicente, a su vez, se define como figura antitética de Mario. Si Mario es un *contemplativo,* Vicente es un espíritu eminentemente práctico, un *activo,* como era Carlos. Sabe lo que quiere y sabe la forma de conseguirlo. Carente de la escrupulosidad ética de Mario, se adapta a todos los compromisos, a todas las conveniencias que le garantizan la obtención de sus propósitos. El ingreso del nuevo grupo en la empresa editorial, por ejemplo, supone una orientación que él, íntimamente, no comparte. Pero la acepta, estimando que se trata de un juego hábil. Mario se lo recriminará: "¡Claro que entiendo el juego! Se es un poco revolucionario, luego algo conservador... No hay inconveniente, pues para eso se siguen ostentando ideas avanzadas. El nuevo grupo nos utiliza... Nos dejamos utilizar, puesto que los utilizamos... ¡Y a medrar todos!. Porque, ¿quién sabe ya hoy a lo que está jugando cada cual? Sólo los pobres saben que son pobres".

Esta sumisión de Vicente es la contrapartida a su pasión de mando. Al doblegarse a un poder superior a él, consigue la garantía de ejercer su poder sobre un microcosmos limitado, del que, en cierto modo, se siente dueño absoluto. También Mario se lo impugnará: "¡Ah, pequeño dictadorzuelo, con tu pequeño imperio de empleados a quienes exiges que te pongan buena cara, mientras tú ahorras de sus pobres sueldos para tu hucha! ¡Ridículo aprendiz de tirano, con las palabras altruistas de todos los tiranos en la boca!"

Caeríamos en un error, sin embargo, si viéramos en este personaje algo así como un compendio de maldades. En primer lugar, porque Vicente vive en lucha consigo mismo, en lucha con su conciencia. En segundo lugar, porque todos sus actos se definen en relación con el medio social. Mario, al rememorar lo sucedido en aquella estación de postguerra, le dirá: "...el tren arrancó... y se te llevó para siempre. Porque ya nunca has bajado de él". Si Mario ha elegido el tragaluz, Vicente, a lo largo de su vida, ha elegido... el tren, a costa de lo que fuera. El tragaluz y el tren, como imágenes contradictorias, dejan ver en Vicente lo que es en el fondo: un oportunista, un arribista. Las conmociones sociales e históricas son propicias para la erupción de este tipo humano, cualesquiera que sean las ideas que ostente. Una subversión de valores en las relaciones humanas —y muy pródigo ha sido en ello nuestro siglo XX— puede desviar las mejores energías de un individuo en contra de los demás y de sí mismo. El *activo* Vicente, en un mundo ajeno a la disyuntiva de devorar o ser devorado, quizá habría sabido dominar aquellas inclinaciones egoístas de su adolescencia y habría encauzado sus energías hacia un fin positivo, quizá habría hecho su vida de otra forma. Desde ese punto de vista, el personaje es tan víctima como sus propias víctimas y tan digno de piedad como ellas. Ahora bien, sea cual sea el tiempo o el lugar en que se vive, hay siempre una íntima, intransferible libertad personal para elegir lo que somos, lo que vamos a ser. Vicente es víctima de su sociedad y de su tiempo, pero él ha elegido serlo. Es víctima y es culpable: todo a la vez. Cuanto más culpable, más víctima; cuanto más víctima, más culpable.

A la primera parte de la tragedia, de carácter expositivo, sucede una segunda parte en que presenciamos el juicio contra Vicente y su castigo inmediato. Las razones que mueven a Mario a provocar ese juicio pueden deducirse de algunas afirmaciones de Él y Ella. Por ejemplo:

> ÉL. (...) siempre es mejor saber, aunque sea doloroso.
> ELLA. Y aunque el saber nos lleve a nuevas ignorancias.

O esta otra afirmación de Él: "Durante siglos tuvimos que olvidar, para que el pasado no nos paralizase; ahora debemos recordar incesantemente, para que el pasado no nos envenene".

Sin duda, Mario cree que durante años cabía olvidar las causas de la muerte de Elvirita y la locura del padre, o, en todo caso, que quizá no fuera oportuno remover heridas tan recientes. Pero, sin duda también, en un momento dado piensa que no es posible sostener más la ficción, que la verdad debe revelarse, para que el pasado no les envenene. *En la ardiente oscuridad* ya nos había enseñado que la verdad, por trágica que pueda ser, es mejor que la mentira, por cómoda que ésta sea. De ahí que Mario, como un sañudo fiscal, alce la voz y acuse al hermano: "La guerra había sido atroz para todos; el futuro era incierto y, de pronto, comprendiste que el saco era tu primer botín. No te culpo del todo; sólo eras un muchacho hambriento y asustado. ¡Pero ahora, hombre ya, sí eres culpable! Has hecho pocas víctimas, desde luego; hay innumerables canallas que las han hecho por miles, por millones. ¡Pero tú eres como ellos! Dale tiempo al tiempo y verás crecer el número de las tuyas... Y tu botín".

Adviértase bien que, al rememorar los hechos del pasado, Mario intenta dejar clara la verdad de lo ocurrido. Y si acusa al hermano, no es tanto por su antiguo delito de muchacho, que a fin de cuentas disculpa, como sí por haber seguido haciendo víctimas. En primer lugar, Encarna. Ésta parece un deliberado reflejo de Elvira. No es casualidad que El Padre la confunda con la hija muerta: desde su lúcida demencia, reconoce en ella una nueva víctima inocente.

¿Dónde puede conducir la impugnación de Mario? Él mismo no lo sabe, no ha sido capaz de prever los resultados, que van a ser espantosos. Sin embargo, por de pronto, hay algo positivo en esta tenaz revelación de la verdad: que Vicente se encare consigo mismo, con su propia conciencia. Se trata, además, de una búsqueda del propio personaje, al venir cada vez con mayor frecuencia a este tragaluz: en el fondo de sí mismo, anhela un perdón que sólo El Padre puede darle. Oigámosle, a solas ya con su padre, esta confesión:

VICENTE. Es cierto, padre. Me empujaban. Y yo no quise bajar. Los abandoné, y la niña murió por mi culpa (...) Cuando me enteré de su muerte, pensé: un niño más. Una niña que ni siquiera había empezado a vivir (...) Sí. Pensé esta ignominia para tranquilizarme. Quisiera que me entendiese, aunque sé que no me entiende. Le hablo como quien habla a Dios sin creer en Dios, porque quisiera que Él estuviese ahí... Pero no está y nadie es castigado, y la vida sigue. Míreme: estoy llorando. Dentro de un momento me iré, con la pequeña ilusión de que me ha escuchado, a seguir haciendo víctimas... De cuando en cuando pensaré que hice cuanto pude confesándome a usted y que ya no había remedio, puesto que usted no entiende... El otro loco, mi hermano, me diría: hay remedio. Pero, ¿quién puede terminar con las canalladas en un mundo canalla?

Repárese bien en la actitud del personaje: por un lado, reconoce su culpabilidad; por otro, nuevamente quiere engañarse a sí mismo, convencerse de que es inútil merecer un perdón que nadie va a otorgarle. Una vez más, su conciencia se doblega a su carácter eminentemente práctico. No se trata de un error circunstancial —que va a pagar muy caro, con la propia vida—, sino de una actitud hace tiempo elegida, de una manera de comportarse con los demás, durante todo este tiempo. Y cuando muere, a manos de El Padre, más que un asesinato de un loco, parece como si se cumpliera, ante nuestra mirada atónita, el designio de una antigua e implacable Dike. Como figura trágica que es, Vicente no encuentra el perdón que desea, sino el castigo que merece, pues no es cierto que "nadie es castigado y la vida sigue": precisamente la tragedia, toda tragedia, demuestra que los delitos son castigados.

Resultaba forzoso llegar hasta aquí para preguntarnos qué significa la figura de El Padre. Una visión superficial nos diría de este anciano de setenta y seis años que es un pobre demente; un loco que nos hace reír y nos mueve a compasión —porque la locura hace reír y, simultáneamente, mueve a compasión—; un loco que... al final resulta "peligroso"; un hombre cuya vida fue destrozada por la conmoción de la guerra, por la conducta del hijo, por la muerte de Elvirita. Según observa en una ocasión Mario, "no era un hombre al uso", sino que "era de la madera de los que nunca se reponen de la deslealtad ajena"; era "un hombre recto", que quiso inculcar a sus hijos "la religión de la rectitud". Su idea obsesiva de recortar muñequitos, de preguntarse siempre ante ellos quién es éste, y el otro, y el de más allá; su recuerdo impreciso pero imborrable del tren; su manía de mirar a la calle a través del tragaluz... Todos estos datos precipitan un tipo psicológico bien definido, apto para ser clasificado como un caso clínico. Pero lo extraordinario del personaje radica en que, además de ser todo esto, es también todo lo que sugiere. Si las figuras de La Madre y Encarna no contienen excesivas complejidades, y su posición en el desarrollo del drama es unívoca y de carácter primordialmente funcional, el personaje de El Padre, por el contrario, está cuajado de plurivalencias. Como otros muchos "lisiados" del teatro de Buero, El Padre aparece dotado de doble significación: real y alegórica. Señalemos algunas coincidencias, demasiado llamativas para ser casuales: 1.ª Vicente ha dicho que se confiesa ante él como si lo hiciera ante Dios, en quien no cree; y esa confesión, contrariamente a lo que imagina, no es inútil: El Padre le entiende y le castiga, como un dios terrible y justiciero. 2.ª La pregunta obsesiva de El Padre —¿quién es ese?— no encuentra respuesta por parte de la mujer y de los hijos, pero él dice que sí lo sabe, y ya nos ha advertido Vicente que eso sólo podría saberse "desde el punto de vista de Dios", tras lo cual el autor añade esta acotación: "El Padre los mira fijamente". 3.ª ¿Por qué las figuras de El Padre y La Madre no las designa el autor con nombres propios, como hace con los demás miembros de la familia? ¿Acaso para que el padre sea El Padre, con mayúscula?

Innecesario añadir más coincidencias. Hay una premeditada ambigüedad en este personaje, que permite encontrar en él, no sólo un viejo demente, sino algo mucho más hondo y misterioso. Ninguno de los rasgos observados nos permitiría decir resueltamente que es símbolo de Dios; mas, ante ellos, tampoco nos atreveríamos a afirmar resueltamente lo contrario. Es una figura equívoca, extraña, fascinante, como el Godot beckettiano. Con una diferencia, eso sí, y de suma importancia: este Godot *sí ha llegado,* y ha llegado, además, para castigar. Pero estamos muy lejos, al insinuar esta comparación, de proponer una sola interpretación del personaje. De algún modo es esto, y de algún modo es otras muchas cosas. Lo admirable de esta figura —sin discusión, una de las más logradas del teatro de Buero— radica en las múltiples posibilidades interpretativas que ofrece. No debe sorprender, por otra parte, que el autor haya buscado conscientemente esa meta. Recuérdese que lo ha hecho en ocasiones anteriores. Recuérdese esta afirmación suya, tan peculiar de su estética, que es todo un *leit-motiv* de su quehacer dramático: "Si una obra de teatro no sugiere más de lo que explícitamente expresa, está muerta. Lo implícito no es un error por defecto, sino una virtud por exceso". [19]

El autor pretende a toda costa que sus personajes encierren problematismo; que no se conviertan en meros esquemas. La antítesis Mario-Vicente, por ejemplo, no podría reducirse de ningún modo a una oposición entre bondad y maldad como conceptos absolutos. Las siguientes palabras de Mario nos parecen muy reveladoras en tal sentido: "Yo no soy bueno; mi hermano no era malo. Por eso volvió. A su modo, quiso pagar". Y también: "Él quería engañarse... y ver claro; yo quería salvarlo... y matarlo. ¿Qué queríamos en realidad? ¿Qué quería yo? ¿Cómo soy? ¿Quién soy? ¿Quién ha sido víctima de quién? Ya nunca lo sabré... Nunca". Más allá de las implicaciones morales, psicológicas y ontológicas, que hasta aquí hemos podido deducir de la antinomia Mario-Vicente, estas palabras de Ella proyectan sobre esa antinomia una concreta historicidad: "El mundo estaba lleno de injusticia, guerras y miedo. Los activos olvidaban la contemplación; quienes actuaban no sabían contemplar". A toda una grave frustración colectiva nos remite, consecuentemente, esta

19 Buero Vallejo, "Sobre teatro", *Agora,* núm. cit., p. 13.

historia "oscura y singular", cuyo final es, quiere ser esperanzador. Cuando la madre abre por última vez el tragaluz y de nuevo "la reja se dibuja sobre la pared; sombras de hombres y mujeres pasan; el vago rumor callejero inunda la escena", Mario, que está con Encarna en otro plano de acción, dice, mirando hacia esa calle imaginaria: "Quizá ellos algún día, Encarna... Ellos sí, algún día... Ellos". Mario se refiere a esa gente que pasa, pero es lícito aventurar la sospecha de que esa esperanza descansa también, e incluso fundamentalmente, en el niño que va a nacer, en tanto que símbolo de unos hombres nuevos, limpios, no contaminados por tantas desgarraduras, que acaso podrán un día acometer la tarea ante la cual sus mayores se han sentido impotentes: la de hacer un mundo nuevo, noblemente humano, donde no haya que devorar o ser devorado; donde no haya que decir, como La Madre dice: "Malditos sean los hombres que arman las guerras", porque en él no habrá más guerras. Donde el hombre, cada hombre, se reconozca a sí mismo en los demás, pues a la pregunta "¿quién es ése?" —formulada por El Padre con la lucidez de su rara demencia— se puede contestar, como Ella hace, dirigiéndose a los espectadores: "Ése eres tú, y tú, y tú. Yo soy tú y tú eres yo. Todos hemos vivido y viviremos todas las vidas". Un mundo en que la libertad, la paz, la justicia, el amor, sean realidades cotidianamente vividas, y no palabras huecas o *slogans* de un momento. A través de la esperanza de Mario, el autor hace explícita su propia esperanza, a la par que —como siempre— mira a sus personajes destrozados, rotos, con dolor y con melancolía.

Ahora debemos volver al punto de partida: el de ese siglo "futuro", plano desde el cual se nos ha invitado a contemplar los hechos dramáticos. La finalidad de esta ficción radica, primeramente, en que, a través suyo, podemos ver más objetivada nuestra realidad contemporánea. "Si no os habéis sentido en algún instante verdaderos seres del siglo XX —dice Él a los espectadores—, pero observados y juzgados por una especie de

conciencia futura; si no os habéis sentido en algún
otro momento como seres de un futuro hecho ya presente que juzgan, con rigor y piedad, a gentes muy
antiguas y acaso iguales a vosotros, el experimento ha
fracasado". Este ejercicio imaginativo nos sitúa, por lo
tanto, en un nivel desde el cual podemos, más fácil-
mente, vernos y juzgarnos; enfrentarnos, cara a cara,
con nuestra responsabilidad individual y colectiva. Nada
de lo que hacemos, nada de lo que ocurre, es gratuito.
Nuestras acciones humanas podrán percibirse siempre
—advierten los investigadores— "desde algún lugar" o
"desde alguna mente lúcida". Nuestra vida es un in-
soslayable compromiso con la verdad. Mas, para acce-
der a esa conciencia de nuestra responsabilidad individual y colectiva, es necesario que esa objetivación de la
realidad abarque todo el problematismo que la realidad
contiene. Hemos de ver esa realidad... al trasluz. Y a
este propósito apunta, en segundo lugar o paralelamente, la ficción espacio-temporal del experimento de los
investigadores, como explícitamente nos dice uno de
ellos: "Estáis presenciando una experiencia de realidad
total: sucesos y pensamientos en mezcla inseparable".

Al oír a estos investigadores, ¿no parece como si
estuviésemos oyendo los lamentos, juicios y consejos
firmísimos del corifeo y el coro ante las desgracias de
la casa de Layo? La funcionalidad coral de estas figuras es evidente, y ello constituye un rasgo más de lo
que es *El tragaluz*: una tragedia de nuestro tiempo.

4. *El Concierto de San Ovidio*

El Concierto de San Ovidio, una "parábola" en tres
actos, se estrenó en 1962. En esta obra cristalizan, como
en *El tragaluz*, previas y diferentes experiencias dramáticas del autor.

Una primera impresión nos permite comprobar que
El Concierto de San Ovidio, se sitúa al lado de los
dramas históricos que le preceden inmediatamente, *Un*

soñador para un pueblo y *Las Meninas,* en tanto que, asimismo, es una dramatización de hechos rigurosamente históricos: en septiembre de 1771, un café de la Feria de San Ovidio de París ofreció, como espectáculo de éxito, una orquestina bufa, compuesta por un grupo de ciegos del Hospicio de los Quince-Veintes, y este suceso bochornoso impulsó a Valentín Haüy a consagrar su vida a la educación e incorporación a la sociedad de los invidentes. La contemplación de un grabado de la época, referente a dicha orquesta de ciegos, inspiró a Buero Vallejo la composición de este drama, de igual modo que —salvada la distancia entre los motivos inspiradores— la contemplación de *Las Meninas* le movió a dar vida dramática a este cuadro de Velázquez. Y así como en esta última obra, al final, se reproduce en el escenario el cuadro de *Las Meninas,* en *El Concierto de San Ovidio* hay una escena —la escena final del acto II— en que se reproduce, animado de vida dramática, el grabado en cuestión, que incluimos en la parte gráfica del presente volumen. Hay en estas obras históricas una cierta *familiaridad,* una proximidad de tono y estilo que, por lo demás, se hace tanto más notable al considerar que en todas ellas —con excepción de *El sueño de la razón,* estrenada en 1970— se amplía y enriquece una técnica *narrativa* que, si bien es visible ya en *Historia de una escalera,* alcanza ahora su mayor complejidad y diversidad escénicas.

Pero de inmediato cabe advertir otras conexiones, tanto o más profundas, con dramas precedentes. Por una parte, *El Concierto de San Ovidio* viene a replantear el tema de la ceguera, ahora en circunstancias distintas de las de *En la ardiente oscuridad,* a pesar de que, ante ellas, encontraremos una respuesta, o mejor dicho, una pregunta de naturaleza muy similar. Por otra parte, *El Concierto de San Ovidio* reabsorbe el tema social, tan importante en *Historia de una escalera, Hoy es fiesta* y *Las cartas boca abajo,* y lo

hace situándolo en un plano que hasta aquí Buero
Vallejo no había abordado explícitamente: el de la
lucha de clases. En tanto que nueva incursión en el ámbito de lo trágico, *El Concierto de San Ovidio* avanza,
además, en una dirección que incluye una dimensión
fundamental de lo grotesco. Cierto que en otras obras
de Buero no han faltado situaciones y personajes de
claro relieve tragicómico: recuérdense personajes como
Dimas (*Irene, o el tesoro*), Mauro (*Las cartas boca
abajo*), Doña Balbina (*Hoy es fiesta*), etc. Pero en
El Concierto de San Ovidio lo grotesco viene a primer término, de una forma muy particular, en las figuras de los ciegos de la orquestina, ante los cuales un
espectador burgués —"descompuesto de risa"— llega
a exclamar: "Son como animalillos". Ocho años más
tarde, *El sueño de la razón* supone, entre otras cosas,
una nueva e igualmente original profundización del
autor en este campo.

La acción dramática tiene lugar en París, del verano
al otoño de 1771. Dieciocho años después estalla la
Revolución Francesa. Recordarlo no es caprichoso: lo
hace el propio dramaturgo —y además con un sentido
muy preciso— en las siguientes palabras de Valentín
Haüy, al evocar éste, pasados ya muchos años, aquel
espectáculo bufo: "Sucedió en la plaza de la Concordia; allí se han pagado muchas otras torpezas. Yo he
visto caer en ella la cabeza de un monarca más débil
que malvado, y después las de sus jueces: Dantón, Robespierre... Era el tiempo de la sangre; pero a mí no
me espantó más que el otro, el que le había causado:
el tiempo en que Francia entera no era más que hambre
y ferias". El suceso de la orquestina de ciegos viene a
presentársenos de este modo como uno más, aunque
acaso de los más profundamente ilustrativos, de esa
sociedad que no es más que "hambre y ferias". Del
hambre que esa sociedad padece se habla, insistentemente, en el curso de la acción. "Francia pasa hambre
y el Hospicio también la sufre", afirma la Priora a

Valindin en la primera escena, acto I. En el acto III, en una escena entre David y Bernier, éste último nos dice: "Mi gente me espera en la aldea, crujiendo de hambre... El año pasado se me murió el pequeño; no había ni raíces para comer, y el pan era de helecho". Además, "de poco sirve que la cosecha venga buena. Ni los curas ni los señores quieren oír hablar de impuestos, y todo sale de nuestras costillas. Y todavía nos obligan a trabajar abriendo caminos, mientras las mujeres y los rapaces se enganchan para el laboreo con la tripa vacía, porque tampoco quedan bestias... Mi Blas está enfermo de eso".

Señalemos otra nota característica de esa sociedad "de hambre y ferias": la corrupción de la ley. El calderero Bernier, en la mencionada escena, previene a David del peligro que éste corre y se refiere a las tristemente célebres *lettres de cachet,* que llevaron a tantos hombres inocentes a la Bastilla:

> BERNIER. Un papel que firma el rey para encerrar a alguien sin juzgarlo. Las venden caras. Y a veces también las regalan.
> DAVID. ¿Las venden?
> BERNIER. Ellos creen que no se sabe, pero venden demasiadas... y se sabe. El padre viejo que estorba, el marido celoso... ¡Hala! ¡A pudrirse en la cárcel!

Estos y otros datos tienden a configurar una fisonomía de esta sociedad de hambre y ferias, de injusticias y corrupciones. Esta realidad social no nos lo va a explicar *todo,* aunque sí una parte muy considerable, acerca de las acciones de los personajes. No todo, decimos, y hemos de añadir que en este punto resulta perceptible una vez más el empeño del autor en mostrarnos, de un lado, la fuerza condicionadora del medio social sobre el individuo, mas, al propio tiempo, la siempre abierta posibilidad de una elección personal —y, por lo tanto, la siempre intransferible responsabilidad del individuo— frente a cualesquiera circunstancia opresoras o condicionadoras, ya que, como dice Haüy, "el hombre más oscuro puede mover montañas si lo quiere". Desde esta perspectiva, nos va a ser posible contemplar cómo Valindin, Adriana, David, Donato, los demás ciegos, la Priora, los espectadores burgueses y Valentín Haüy precipitan una gama de actitudes diferenciadas, hábilmente contrastadas con frecuencia, todas ellas expresivas de distintas elecciones personales en esa sociedad dada.

Al comienzo de la obra, Luis María Valindin —negociante, dueño de un café de la feria— acude a la Priora del Hospicio de los Quince Veintes para exponerle el proyecto de la orquesta de ciegos, ocultando, por supuesto, el carácter bufo que va a tener, y haciéndole ver ese proyecto como algo altruista y desinteresado. Cierto que, más que las palabras altruistas de Valindin, parecen pesar en el ánimo de la Priora el nombre del barón de la Tournelle —protector de Valindin y protector también del Hospicio— y las doscientas libras prometidas, considerable manda de oraciones. Pero esta primera intervención de Valindin nos importa, especialmente, porque revela ya un rasgo de su carácter: su capacidad de simulación. Poco después, dirá a su amante, Adriana: "Me vas a ver subir como la espuma. ¿Y sabes por qué? Porque sé unir lo útil a lo bueno. Yo tengo corazón y soy filántropo. ¡Pero la filantropía es también la fuente de la riqueza, galga! Esos ciegos nos darán dinero". Consecuentemente, esa capacidad de simulación es —entre otros— un medio del que se vale para satisfacer sus ambiciones. "Me vas a ver subir como la espuma": aquí se transparenta lo que para Valindin es el norte de su vida: el poder. Esta ambición de poder va unida a esa capacidad de simulación y —digámoslo en seguida— a una total falta de escrúpulos y a un extraordinario sentido práctico de las cosas. "Tiempo de hambre, tiempo de negocios", dice también a Adriana. Es toda una declaración de principios, o mejor dicho, de una total carencia de ellos.

Abundando en estos rasgos de personaje *activo*, que definen a Valindin, es necesario llamar la atención —el autor lo hace— sobre un signo externo de poder: la espada. "Todo es posible para quien lleva espada y el señor Valindin la lleva", dice Bernier. Pero hay aquí un matiz que no se nos debe escapar. Cuando Valindin abandonó la Marina y se estableció en París, encontró —gracias al barón de la Tournelle— un empleo en la casa real: el de peluquero de un príncipe que nació muerto. Valindin, que sigue cobrando ese sueldo —lo que le hace exclamar: "¡Dios bendiga a nuestro rey!"— explica a Adriana: "Gracias a eso llevo espada. Los peluqueros reales pueden llevarla (...) Nuestro hijo la llevará también aunque sea de cuna humilde (...) Porque el dinero valdrá tanto como la cuna cuando sea hombre, ya lo verás. ¡Y tendrá dinero!" Lo cual nos indica, por de pronto, dos cosas: 1.ª que Valindin no es realmente, *todavía*, un hombre en el poder; 2.ª que, sin embargo, sabe cómo puede llegar a serlo. Vive en un mundo en que la aristocracia —el *valor* de la sangre— se derrumba, y en que asoma ya el nuevo *valor* que impondrá la clase burguesa: el dinero. Por lo tanto, su ambición de poder apunta a la obtención del mayor dinero posible, a costa de lo que sea. Semejante esquema mental perdura todavía —apenas hay que decirlo— en nuestros días, en nuestro mundo occidental. Ahora bien, ¿cómo se puede obtener el dinero, en esa cantidad que dinero equivale verdaderamente a poder? Todas las acciones de Valindin nos muestran ese *cómo*, nos descubren el secreto del mecanismo, que cabría resumir así: mediante la explotación sistemática de los demás. "Esos ciegos nos darán dinero", ha dicho a Adriana. Se trata, por lo tanto, de establecer una relación esencialmente insolidaria con el *otro*, según la cual el *otro* no es más que un objeto manipulable, un instrumento para nuestros fines. A este propósito, es muy ilustrativa la postura de Valindin ante los ciegos y, en general, ante la ceguera. "¿Qué sabe un ciego? ¡Nada!", dice en un determinado momento. Y en otra ocasión: "Ciegos, lisiados, que no merecéis vivir". A partir de esta mentalidad, Valindin llega a establecer con los demás un tipo de relación según la cual los demás *dependen* de él. En cierto modo, le pertenecen. No sólo los ciegos o Adriana, sino también —y el autor lo subraya con gran acopio de datos— Bernier, el músico Lefranc, la Priora...

Esta dependencia se basa fundamentalmente en el hecho de que Valindin ha creado un juego de intereses primarios en torno suyo. Pero tal cosa es posible porque, además, en casos extremos, Valindin puede recurrir a la ley —sus contratos siempre están "en orden"— y, en general, a los mecanismos represivos que esta sociedad tiene montados al servicio de las clases dirigentes. Además de la simulación y la hipocresía, éste es otro rasgo que acompaña al personaje: su resolución a acudir a la violencia cuando ve amenazados sus fines. Vemos cómo ejerce personalmente esa violencia, golpeando a Adriana y a los ciegos; o cómo la ejerce una policía a su servicio, expulsando al "revoltoso" Valentín Haüy del café de la feria; o cómo una "carta secreta", pagada a buen precio, podría permitir a Valindin deshacerse de David. Simultáneamente, este *activo* personaje, capaz de tantas cosas, es incapaz de satisfacer este íntimo deseo: obtener el amor de Adriana, que Adriana le dé un hijo. Ese insatisfecho deseo de paternidad, y esa convicción del desamor de la mujer a la que él ama profundamente, condenan a Valindin a una sorda y oscura soledad, de la que inútilmente trata de evadirse mediante el alcohol. Esa soledad se la ha ganado a pulso. Es el resultado de su insolidaria relación con quienes le rodean. Es un merecido castigo.

David aparece en todo instante como figura antitética de Valindin. El autor moviliza a este fin, incluso, signos externos de compleja significación alegórica y también ciertos paralelismos sugerentes. Por ejemplo, a la espada de Valindin se opone el garrote de ciego que David usa, y del cual nos dice David: "Se me rieron de mozo, cuando quise defenderme a palos de las burlas de unos truhanes. Me empeñé en que mi garrote llegaría a ser para mí como un ojo. Y lo he logrado". Signo externo de su debilidad, ese garrote es un símbolo de su fuerza, de su hombría. Con él, si llega el caso, puede asestar un certero golpe en la cabeza de Elías. Con él, en un momento de suprema exasperación, puede matar a Valindin. Por eso, cuando vemos que la policía, al detenerle, lo primero que hace es quitarle el garrote, comprobamos que para David todo está perdido. Mediante sugerentes paralelismos, decíamos, puede apreciarse también la antítesis David-Valindin. Acaso, fundamentalmente, en esto: su común e insatisfecho deseo de paternidad. Al contrario que Valindin, sin embargo, David ha sabido crear una relación humana con sus semejantes, y justamente por ello puede verificar ese sentimiento paternal en la figura de Donato; sentimiento que Valindin no sabe verificar en los demás, aunque, paradójicamente, llame "hijos" al grupo de ciegos. Por idéntico motivo, David consigue esta otra aspiración imposible para Valindin: el amor de Adriana.

David es, como Ignacio, un *contemplativo,* si esta expresión puede ser válida, refiriéndonos a dos personajes que son ciegos. Creemos que puede, que debe serlo, *precisamente* porque ambos han convertido su propia ceguera en un modo particular de aprehender la realidad. David se quemó los ojos, siendo niño, al prender los fuegos de artificio para sus señores, en el castillo en que su madre trabajaba como lavandera. Nunca supo quién fue su padre y su pasión fue y sigue siendo la música. "Recuerdo que el maestro de música me enseñó un poco de violín, y que yo fui tan feliz, tan feliz... que cuando perdí la vista no me importó demasiado, porque los señores me regalaron un violín para consolarme", confiesa a Adriana. Personaje complejo, atormentado, disconforme con su situación, capaz de soñar —como Ignacio, como Mario, como Silverio y tantos otros personajes afines— una realidad

superior a ésta, tan irrisoria, que le ha sido impuesta:
la de mendigar, en su condición de hospiciano, por las
calles de París; o, más tarde, la de ser reducido a
objeto grotesco en la orquestina de la feria. David es
ciego y es pobre, y esto significa que, en el mundo en
que vive, es *lo menos* que se puede ser. Ceguera y pobreza constituyen las dos caras, inseparables, de la realidad del personaje. Si no fuera ciego, su aspiración
a ser músico encontraría innumerables obstáculos, pero
entraría en el campo de lo posible. Si no fuera pobre,
esa aspiración chocaría con no menos obstáculos, mas
no sería del todo imposible. Y, sin embargo, el personaje asume íntegramente su realidad y acepta la lucha.
Para medir la grandeza de ésta, para apreciar su esencial
quijotismo, debemos examinarla a la luz de dos planos
distintos: el de los videntes y el de los propios ciegos.

Valindin, refiriéndose con absoluto desprecio a los
ciegos, ha manifestado una postura que, en lo fundamental, parecen compartir todos los personajes videntes, al menos en un principio. La Priora, por ejemplo,
dice a Valindin: "Ellos han nacido para rezar mañana
y tarde, pues es lo único que, en su desgracia, podrán
hacer siempre bien". Y poco después, dirigiéndose al
grupo de ciegos: "Vuestra misión es orar, no tocar canciones licenciosas". Cuando David pide a Lefranc que
le ayude a entrar "como el último de los violinistas"
en la Ópera Cómica, éste, que ha mostrado cierta sim-
patía por David y le ha reconocido determinadas apti-
tudes personales, rehúsa ayudarle porque está conven-
cido de que un ciego como él nunca podrá ser un
verdadero músico. Más aún. Recordemos la significativa
actitud inicial de Adriana: "¡Esa tropa de ciegos va
a ser horrible!" Recordemos su espontánea, inconscien-
te pregunta a Donato: "Pero, ¿vosotros amáis?" Sólo
incomprensión pueden encontrar las aspiraciones de
David en este mundo de los videntes, ante el cual los
ciegos —y muy en especial, *estos* ciegos— no son más
que seres inferiores y marginados. David no ignora esa

debilidad: "Los ciegos no somos hombres: ése es nuestro más triste secreto. Somos como mujeres medrosas. Sonreímos sin ganas, adulamos a quien nos manda, nos convertimos en payasos..., porque hasta un niño nos puede hacer daño". Pues bien, desde esta debilidad y frente a esa incomprensión, "hay que convencer a los que ven de que somos hombres como ellos, no animales enfermos" —propone David a sus compañeros. Cada uno puede aprender su parte de oído y puede haber orquesta de ciegos: es la posibilidad de ganar su libertad y su dignidad frente al mundo que los ha marginado.

Pero también aquí las aspiraciones de David se estrellan contra el muro de la incomprensión. Ni Lucas —que tocaba el violoncello antes de perder la vista—, ni Nazario —"pícaro de ferias"—, ni Gilberto —meningítico—, ni Elías —ciego de nacimiento— son capaces de asumir esta esperanza, este sueño, que David trata de inculcar en ellos. "Sin poder leer las partituras, los ciegos nunca lo harán", dice Lucas. "¡Nunca hubo orquestas de ciegos!", dice Elías. Han aceptado la oferta de Valindin, porque ésta va a suponer unas leves mejoras materiales en su forma de vida: nada más. David, en cambio, imagina una verdadera orquesta. Más aún: "podremos leer", les dice. A lo que ellos —Elías, Nazario— contestan que delira, que está loco. David insiste: "¿No habéis oído hablar de Melania de Salignac? (...) Esa mujer sabe lenguas, ciencia, música... Lee. ¡Y escribe! ¡Ella, ella sola! No sé cómo lo hace, pero lee... ¡en libros!" Sus compañeros no le creen. "¡Se han reído de tí!", dice Nazario. A lo que David, como un nuevo Ignacio, replica: "¡Estáis muertos y no lo sabéis!" Tiempo después, cuando Valindin les propone recorrer otras ferias con el espectáculo grotesco, todavía David imagina una nueva posibilidad:

DAVID. (...) Seguiremos de hazmerreír por las ferias..., si él consiente en que yo, ¡yo solo!, os vaya enseñando acompañamientos a todos. ¡Cuando volvamos

en febrero seremos una verdadera orquesta! ¡Seremos
hombres, no los perros sabios en que nos han convertido! ¡Aún es tiempo, hermanos!

LUCAS.   ¿Cuándo vas a dejar de soñar?
ELÍAS.   Ni siquiera nos deja los violines.
DAVID.   Nos los dejará si le exigimos eso. ¡Pero tene-
mos que pedírselo unidos! ¡Unidos, hermanos!
NAZARIO.   (...) Lo que tú quieres es un sueño, y, ade-
más, no me importa. ¡A mí me importa el dinero, y
más no nos va a dar...!
DAVID   (...) Tenéis la suerte que os merecéis.

Esta esperanza de David y su relación con el grupo
de ciegos, hemos insinuado antes, recuerda la esperanza de Ignacio y su relación con los estudiantes del
centro para invidentes. Ahora debemos matizar este
paralelismo, indicando que se trata de una manera
básicamente similar de luchar por la verdad y por la
libertad en una situación concreta que es *básicamente
diferente*. Cuando Ignacio afirma que no son seres normales, y cuando David afirma que han de "convencer
a los que ven de que somos hombres como ellos, no
animales enfermos", están diciendo lo mismo, aunque,
superficialmente, pueda parecer lo contrario. Otra di-
vergencia aparente y que no se debe pasar por alto,
es la de que, al revés que Ignacio, David no consigue
contagiar su sueño entre los demás ciegos. Desde luego,
de una forma inmediata, directa, no lo consigue. Pero
una más detenida reflexión en las relaciones David-Do-
nato y David-Adriana nos facilitará una imagen más
rica de esa cuestión y, con ella, la posibilidad de reen-
contrar ese rasgo ignaciano en la figura de David.

Donato quedó ciego, por las viruelas, a los tres años.
Informa David a Adriana: "Cuando contaba cinco o
seis años, todas las cosechas se perdieron y la gente
se moría de hambre. Entonces su padre lo quiso matar (...) Era un estorbo y una boca más. El chico se
dio cuenta porque ya no eran palos; eran las manos
de su padre que le acogotaban entre blasfemias... Pudo

zafarse y escapó a todo correr, medio ahogado, a campo traviesa, a ciegas..." Además de esto, " hace tiempo que también le asustan... las mujeres. El pequeño probó... en vano. ¡Ella se reía de sus viruelas, de su torpeza...! Lo puso en la calle entre insultos y burlas... Yo le oí llorar toda la noche". Lo cual hace que nos expliquemos la cobardía enfermiza de Donato, muy espectacular en el acto II: en la escena en que, impulsados los ciegos por David a no aceptar la humillación de la orquestina, Valindin les amenaza violentamente y Donato echa a correr, enloquecido, gritando: "¡Lo que él quiera, David! ¡Nos encarcelan, nos matan! ¡Hay que ceder!" Posteriormente, actuará ante los espectadores burgueses de la feria del modo como, expresamente, indica esta acotación: "Las carcajadas, los comentarios, arrecian. Menos David y Lucas, los demás ciegos extremaron sus gesticulaciones grotescas; y es justamente Donato quien más se esfuerza en ello".

Cuanto David ha hecho por él —le ha comprado un violín y le ha enseñado la música que sabe, además de intentar darle una más alta conciencia de sí—; cuanto Adriana llegará a hacer por él, a fin de que supere su frustración sexual ... Todo ha sido, todo será inútil. Adriana, precisamente, se convertirá en un motivo de rivalidad que le enfrentará con David y que —en el extremo de su torpeza— le llevará a delatar a quien ha sido para él como un padre. Desde el submundo al que estos hombres han sido arrojados, es posible elevarse —mediante un poderoso esfuerzo personal— y elegir la lucha por la verdad, por la dignidad, por la libertad, según nos demuestra David. Pero también es posible hundirse aún más en el cieno, ser víctima, no sólo de los demás, sino también de uno mismo, como Donato nos demuestra con su deslealtad y su traición. Como Valindin, Donato elige la indignidad y, como le sucede al negociante, esa elección le sitúa en una circunstancia en que la soledad es su castigo: Donato repetirá, una y mil veces, el adagio de

Corelli que David le enseñó, ahora solo, siempre solo, en lucha con su conciencia, impregnado de la esperanza y la desesperación de David como Carlos lo estaba de la esperanza y desesperación de Ignacio al final de *En la ardiente oscuridad*.

Adriana, a su vez, aparece como un interesante contraste de Donato. Ha tenido que renunciar a cantar y a bailar, y se ha convertido en un objeto del que Valindín es propietario: en cierto modo, cabría decir que es tan ciega como los ciegos, ya que es un ser tan marginado como ellos. Por otra parte, sin embargo, al comienzo de la obra también es ciega en otro sentido, en el sentido en que lo es Valindín: en el sentido de que es incapaz de *ver* a los demás como semejantes, lo que resulta muy notorio en su inicial actitud ante los ciegos. Pero el ejemplo de David opera en ella una pronta y radical transformación: hasta el punto de convertir su propia tara, la prostitución, en algo noblemente humano al entregarse al enfermizo y repugnante Donato. Adriana, que es "una mujer entera y verdadera", va a representar para David, por otra parte, un descubrimiento que tampoco él sospechaba. David soñaba con Melania de Salignac, idealización de la mujer, en sus horas de tristeza y melancolía. "¡Para ella hablo y para ella toco! Y a ella es a quien busco... A esa ciega, que comprendería..." Esta idealización se hace carne y hueso en Adriana, que de algún modo es ciega como él y que sabe comprender y compartir sus angustias y sus esperanzas. Por el amor de Adriana, David consumará su rebelión frente a Valindín, y ello con no menos astucia y coraje que su homónimo de la mitología frente a Goliat.

Sin embargo, ni Adriana ni David, y menos aún los demás personajes centrales, podrán conquistar su libertad, convertir su sueño en realidad tangible. "Yo quería ser músico y no era más que un asesino", dice David. El esquema trágico, que ya nos es conocido, se repite una vez más: serán otros los que alcanzarán

esa libertad que para estos personajes, aplastados y des-
hechos, ya no es posible:

> DAVID. (...) ¡Lo que yo quería puede hacerse, Adria-
> na! ¡Yo sé que puede hacerse! ¡Los ciegos leerán, los
> ciegos aprenderán a tocar los más bellos conciertos!
> ADRIANA. *(Llorando)* Otros lo harán.
> DAVID. *(Muy triste)* Sí. Otros lo harán.

Al final de la obra, las siguientes palabras de Valentín Haüy reafirman este concepto: "No quise volver
a la feria, ni saber ya nada de aquellos pobres ciegos.
Fue con otros con los que empecé mi obra".

Además de homenaje a Valentín Haüy y a todo lo
que su obra gigantesca significa, *El Concierto de San
Ovidio* nos plantea, según hemos comprobado hasta
aquí, un doble problema: el de la explotación del
hombre por el hombre y el de la lucha del hombre
por su libertad. Este doble problema, o este único problema, se nos presenta desde una perspectiva no solu-
cionista; desde una perspectiva indagadora, suscitadora
de sus múltiples connotaciones.

RICARDO DOMÉNECH

NOTICIA BIBLIOGRÁFICA

I. Obras teatrales sueltas

Historia de una escalera. Drama en tres actos. Pról. de
Alfredo Marqueríe, Barcelona, 1950, Janés, Col. Manan-
tial que no cesa.—*Teatro Español 1949-50,* Madrid, 1951,
Aguilar, Col. Literaria.—Madrid, 1952, Escelicer, Col.
Teatro, núm. 10 (junto con *Las palabras en la arena*).—
Ed. e Intr. de Juan Rodríguez-Castellano, New York,
1955, Scribner, The Scribner Spanish Series for Colleges.—Ed. e Intr. de H. Lester y J. A. Zabalbeascoa
Bilbao, London, 1963, University of London Press Ltd.
En la ardiente oscuridad. Drama en tres actos. Madrid,
1951, Escelicer, Col. Teatro, núm. 3.—*Teatro Español
1950-51,* Madrid, 1952, Aguilar, Col. Literaria.—Ed. e
Intr. de Juan Rodríguez-Castellano, New York, 1954,
The Scribner Spanish Series for Colleges.—*Teatro (Fes-
tival de la Literatura Española Contemporánea),* Lima,
1960, Ediciones Tawantinsuyu.—Madrid, 1967, Novelas
y Cuentos (junto con *Irene, o el tesoro*).
La tejedora de sueños. Drama en tres actos. Madrid, 1952,
Escelicer, Col. Teatro, núm. 16.—*Teatro Español 1951-
52,* Madrid, 1953, Aguilar, Col. Literaria.
La señal que se espera. Comedia dramática en tres actos.
Madrid, 1953, Escelicer, Col. Teatro, núm. 21.
Casi un cuento de hadas. Una glosa de Perrault en tres
actos. Madrid, 1953, Escelicer, Col. Teatro, núm. 57.
Aventura en lo gris. Dos actos y un sueño. Primera ver-
sión: *Teatro,* núm. 10, enero-febrero-marzo 1954.—Ma-
drid, 1955, Ediciones Puerta del Sol.—Versión definitiva:

Madrid, 1964, Escelicer, Col. Teatro, núm. 408.—*Dos dramas de Buero Vallejo*, Ed. e Intr. de Isabel Magaña Schevill, New York, 1967, Appleton-Century-Crofts (junto con *Las palabras en la arena*).

Madrugada. Episodio dramático en dos actos. Madrid, 1954, Escelicer, Col. Teatro, núm. 96.—*Teatro Español 1953-54*, Madrid, 1955, Aguilar, Col. Literaria.—Ed. e Intr. de Donald W. Bleznick y Martha T. Halsey, Massachusetts, 1969, Blaisdell Publishing Company, A Blaisdell Book in the Modern Languages.

Irene, o el tesoro. Fábula en tres actos. Madrid, 1955, Escelicer, Col Teatro, núm. 121.—*Teatro Español 1954-55*, Madrid, 1956, Aguilar, Col. Literaria.—Diego Marín, *Literatura Española*, Vol. II, New York, 1968, Rinehart and Winston, Inc.

Hoy es fiesta. Tragicomedia en tres actos. Madrid, 1957, Escelicer, Col. Teatro, núm. 176.—*Teatro Español 1956-57*, Madrid, 1958, Aguilar, Col. Literaria.—Ed. e Intr. de J. E. Lyon, London, 1964, George G. Harrap.

Las cartas boca abajo. Tragedia española. Madrid, 1957, Escelicer, Col. Teatro, núm. 191.—*Teatro Español 1957-58*, Madrid, 1959, Aguilar, Col. Literaria.—Ed. e Intr. de Félix G. Ilarraz, New Jersey, 1967, Prentice-Hall, Inc.

Un soñador para un pueblo. Versión libre de un episodio histórico, en dos partes. Madrid, 1959, Escelicer, Col. Teatro, núm. 235.—*Teatro Español 1958-59*, Madrid, 1960, Aguilar, Col. Literaria.—Ed. e Intr. de M. Manzanares de Cirre, New York, 1966, W. W. Norton.

Las Meninas. Fantasía velazqueña en dos partes. Madrid, 1961, Escelicer, Col. Teatro, núm. 285.—*Primer Acto*, núm. 19, enero 1961.—*Teatro Español 1960-61*, Madrid, 1962, Aguilar, Col. Literaria.—Ed. e Intr. de Juan Rodríguez-Castellano, New York, 1963, Scribner, The Scribner Spanish Series for Colleges.

El Concierto de San Ovidio. Parábola en tres actos. *Primer Acto*, núm. 38, diciembre 1962.—Madrid, 1963, Escelicer, Col. Teatro, núm. 370.—Prólogo de J. P. Borel, Barcelona, 1963, Aymá, Col. Voz-Imagen.—*Teatro Español 1962-63*, Madrid, 1964, Aguilar, Col. Literaria.—Ed. de Pedro N. Trakas e Intr. de Juan Rodríguez-Castellano, New York, 1965, Scribner, The Scribner Spanish Series for Colleges.

La doble historia del doctor Valmy. Relato escénico en dos partes. *Artes Hispánicas,* núm. 2, 1967, Indiana University.—Ed. e Intr. de Alfonso M. Gil, Philadelphia, 1970, The Center for Curriculum Development, Inc.

El tragaluz. Experimento en dos partes. *Primer Acto,* núm. 90, noviembre 1967.—Madrid, 1968, Escelicer, Col. Teatro, núm. 572.—*Teatro Español 1967-68,* Madrid, 1969, Aguilar, Col. Literaria.

Mito. Libro para una ópera. Madrid, 1968, Escelicer, Col. Teatro, núm. 580.—*Primer Acto,* núm. 100-101, noviembre-diciembre 1968.

El sueño de la razón. Fantasía en dos partes. *Primer Acto,* núm. 117, febrero 1970.—Madrid, 1970, Escelicer, Col. Teatro, núm. 655.

II. EDICIONES DE OBRAS SELECTAS

Teatro I (En la ardiente oscuridad, Madrugada, Hoy es fiesta, Las cartas boca abajo), Buenos Aires, 1959, Losada, Col. Gran Teatro del Mundo, 275 p.

Teatro II (Historia de una escalera, La tejedora de sueños, Irene o el tesoro, Un soñador para un pueblo), Buenos Aires, 1962, Losada, Col. Gran Teatro del Mundo, 285 p.

Teatro Selecto (Historia de una escalera, Las cartas boca abajo, Un soñador para un pueblo, Las Meninas, El Concierto de San Ovidio). Intr. de Luce Moreau, Madrid, 1966, Escelicer, 612 p.

Teatro (Hoy es fiesta, Las Meninas, El tragaluz), Madrid, 1968, Taurus, Col. El Mirlo Blanco, 362 p. Textos de A. Buero Vallejo, Jean-Paul Borel, Ricardo Doménech, Ángel Fernández-Santos, José-Ramón Marra López, Pablo Martí-Zaro, José Monleón, José Osuna, Enrique Pajón Mecloy, Claudio de la Torre y Gonzalo Torrente Ballester, pp. 13-128.

III. ENSAYOS Y OTROS TEXTOS

"Gustavo Doré. Estudio crítico-biográfico", *Viaje por España* de Charles Davillier, Madrid, 1949, Ediciones Castilla, pp. 1379-1508.

"Palabra final", *Historia de una escalera,* Barcelona, 1950, Janés, pp. 147-157.

"Comentario" (A cada una de sus obras, desde *Las palabras en la arena* hasta *Hoy es fiesta,* en las primeras ediciones de Escelicer, Col. Teatro. No figuran en las reediciones de la misma Colección.)

"Cuidado con la amargura", *Correo Literario,* núm. 2, junio 1950.

"La juventud española ante la tragedia", *Papageno,* núm. 1, 1958. Reproducido en *Cuadernos de Teatro Universitario,* núm. 1, 1965, y en *Yorick,* núm. 12, febrero 1966, pp. 4-5.

"Neorrealismo y Teatro", *Informaciones,* 8-IV-1950.

"Teatro anodino: teatro escandaloso", *Informaciones,* 24-III-1951.

"El teatro como problema", *Almanaque de Teatro y Cine,* 1951, p. 59.

"Lo trágico", *Informaciones,* 12-IV-1952.

"La farsa eterna", *Semana,* 19-II-1952.

"¿Cómo recibió su premio?", *Índice,* abril 1952.

"La función crítica", *ABC,* 18-V-1952.

"Declaraciones a Juan del Sarto", *Correo Literario,* junio 1952.

"Teatros de cámara", *Teatro,* núm. 1, noviembre 1952, p. 34.

"Ibsen y Erhlich", *Informaciones,* 4-VI-1953.

"A propósito de Aventura en lo gris", *Teatro,* núm. 9, septiembre-diciembre 1953, pp. 37-39 y 78.

"Apariencia y realidad", *Informaciones,* 17-IV-1954.

"Eurídice: Pieza Negra", *Teatro,* núm. 11, abril-mayo-junio 1954, pp. 34-35.

"Don Homobono", *Informaciones,* 4-IV-1955.

"El teatro de Buero Vallejo visto por Buero Vallejo", *Primer Acto,* núm. 1, abril 1957, pp. 4-6.

"Esperando a Adamov", *Informaciones,* 20-IV-1957.

"¿Por qué y para qué escribe?", *Revista del Mediodía,* Córdoba, núm. 1, marzo-abril 1958.

"La Tragedia", *El Teatro. Enciclopedia del Arte Escénico,* bajo la dirección de Guillermo Díaz-Plaja, Barcelona, 1958, Noguer, pp. 63-87.

"Dramaturgos en el umbral", *Triunfo,* enero 1959.

"Tres preguntas a Buero Vallejo", *Insula,* núm. 147, febrero 1959.

"Buero Vallejo nos respondió a estas seis preguntas", *Cuadernos de Arte y Pensamiento (Revista de las Facultades de Filosofía y Letras)*, núm. 1, mayo 1959, pp. 53-54.

"Homenaje a Antonio Machado", *Cuadernos del Congreso por la Libertad de la Cultura*, núm. 36, mayo-junio 1959.

"Gaudí en su ciudad", *Papeles de Son Armadans*, núm. XLV bis, diciembre 1959, pp. 103-106.

"Buero Vallejo nos habla", *Negro sobre blanco* (Boletín de la Editorial Losada), núm. 12, abril 1960.

"Una encuesta de *Ínsula*" (sobre Moratín), *Ínsula*, núm. 161, abril 1960.

"Obligada precisión acerca del imposibilismo", *Primer Acto*, núm. 15, julio-agosto 1960, pp. 1-6.

"Un poema y un recuerdo" (Sobre Miguel Hernández), *Ínsula*, núm. 168, noviembre 1960, pp. 1 y 17.

"Dos sonetos", *Ágora*, núm. 57-58, julio-agosto 1961, p. 6.

"Tres sonetos en la lluvia" y "Velázquez" (Soneto), *Grímpola*, núm. 5, julio 1961.

"Encuesta sobre el teatro de Valle-Inclán", *Ínsula*, núm. 176-177, julio-agosto 1961.

"*Las Meninas*, ¿es una obra necesaria?", *La Carreta*, núm. 2, enero 1962, p. 20.

"Captación intelectual del arte pictórico por un ciego", *Sirio* (Revista tiflológica), núm. 4, junio 1962.

"El público de los teatros", *La Estafeta Literaria*, diciembre II, 1962, pp. 4-5.

"Antonio Buero Vallejo answers seven questions", *The Theatre Annual*, Vol. XIX, 1962, The Press of Western Reserve University (Cleveland, Ohio).

"A Tragédia", *Estrada Larga*, núm. 3, 1962, Porto Editora.

"Cuatro autores contestan a cuatro preguntas sobre teatro social", *Arriba*, 14-IV-1963.

"Sobre la tragedia", *Entretiens sur les Letres et les Arts* (Hommage a la Littérature Espagnole Contemporaine), XXII, 1963, pp. 53-57.

"A propósito de Brecht", *Ínsula*, núm. 200-201, julio-agosto 1963, pp. 1 y 14.

"Sobre teatro", *Ágora*, núm. 79-82, mayo-agosto 1963, pp. 12-14.

"Día del Autor" (Sobre Jacinto Grau), *Argentores* (Boletín de la Sociedad Gral. de Autores de la Argentina), núm. 118, julio-diciembre 1963.

"La ceguera en mi teatro", *La Carreta*, núm. 12, septiembre 1963, p. 5.

"Muñiz", *Teatro* de Carlos Muñiz, Madrid, 1963, Taurus, Col. Primer Acto, pp. 53-70.

"Aleluyas para Vicente", *El Bardo*, núm. 5, homenaje a Vicente Aleixandre, 1964, p. 43.

"Unamuno", *Primer Acto*, núm. 58, noviembre 1964, pp. 19-20.

"Tó trajicó, ene problema toú ispanikoú theatroú", *Epoxes*, Atenas, núm. 20, diciembre 1964.

"Me llamo Antonio Buero Vallejo", Madrid, 1964, Discos Aguilar, Col. La Palabra.

"Seis dramaturgos leen sus obras", Madrid, 1965, Discos Aguilar, Col. La Palabra.

"Enquéte sur le Realisme", *Le Théatre dans le monde*, XIX-2, marzo-abril 1965.

"Brecht dominante. Brecht recesivo", *Yorick*, núm. 20, noviembre 1966.

"De rodillas, en pie, en el aire. (Sobre el autor y sus personajes en el teatro de Valle-Inclán)", *Revista de Occidente*, núm. 44-45, noviembre-diciembre 1966, pp. 132-145.

"El Teatro Independiente. Los objetivos de una lucha", *Yorick*, núm. 25, 1967, p. 4.

"Inchiesta. I perché di una crisi", *Sipario*, núm. 256-257, agosto-septiembre 1967, pp. 27-28.

"Del quijotismo al mito de los platillos volantes", *Primer Acto*, núm. 100-101, noviembre-diciembre 1968, pp. 73-74.

"Problemas del teatro actual" (Conferencia pronunciada en el Gabinete Literario de Las Palmas de Gran Canaria, con ocasión del XXVII Congreso Mundial de Autores), *Boletín de la Sociedad General de Autores de España*, abril-mayo-junio 1970, pp. 31-36.

1963, p. 5.

"Palabras para Vicente", El Bardo, núm. 5, homenaje a

BIBLIOGRAFÍA SELECTA SOBRE EL AUTOR

Abellán, José Luis: "El tema del misterio en Buero Vallejo. (Un teatro de la realidad trascendente.)", *Ínsula,*
núm. 174, mayo 1961, p. 15.

Alfaro, María: "Madrid. Regards sur le monde", *Les Nouvelles Littéraires,* 28-VI-1951.

———: "Madrid. Regards sur le monde. Les Menines sor-
tent de leur cadre", *Les Nouvelles Littéraires,* 26-I-1961.

Altares, Pedro: "*El tragaluz,* de Buero Vallejo", *Mundo,*
4-XI-1967.

Andrade, Joao Pedro de: "Realidade e Fantasia o as duas
faces da verdade na obra de Antonio Buero Vallejo",
Comercio de Porto, 13-V-1958.

Arrabal, Luce (Moreau de): "Entretien avec Antonio Buero
Vallejo", *Les Langues Modernes,* núm. 3, mayo-junio
1966.

Azorín: "Recuadro de escenografía", *ABC,* 5-I-1961.

Benítez Claros, Rafael: "Buero Vallejo y la condición humana", *Nuestro Tiempo,* núm. 107, mayo 1963, pp. 581-
593.

Borel, Jean-Paul: *El teatro de lo imposible (Ensayo sobre
una de las dimensiones fundamentales del teatro español
contemporáneo),* Pról. y Trad. de Gonzalo Torrente Ballester, Madrid, 1966, Guadarrama, 304 p.

———: "Buero Vallejo: Teatro y Política", *Revista de
Occidente,* núm. 17, agosto 1964, pp. 226-234.

———: *Quelques aspects du songe dans la Littérature Espagnole,* Neuchâtel, 1965, La Baconnière.

Cano, José Luis: "Velázquez, personaje dramático", *El Nacional,* Caracas, 19-I-1961.

Cano, José Luis: "Buero Vallejo y su *Concierto de San Ovidio*", *Asomante*, XIX, 1, 1963, pp. 53-55.

Carter, Harriet: *An Exhaustive Bibliography about Antonio Buero Vallejo*, texto mecanograf., 27 p.

Celaya, Gabriel: "A Antonio Buero Vallejo", *Rocamador*, núm. 14, 1959.

————: "A Antonio Buero Vallejo (Con más conciencia)", *Cuadernos de Ágora*, núm. 41-42, marzo-abril 1960, pp. 3-4.

Cerutti, Lucía María: "Interpretazione del teatro di Antonio Buero Vallejo", *Aevum*, XL, Milano, 1966, pp. 315-364.

Corrales Egea, José: "Algo sobre el Goncourt y más sobre el teatro", *Ínsula*, núm. 135, febrero 1968.

Cortina, José Ramón: *El Arte Dramático de Antonio Buero Vallejo*, Madrid, 1969, Gredos, 130 p.

Cuadernos de Ágora, núm. monográfico sobre A.B.V., núm. 79-82, mayo-agosto 1963, 60 p. Artículos y poemas de Fernando Arrabal, Jean-Paul Borel, Antonio Buero Vallejo, Jorge Campos, Medardo Fraile, Antonio Gala, Ramón de Garciasol, José García Nieto, Francisco García Pavón, Concha Lagos, Manuel Mantero, Elena Martín Vivaldi, Carlos Muñiz, Lauro Olmo, Francisco Sitjá y Elena Soriano.

Devoto, Juan Bautista: *Antonio Buero Vallejo, Un dramaturgo del moderno teatro español*, La Plata, 1954, Elite, 61 p.

Doménech, Ricardo: "Reflexiones sobre el teatro de Buero Vallejo", *Primer Acto*, núm. 11, noviembre-diciembre 1959, pp. 28.

————: "*El Concierto de San Ovidio*, o una defensa del hombre", *Primer Acto*, núm. 38, diciembre 1962, pp. 14-17.

————: "*El tragaluz*, una tragedia de nuestro tiempo", *Cuadernos Hispanoamericanos*, núm. 217, enero 1968, pp. 124-135.

————: "Notas sobre *El sueño de la razón*", *Primer Acto*, núm. 117, febrero 1970, pp. 6-11.

Fernández Almagro, Melchor: "Transfiguración del sainete", *ABC*, 17-X-1956.

Fernández Santos, Ángel: "*El Concierto de San Ovidio*", *Índice*, núm. 168, diciembre 1962, p. 21.

————: "El enigma de *El tragaluz*" y "Una entrevista con

Buero Vallejo sobre *El tragaluz*", *Primer Acto*, núm. 90, noviembre 1967, pp. 4-15.

Fernández Santos, Ángel: "Sobre *El sueño de la razón*. Una conversación con Antonio Buero Vallejo", *Primer Acto*, núm. 117, febrero 1970, pp. 18-27.

Foster, David William: "*Historia de una escalera*: A Tragedy of Aboulia", *Renascence*, XVII, núm. 1, 1964, pp. 3-10.

García Escudero, José María: "El teatro de Buero Vallejo", *Punta Europa*, núm. 41, mayo 1959, pp. 50-69.

García Pavón, Francisco: "A. Buero Vallejo, dramaturgo", *Índice*, núm. 115, julio 1958, p. 17.

————: *Teatro social en España*, Madrid, 1962, Taurus, 190 p.

————: "*El tragaluz* en el Bellas Artes", *Arriba*, 10-X-1967.

Giménez Aznar, José: "*El Concierto de San Ovidio*", *Pantallas y Escenarios*, núm. 20, enero 1968.

Gomis, Lorenzo: "A propósito de un drama", *Destino*, 23-I-1960.

González Ruiz, Nicolás: "Estreno de *El tragaluz* en el Bellas Artes", *Ya*, 8-X-1967.

Guerrero Zamora, Juan: *Historia del Teatro Contemporáneo*, Vol. IV, Barcelona, 1967, Juan Flors.

Halsey, Martha T.: "Light and Darkness as Dramatic Symbols in Two Tragedies of Buero Vallejo", *Hispania*, L, marzo 1967, pp. 63-68.

————: "Buero Vallejo and the Significance og Hope", *Hispania*, LI, marzo 1968, pp. 57-66.

————: "The Dreamer in the Tragic Theater of Buero", *Revista de Estudios Hispánicos*, II, noviembre 1968, pp. 265-285.

Ilarraz, Félix G.: "Antonio Buero Vallejo: pesimismo o esperanza", *Revista de Estudios Hispánicos*, I, mayo 1967, pp. 5-16.

Kirsner, Robert: "*Historia de una escalera*: A Play in Search of Characters", *Homenaje a Rodríguez-Moñino*, I, 1966, pp. 279-282.

Kronik, John W.: "Cela, Buero y la generación de 1936", *Symposium*, summer 1968.

Laín Entralgo, Pedro: "El camino hacia la luz", *La Gaceta Ilustrada*, 8-XII-1962.

Lott, Robert E.: "Functional Flexibility and Ambiguity in

Buero Vallejo's Plays", *Symposium,* summer 1966, pp. 150-162.

Manzanares de Cirre, Manuela: "El realismo social de Antonio Buero Vallejo, *Revista Hispánica Moderna,* XXVII, núm. 3-4, julio-octubre 1961, pp. 320-324.

Marra López, José R.: "Conversación con Buero Vallejo", *Cuadernos del Congreso por la Libertad de la Cultura,* núm. 42, mayo-junio 1960, pp. 55-58.

Martí Zaro, Pablo: "Buero y su teatro", *Pulso,* núm. 0, febrero 1962.

Monleón, José: "Un teatro abierto", *Teatro* de A.B.V., Madrid, 1968, Taurus, Col. El Mirlo Blanco, pp. 13-29.

Montero, Isaac: "*El tragaluz,* de Antonio Buero Vallejo", *Nuevos Horizontes* (Ateneo Español de México), núm. 3-4, enero-abril 1968, pp. 28-40.

Muñiz, Carlos: "Antonio Buero Vallejo, ese hombre comprometido", *Primer Acto,* núm. 38, diciembre 1962, pp. 8-10.

Nicholas, Robert Leon: "The History Plays: Buero Vallejo's Experiment in Dramatic Expression", *Revista de Estudios Hispánicos,* III, núm. 2, noviembre 1969, pp. 281-293.

O'Connor, Patricia W.: "Censorship in the Contemporany Spanish Theater and Antonio Buero Vallejo", *Hispania,* LII, núm. 2, mayo 1969, pp. 282-287.

Pajon Mecloy, Enrique: "De símbolos a ejemplos", *Sirio* (Revista tiflológica), enero 1963.

Pérez Minik, Domingo: *Teatro Europeo Contemporáneo. Su libertad y compromisos,* Madrid, 1961, Guadarrama, 534 p.

Prego, Adolfo: "Con *El tragaluz,* Buero Vallejo lanza un desafío", *Blaneo y Negro,* 28-X-1967.

Quadri, Franco: "S. Miniato. La parabola dei ciechi da Buñuel a Brechtz", *Sipario,* núm. 258, octubre 1967, pp. 33-34.

Queizan, Eduardo: "Si amanece, nos vamos" (Sobre "El sueño de la razón"), *Primer Acto,* núm. 117, febrero 1970, pp. 12-17.

Rebello, Luiz Francisco: "Antonio Buero Vallejo e o moderno teatro espanhol", *Diario Ilustrado,* Lisboa, 30-VII-1957.

————: *Imagens do teatro contemporáneo,* Lisboa, 1961, Atica, 267 p.

Rodríguez-Castellano, Juan: "Un nuevo comediógrafo español: A. Buero Vallejo", *Hispania*, XXXVII, marzo 1954, pp. 17-25.

Rodríguez Méndez, José María: "Aportaciones positivas al teatro. Un autor: Antonio Buero Vallejo", *El Noticiero Universal*, 7-X-1966.

Romero, Emilio: "Un sótano y el tren", *Pueblo*, 10-X-1967.

Ruple, Joelyn: "Individualism and dignity. *El Concierto de San Ovidio* by A. Buero Vallejo", *Hispania*, XLVIII, 1965, pp. 512-513.

Sastre, Alfonso: "El premio Lope de Vega 1949", *La Hora*, 6-XI-1949.

——: "Teatro imposible y pacto social", *Primer Acto*, núm. 14, mayo-junio 1960, pp. 1-2.

——: "A modo de respuesta", *Primer Acto*, núm. 16, septiembre-octubre 1960, pp. 1-2.

Schevill, Isabel M.: "Lo trágico en el teatro de Buero Vallejo", *Hispanófila*, núm. 7, septiembre 1959, pp. 51-58.

Schwartz, Kessel: "Buero Vallejo and the Concept of Tragedy", *Hispania*, LI, diciembre 1968, pp. 817-824.

Sirio (revista tiflológica), núm. monográfico sobre A. B. V., núm. 2, abril 1962, 22 p. Artículos de Antonio Buero Vallejo, Enrique Pajón Mecloy, Ángeles Soler Guillén y J. A. Vallejo Nágera.

Torre, Guillermo de: "Dos dramas fronterizos", *La Nación*, Buenos Aires, 12-VIII-1956.

Torrente Ballester, Gonzalo: *Teatro Español Contemporáneo*, Madrid, 1957, Guadarrama, 338 p.

——: "Notas de introducción al teatro de Buero Vallejo", *Primer Acto*, núm 38, diciembre 1962, pp. 11-14.

Valbuena Prat, Ángel: *Historia del Teatro Español*, Barcelona, 1956, Noguer, 703 p.

Vázquez Zamora, Rafael: "*Un soñador para un pueblo*, de Buero Vallejo", *Ínsula*, núm. 147, febrero 1959, p. 12.

——: "*Las Meninas*, de Buero Vallejo, en el Español", *Ínsula*, núm. 170, enero 1961, p. 15.

——: "En el Goya, los trágicos ciegos de Buero Vallejo", *Ínsula*, núm. 193, diciembre 1962, p. 16.

Vian, Francesco: "Il teatro di Buero Vallejo", *Vita e pensiero*, Milano, marzo 1952, pp. 165-169.

Vilar, Sergio: *Manifiesto sobre Arte y Libertad* (Encuesta entre los intelectuales y artistas españoles), New York, 1963, Las Américas Publishing Company, 302 p.

NOTA PREVIA

El Concierto de San Ovidio se estrenó la noche del 16 de noviembre de 1962, en el teatro Goya de Madrid, hoy convertido en cine. Fue —lo recordamos bien— un éxito arrollador; sin duda, uno de los mayores éxitos de Buero Vallejo. Éxito —también— del director, José Osuna, en uno de sus montajes más acabados, más completos. Éxito —también— de un armonizado equipo de actores, entre los que destacó, especialmente, José María Rodero, que interpretaba el personaje de David. Rodero —que ya en 1950 había hecho una creación muy celebrada de la figura de Ignacio, protagonista de *En la ardiente oscuridad*— ofreció un David lleno de humanidad, de crispación, de *verdad trágica*. Luisa Sala, en el personaje de Adriana, y Pepe Calvo, en el de Valindín, contribuyeron eficazmente a crear la tensión dramática que la relación de estas tres figuras requiere. Manuel Mampaso fue el autor de los figurines y de los decorados; éstos y aquéllos, de gran fuerza expresiva. Rafael Rodríguez Albert —compositor ciego, de reconocido prestigio— fue el autor de la música; como recordaba Buero en la nota inserta en el programa de mano, la música de la canción "por exigencias de la acción había de atenerse a una trivialidad técnica y de inspiración muy inferiores a los méritos profesionales de este eminente músico español". Terminada la representación, Buero Vallejo —a requerimiento del

público— salió a saludar y tuvo que pronunciar unas
palabras, según era ya —como sigue siendo— habitual
en sus estrenos, y el telón hubo de alzarse interminables
veces, entre "bravos" y aplausos.

Los críticos de los diarios y de las revistas señalamos
la importancia de la obra y del espectáculo. Si se revisan
aquellos comentarios, se puede apreciar —más allá de
los distintos criterios individuales— una rara unanimidad en lo que concierne a esa importancia, de la que
nadie dudó. El estreno había sido —la palabra todavía
estaba de moda en aquellos años— *un impacto*. Un
crítico llegó a escribir —literalmente— que *El Concierto
de San Ovidio* era "la primera gran tragedia española
de todos los tiempos". Si lo recuerdo, no es para poner
en evidencia a dicho crítico —cuyo nombre, piadosa-
mente, callo— ni tampoco para añadir que un verdadero
crítico debe abstenerse en cualquier caso de semejante
tipo de afirmaciones, sino para mostrar, con ese ejemplo, hasta qué punto el estreno de *El Concierto de San
Ovidio* produjo un clima de entusiasmos y de adhesio-
nes. Hoy se puede afirmar que es una de las tres o
cuatro mejores obras de Buero Vallejo; algunos es-
tudiosos han ido más allá, y la han considerado como
la mejor de su autor, pero no compartimos ese criterio,
pues en el teatro de Buero no hay *una* obra que destaque
tan llamativamente de las demás; hay tres, cuatro,
acaso cinco, situadas en primerísimo lugar y de calidad
equiparable.

En la revista *Primer Acto* dedicamos a *El Concierto
de San Ovidio* un número, prácticamente, monográfico,
con inclusión del texto dramático y artículos sobre éste
y su autor (firmados por Carlos Muñiz, Gonzalo Torrente Ballester, Ricardo Doménech y José Monleón).
Por otra parte, los críticos que fallamos ese año los
Premios "Larra" de dicha publicación (Torrente, García
Pavón, Prego, Llovet, Monleón y yo) concedimos el
"Premio a las mejores obras españolas" a Buero, por

El Concierto de San Ovidio, y a Lauro Olmo, por *La camisa,* que había sido el otro gran estreno de autor español en aquel año. La decisión no fue fácil, y a ella llegamos en la común convicción de que no tenía sentido —máxime en un premio de carácter honorífico— poner en competición dos obras igualmente acreedoras a él: la primera, por ser cumplida muestra de la madurez creadora de Buero Vallejo; la segunda, por ser un posible comienzo prometedor de un nuevo dramaturgo. Premiamos, pues, las dos. Hicimos bien.

El Concierto de San Ovidio se mantuvo con éxito de público en la cartelera del teatro Goya, donde llegó a centenaria, y más tarde fue llevada en jira de Festivales por diversas provincias. Fuera de España, ha conocido ya varios estrenos. El más importante ha tenido lugar en el Festival de San Miniato (Italia), por el Teatro Stabile di Genova, el 26 de agosto de 1967, siendo autora de la versión María Luisa Aguirre d'Amico. A dicho estreno asistió personalmente el autor. En versión de Víctor Dixon, también se ha estrenado en la Universidad de Manchester, el 28 de mayo de 1968, y en la Universidad de Plymouth, en noviembre de 1969. La Televisión de Bratislava ha ofrecido esta obra en sus pantallas, en 1970. Traducida por Farris Anderson, se ha publicado en *Modern International Drama* (Vol. I, núm. 1, septiembre 1967, The Pennsylvania State University Press). La versión de María Luisa Aguirre d'Amico apareció en la revista milanesa *Sipario* (número 256-257, agosto-septiembre 1967) en un número monográfico sobre "Spagna, oggi".

El texto que ofrecemos aquí no contiene variantes sobre las ediciones castellanas ya existentes, pero ha sido objeto de una cuidadosa revisión. En cuanto a las notas que lo acompañan, hemos considerado especialmente útiles algunas aclaraciones lexicográficas; otras, de tipo histórico y, finalmente, otras referentes al proceso creativo de la obra, cosa ésta última que nos ha sido posible gracias a la información facilitada por el propio Buero Vallejo, no sólo en esta circunstancia, sino también y particularmente en 1962, a raíz del estreno.

R. D.

EL CONCIERTO DE SAN OVIDIO

PARÁBOLA EN TRES ACTOS

ORIGINAL DE

ANTONIO BUERO VALLEJO

A VICTORIA

*por su compañía y
su ayuda impagables*

Esta obra se estrenó el 16 de noviembre de 1962 en el teatro Goya, de Madrid, con el siguiente

R E P A R T O

(Por orden de intervención)

Luis María Valindin, negociante.	Pepe Calvo.
La Priora de los Quince Veintes.	María Rus.
Sor Lucía	Amalia Albaladejo.
Sor Andrea	Elena Cozar.
Gilberto, ciego...	Francisco Merino.
Lucas, ciego	Pedro Oliver.
Nazario, ciego	Avelino Cánovas.
Elías, ciego	Manuel Andrés.
Donato, ciego	Félix Lumbreras.
David, ciego	José María Rodero.
Adriana, moza de mala fama ...	Luisa Sala.
Catalina, criada	Carmen Ochoa.
Jerónimo Lefranc, violinista... ...	Emilio Menéndez.
Ireneo Bernier, calderero...	José Segura.
Latouche, comisario de Policía ...	Antonio Puga.
Dubois, oficial de Policía	Alberto Fernández.
Burguesa	Asunción Pascual.
Damisela 1.ª	Beatriz Farrera.
Damisela 2.ª	Araceli Carmena.
Damisela 3.ª	Soledad Payno.
Pisaverde	Jesús Caballero.
Burgués	Carlos Guerrero.
Valentín Haüy	Sergio Vidal.

Voces del Hospicio y del café.
En París, del verano al otoño de 1771.
Derecha e izquierda, las del espectador.

Dirección: José Osuna.
Decorados y figurines: Manuel Mampaso.
Música de "Corina": Rafael Rodríguez Albert.

NOTA.—Por imperativos de horario, se suprimieron en las representaciones de *El Concierto de San Ovidio* todas las frases y fragmentos que en la presente edición figuran encerrados entre corchetes.

72

Antonio Buero Vallejo

Grabado de 1771, que inspiró a Buero
El Concierto de San Ovidio

ACTO PRIMERO

S A N Luis de Francia fundó en el siglo XIII el Hospicio de los Quince Veintes para dar cobijo a trescientos
ciegos de París. Miente la leyenda que la fundación fue
hecha por el rey para recoger allí a trescientos de sus
caballeros, cegados en la Cruzada. Mas el Hospicio no
se creó para nobles, sino para mendigos, y mendigos
siguieron siendo, siglo tras siglo, casi todos los desvali-
dos invidentes que en él encontraron amparo. En la
Edad Moderna la Institución conoció, no obstante, prós-
peros tiempos. Las bulas y edictos a su favor de papas
y reyes, el acopio de legados, mandas[1] y limosnas, la
volvieron poderosa, y sus rectores hubieron de reprimir
el lujo con que llegaron a vestir los pensionistas. La
venerable fundación ha llegado hasta nuestros días y
se encuentra hoy en el antiguo cuartel de los mosque-
teros negros, cerca de la plaza de la Bastilla, lugar donde
fue trasladada en 1780. Nueve años antes, el Hospicio
de los Quince Veintes se hallaba en Champourri, donde
fue fundado: terreno vecino al claustro de San Hono-
rato que hoy ocupa en parte la plaza del Carrousel.
Por concesión regia, el desaparecido edificio multiplicaba

---

1 *Legado*: "Cosa dejada a alguien en testamento". *Manda*: "Legado. Promesa que hace alguien de dar a otro una cosa" (Dicc.
M. Moliner).

en aposentos y utensilios las lises [2] francesas, que también ornaban las ropas de los acogidos. Pero la limosna no deja de ser el principal medio de vida de los ciegos, y en el siglo XVIII una gran parte de los flordelisados pensionistas sigue mendigando. Del Hospicio a la Feria de San Ovidio, que se celebraba desde aquel año en la que es hoy plaza de la Concordia y era entonces la plaza de Luis XV, las andanzas de un grupo de ellos determinaron sin saberlo el destino de un gran hombre [3] y motivan esta historia. La calle se supone a veces en el primer término. En el resto del escenario, elevado mediante un entarimado con uno o dos peldaños, el Hospicio, la casa de Valindin y la barraca de la Feria son sugeridos sobriamente según lo requiere la acción.

(Antes de alzarse el telón se oye rezar a un coro de hombres y mujeres. El telón se levanta sobre una sala del Hospicio: grandes cortinas azules, salpicadas de flores de lis, penden tras los peldaños del entarimado. De cara al proscenio y a la derecha, la Priora, en pie e inmóvil. Es una dama de fría mirada, vieja y magra, que parece pensativa. Tras ella, cerca de los peldaños, dos monjas. A la izquierda, el señor Valindin, [4] son-

2 Indistintamente, lis o flor de lis. Fue el emblema de los reyes franceses: escudo azul sembrado de lises —lirios— de oro, en número de tres desde Carlos VI.

3 Valentín Haüy, que aparecerá al final de los actos II y III. Hermano de René —el prestigioso físico y mineralogista—, Valentín Haüy nació en Saint Just en 1746 y murió en París en 1822. Él y, tiempo después, Louis de Braille (1809?-1852) son los creadores de esta realidad extraordinaria: la educación e incorporación de los ciegos a la sociedad. Haüy fundó el primer instituto para la educación de niños ciegos, en París, en 1784. Dos años más tarde publicó en París, con éxito, su libro fundamental, *Essai sur l'education des aveugles.* Estudios ya "clásicos", consagrados a la obra de Haüy, son los de Klein (*Geschichte des Blindeunterrichts,* Viena, 1837), Gaudet (*Valentín Haüy,* París, 1870) y Strebitzky (*Valentín Haüy a St. Pétersbourg,* París, 1884).

4 Que el Hospicio estuviera regido por una comunidad religiosa es inexactitud histórica en la que el autor incurre voluntariamente, según nos declara. La Institución se hallaba a cargo de funcionarios civiles y bajo el patrocinio del Gran Limosnero del Rey. En cuanto a Valindin, figura fundamental en el drama, lo fue también en los sucesos históricos que en éste se recrean. Pero sólo su apellido y

*riente observa a la Priora. Es un cincuentón recio
y de aire resuelto, con los cabellos sin empolvar.
Viste negra casaca de terciopelo con botones de
plata, botas de media caña con vueltas claras y
tricornio negro con fino galón plateado, que sostiene bajo su brazo derecho mientras con la izquierda acaricia el pomo del espadín que ciñe.)*

VOCES. *Pater noster qui est in coelis, sanctificetur
nomen tuum, adveniat regnum tuum, fiat voluntas tua
sicut in coelo et in terra.*

*Panem nostrum quotidianum da nobis hodie, et di-
mitte nobis debita nostra sicut et nos dimittimus debito-
ribus nostris.*

*Et ne nos inducas in tentationem, sed libera nos a
malo. Amen.*

VOZ. Un Avemaría por nuestro muy amado rey y
protector Luis XV [5] y por todos los príncipes y prin-
cesas de su sangre. Avemaría...

VOCES. *...Gratia plena, Dominus tecum, benedicta
Tu in mulieribus et benedictus fructus ventris tui, Iesus.*

*Sancta Maria, Mater Dei, ora pro nobis peccatoribus,
nunc et in hora mortis nostrae. Amen.*

VOZ. *Gloria Patri, et Filio, et Spiritui Sancto.*

VOCES. *Sicut erat in principio, et nunc et semper, et
in saecula saeculorum. Amen.*

VALINDIN. ¿Y bien, madre?

*(Sin mirarlo, la Priora le ordena silencio levan-
tando la mano.)*

VOZ. *Benedic, Domine nos et haec tua dona quae
de tua largitate sumus sumpturi. Per Christum Domi-
num nostrum.*

---

el ser dueño de un determinado café de la Feria de San Ovidio,
cuya importancia y significación descubrirá el lector más adelante,
son los datos reales, conocidos previamente por el dramaturgo. Lo
demás es inventado.

5 En estas fechas, Luis XV era ya el *Mal-Aimé*. Murió tres años
después, en 1774, entre la indiferencia de su pueblo. (Cf. André
Maurois, *Historia de Francia*, trad. M. L. Morales, Barcelona, 1962,
Surco, 5.ª ed., p. 269).

Voces. *Amen.*

(Una pausa.)

Priora.   ¿Se han sentado ya?

Sor Lucía. *(Atisba por las cortinas.)* Ahora besan el pan, reverenda madre.

Priora. *(Se vuelve hacia Valindin.)* Señor Valindin... Vuestro nombre es Valindin, ¿no?

Valindin. *(Se inclina.)* Luis María Valindin, para servir a vuestra reverencia.

Priora.   Señor Valindin, nos habéis visitado a hora muy temprana. Ya veis que nuestros pobres pensionistas aún no se han desayunado. [6]

Valindin.   Reverenda madre, confío en que sabréis perdonar mi manera de ser. Cuando discurro algo que creo beneficioso, cuido de no aplazarlo...

Priora. *(Asiente.)* El señor barón de la Tournelle [7] acredita esas palabras. Os describe en su carta como hombre emprendedor y eficaz...

Valindin.   No tanto, madre. A mi edad, aún no puedo decir que sea rico.

Priora.   Consolaos. Esta casa tampoco lo es y cuenta cinco siglos de edad.

---

[6] *Aún no se han desayunado.* He aquí un ejemplo de cómo el autor introduce, de cuando en cuando, formas expresivas hoy caídas en desuso, con las que imprime en los diálogos un cierto alejamiento y, con él, una cierta verosimilitud histórica en su efecto sobre el espectador. Nótese, en el mismo sentido, el trato de *vos*, que el autor observa en esta escena y que volveremos a encontrar en escenas posteriores. Sin embargo, es de destacar que, simultáneamente, el autor rehúye lo que podría ser una imitación global del lenguaje de la época, que, claro está, sólo podría conducir a un retórico amaneramiento. Un justo equilibrio: tal es, evidentemente, el propósito. Desde un punto de vista teatral, tanto en esta obra como en las demás que Buero ha compuesto sobre tema histórico, esa flexibilidad y ese equilibrio se traducen en eficacia.

[7] Este personaje —que nunca llega a aparecer en escena, pero que, de alguna manera, *está* en escena— no guarda, explícitamente, relación con Madame de la Tournelle, amante de Luis XV —antecesora de la Pompadour—, nombrada duquesa de Châteauroux por el monarca.

[VALINDIN. Por eso mismo... Si vuestra reverencia y ellos aprueban la idea, hoy podría quedar todo acordado.

PRIORA. En esta casa no se puede caminar tan de prisa, señor Valindin.

VALINDIN. Si me dieseis licencia para hablar con ellos...

PRIORA. Es preferible que les hable yo antes.] *(Un silencio. Pasea y se detiene.)* ¿Sois músico, señor Valindin?

VALINDIN. No, madre. Pero dispongo de músicos que van a ayudarme. [Las canciones ya están escritas y compuestas.]

PRIORA. Vuestra idea es por demás extraña... [Esos seis hombres habrán de ensayar mucho. Y aun así, presumo que vuestro esfuerzo será baldío.] Vos no sabéis lo torpes que son estos pobrecitos.

VALINDIN. Consienta vuestra reverencia en probar. Aquí mismo podremos ensayar, si lo preferís...

PRIORA. Ni lo penséis. No conviene que los oigan los demás hermanos y hermanas. El empeño parece demasiado raro para ser sano. Espero que podréis ensayar en otro lugar...

VALINDIN. En mi propia casa, madre. Resido en el quince de la calle Mazarino. *(Ríe.)* Aunque viajo a menudo, precisaba de mi cuartel general aquí: en Francia nada se logra si no es desde París.

PRIORA. O desde Versalles.

VALINDIN. *(Asiente.)* O desde Versalles. *(Suave.)* Así, pues, ¿accede vuestra reverencia?

PRIORA. *(Se sobresalta.)* Yo no he dicho eso. *(Pasea. Se detiene.)* ¿Canciones profanas?

VALINDIN. *(Suspira.)* [Vuestra reverencia no ignora lo que es una feria...] Son las que el público prefiere. También son profanas muchas de las [canciones] que ellos tocan y cantan por las esquinas...

PRIORA. *(Seca.)* [Sí. Y bastante mal, por cierto. Pero] somos pobres, caballero. Francia pasa hambre [8] y el Hospicio también la sufre. Contra nuestros deseos, hemos de tolerar esas licencias. Dios no consiente la ceguera de estos trescientos desdichados para perder sus almas, sino para que ofrezcan oraciones [por las calles, lo mismo que en los velatorios y las iglesias.] Ésta es casa de plegarias y de trabajo: desde que San Luis lo fundó, el Hospicio de los Quince Veintes ha vivido en la eternidad de la oración y de las sencillas faenas que nos dan el pan de nuestro horno o las telas de nuestros telares. Lo que no sea eso, es vanidad: habilidades para las que tal vez algún ciego puede mostrarse dotado, mas para las que ningún ciego ha nacido. [9] Ellos han nacido para rezar mañana y tarde, pues es lo único que, en su desgracia, podrán hacer siempre bien. Pero el Hospicio ya no es lo que fue... Los legados, las mandas, cubren mal nuestras necesidades... Y estos pobrecitos han de sustentarse.

VALINDIN. *(Da unos pasos hacia ella con los ojos húmedos; parece realmente conmovido.)* Palabras muy bellas y muy ciertas, madre... *(Se enjuga una lágrima.)* Perdonad. Peco de sensible... Pero lo que habéis dicho

---

[8] A lo largo de toda la obra se habla, insistentemente, del hambre, lo que llega a constituir un tema medular. Aunque en 1771 estamos aún en la que se ha dado en llamar " la edad de oro de Luis XV" y triunfa la política del *laisser-faire, laisser-passer,* coexiste con la euforia que domina en los medios financieros y burgueses una situación de hambre y de penuria en las capas populares, a consecuencia de los desastres agrícolas. (Cf. Hubert Méthivier, *L'Ancien Régime,* Paris, 1968, 4.ª ed., Presses Universitaires de France, p. 9 y ss.) Unos años después —hacia 1778— empezará la gran crisis económica que, de forma cíclica, culminará en 1787 y, con ella, la realidad de un pueblo hambriento y desesperado. Dos años después estallará la Revolución. (Cf. Albert Soboul *La Révolution Française,* Paris, 1970, 3.ª ed., Presses Universitaires de France, pp. 23-24).
[9] La Priora manifiesta un criterio que, en lo fundamental, comparten en la obra todos los personajes videntes. Es el criterio de la época, al que no escapa el mismo Diderot en su obra de juventud, *Carta sobre los ciegos para uso de los que ven* (1749). En relación con ello y, en general, como útil introducción a esta compleja y fascinante materia, *vid.* Pierre Villey, *El mundo de los ciegos,* trad. Antonio Bertolucci, Buenos Aires, 1946, Claridad, 298 p.

me llega al corazón. Vos sabéis que la idea que he tenido el honor de exponeros posee su cara espiritual, y [os empeño mi palabra de] que no es para mí la menos importante. Si la llevamos a cabo, no sólo me depararéis la alegría de ayudar con mi bolsa al sostén de esta santa casa de Dios, sino el consuelo de esas oraciones que los cieguecitos rezarán [cada año] por mi alma pecadora...

PRIORA. *(Que le escuchó con frialdad.)* Vuestra propuesta me hace presumir, sin embargo, que sois partidario de las nuevas ideas.

VALINDIN.   ¿Quién no en nuestro tiempo, reverenda madre? ¡Estamos en mil setecientos setenta y uno! [El mundo se ensancha y los hombres abren nuevos caminos de conocimiento y de riqueza.] ¡Ah, pero yo sé medirme! Nunca admitiré por eso los disparates de un Juan Jacobo o de un Voltaire, [10] [y sé lo que debo a las santas verdades de nuestros mayores.] El señor barón de la Tournelle, que me honró siempre con su protección, os lo podrá atestiguar.

PRIORA.   [El señor barón es también uno de nuestros protectores más bondadosos y] su palabra siempre tiene fuerza en esta casa. Pero no me place vuestra idea, caballero.

VALINDIN.   Si pudieseis aplazar vuestra decisión... [No soy hombre de estudios y mi expresión es torpe, mas...]

PRIORA.   Tampoco os he dicho que la rechace. *(Perpleja.)* En conciencia, no sé si puedo hacerlo. *(Disgustada.)*

_____

10 "Fue, sobre todo, entre 1750 y 1770 cuando la influencia de los filósofos en la nación fue más grande" (Maurois, *op. cit.*, p. 273). En 1771, Voltaire tenía setenta y siete años, y Rousseau, sesenta y nueve. Ambos se encontraban en la cumbre de su fama. Nueve años antes, Rousseau había publicado *El Contrato Social* y el *Emilio* —éste último libro, condenado a la hoguera, con la consiguiente detención del autor—. La publicación de la Enciclopedia, cuyos dos primeros volúmenes aparecieron en 1751 y 1752, había concluído en 1766, o sea, cinco años antes.

Cuando se nos ofrece algo en bien de estos desheredados estamos obligados a poner la mano...

VALINDIN. *(Se acerca un paso más.)* Bien quisiera poderla llenar mejor, madre. Pero insisto en mi oferta, que es a cuanto puedo llegar: cien libras ahora y otras cien al cerrarse la feria. A no ser que prefiráis una parte sobre los ingresos...

PRIORA. *(Lo mira súbitamente, con ojos duros.)* [¿Qué estáis diciendo?] Esta casa no negocia. Esas doscientas libras representarán una manda para oraciones. Nada más.

VALINDIN. *(Se inclina, contrito.)* Oraciones que yo, vuelvo a deciros, solicito y suplico.

> *(Un silencio, que cortan las Voces tras las cortinas.)*

VOZ. *Deus det nobis suam pacem.*

VOCES. *Et vitam aeternan. Amen.*

PRIORA. Antes de hablar con ellos, nada puedo deciros. [No debo decidir contra su voluntad.] Sor Lucía, acompañad al señor Valindin. *(Sor Lucía va al primer término izquierdo.)* Volved mañana, caballero. *(Sonríe fríamente y le tiende el rosario.)* Aunque sea a primera hora.

VALINDIN. *(Lo besa.)* Gracias, reverenda madre. Dios os guarde.

SOR LUCÍA. Seguidme, caballero.

> *(Valindin se inclina y sale tras la monja por la izquierda bajo la mirada de la Priora. Sor Andrea atisba por las cortinas.)*

SOR ANDREA. Se están colgando las latas de la limosna, reverenda madre.

PRIORA. Traed aquí a los seis que citó ese caballero y dejadnos solos.

> *(Sor Andrea se inclina y sale por el centro de las cortinas. La Priora pasea, pensativa. Se oyen*

dos palmadas de Sor Andrea que la distraen un
segundo de su meditación y luego sigue su paseo.)

SOR ANDREA. *(Voz de.)* ¡Atención! Manda la madre priora que se presenten los hermanos Elías, Donato, Nazario, David, Lucas y Gilberto... [11] ¡Vengan aquí los hermanos Elías, Donato, Nazario, David, Lucas y Gilberto, de orden de la madre priora!... *(Rumor de garrotes que se acercan.)* ¡Por tercera vez, el hermano Gilberto!... ¡Vamos, presto! La madre priora está esperando.

> *(Sor Andrea reaparece y sostiene la cortina*
> *mientras entran los seis ciegos, a algunos de los*
> *cuales ayuda a bajar los peldaños.)*

PRIORA. Adelante, hijos. *(Tiende la mano a Lucas,*
que es viejo.) Cuidado. Ya conocéis el escalón.

> *(Van bajando los ciegos. El último es Gilberto,*
> *que sonríe con aire inocente.)*

GILBERTO.   ¡Madre priora, buenos días nos dé Dios!
LUCAS, ELÍAS y NAZARIO.   ¡Téngalos muy felices
nuestra madre!

> *(Tocándose unos a otros, se alinean ante la*
> *Priora.)*

PRIORA. Gracias, hijos. *(Despide con un ademán a*
Sor Andrea, que sale por las cortinas.) ¿Por qué tardabas tú, pajarillo?
GILBERTO. *(Ríe.)* ¡No me acordaba de mi nombre!
PRIORA. ¡Cabeza loca! [¡Procura entender tú bien
lo que os voy a decir!
GILBERTO.   ¡Si yo lo entiendo todo!

---

11   Nótese que, en contraste con los diez músicos que aparecen en el grabado de la orquestina, grabado que reproducimos en este libro, el autor ha procedido a una reducción. Serán seis, lo que ya nos ha anunciado, páginas atrás, la Priora. Todo lo que a ellos se refiere —nombres, datos biográficos, acciones— es inventado.

PRIORA. *(Sonríe y le palmea el hombro.)* Claro que
sí.] *(A los demás.)* ¿Qué tal sabía hoy la sopa?

NAZARIO. *(Ríe.)* A poco nos supo.

PRIORA. *(Grave.)* Cierto que no es abundante. *(Pasea. Los ciegos cuchichean. Se detiene.)* ¿Qué andáis
murmurando?

NAZARIO. Es la primera vez que se lo oímos, madre.

*(La Priora sonríe sin gana, contesta con un
gruñido y sigue paseando. La hilera de los seis
ciegos aguarda. Al pronto, no es fácil distinguir-
los. Sus ojos sin vida, la cortedad de sus movimientos, las ropas seglares, que si bien diferentes
se parecen entre sí por lo humildes, y maltrechas,
el cayado que trae cada uno y el rectángulo de
tela azul con una flor de lis color de azafrán,
emblema de los Quince Veintes que todos llevan
cosido al pecho, contribuyen a confundirlos. Vienen todos destocados y, excepto Lucas, llevan col-
gada del cuello con una cuerda la caja de hojalata
para las limosnas, que descansa sobre el pecho
bajo la flor de lis. Una observación más detenida permite advertir lo distintos que son: Lucas
es un viejo de cabellos grises y aire fatigado. Donato, un muchacho que aún no cuenta diecisiete
años, cuyos movimientos y sonrisas quieren ser
desenfadados, pero carecen de aplomo y denun-
cian la inseguridad de la adolescencia. Su rostro
no carecería de gracia si no fuese porque lo tiene
atrozmente picado por las viruelas que le dejaron
ciego. Nazario es maduro y corpulento, de fuer-
tes manos y ancha cara, donde también quedan
algunas señales de viruela; cara sonriente y burlona por lo general, de pícaro de ferias. Elías es
un ciego flaco, de párpados cerrados sobre la
atrofia de sus ojos, que, en cambio, nunca sonríe.
Gilberto ya no es un mozo: acaso tenga cuarenta
años. Su fisonomía angulosa y trabajada posee
cierta belleza dolorosa y viril; sus ojos, que biz-
quean un tanto, parecen a veces mirar. Mas todo
ello contrasta con la risa boba, las infantiles in-
flexiones de la voz, la aniñada inocencia del meningítico. Finalmente, David es un ciego de unos
treinta y cinco años, pálido y delgado, cuyas bellas manos varoniles permanecen ahora quietas en
contraste con las de sus inmóviles compañeros,
que traicionan con sus leves palpaciones sobre las*

ropas la expectación con que aguardan las palabras de la Priora.)

PRIORA.   *(Se detiene ante ellos.)* ¿Y vuestros violines?

ELÍAS.   A la salida los tomamos.

PRIORA.   ¿Sigues tú saliendo con el hermano Elías, Gilberto?

GILBERTO.   Sí, madre. Yo canto y él toca.

PRIORA.   ¿Quién de vosotros recaudó más ayer?

NAZARIO.   Creo que fui yo. Veintidós sueldos.

PRIORA.   ¿Y el que menos?

DAVID.   Yo, madre. Doce sueldos.

PRIORA.   ¿Tú otra vez? ¿Cómo así?

DAVID.   Se me pasó el tiempo...

PRIORA.   *(Reprobatoria.)* Sin tocar.

DAVID.   Perdón.

PRIORA.   *(Grave.)* Son tus hermanos quienes te han de perdonar que, pudiendo recoger más que ellos, traigas tan a menudo menos.

ELÍAS.   ¡Ahí le duele!

PRIORA.   Bien. Ya veis que no se recauda mucho: poco pueden darles los pobres a los pobres. Pero en septiembre se abrirá la feria de San Ovidio, que este año promete ser buena porque la van a instalar en la plaza más grande de París: en la plaza Luis XV. [12]

NAZARIO.   ¡Las ferias son el maná del pobre! En la de San Lorenzo saqué yo hace años un caudal.

ELÍAS.   [Descuidad, madre.] Nunca nos perdemos las ferias.

PRIORA.   Escuchadme bien. Nos ha visitado un tal Valindin, que va a abrir en la feria un café con orquesta. Y quiere presentar algo... que yo ni puedo imaginar, pero que he de deciros: una orquestina de ciegos. Vosotros.

ELÍAS.   *(Da un respingo.)* ¿Nosotros?

---

[12] Hoy, Plaza de la Concordia, como nos ha recordado el autor en su acotación preliminar.

PRIORA. Parece que os viene observando desde hace tiempo. Según dice, os enseñaría diversas canciones, y tú, Gilberto, cantarías la letra. Le he dicho [que sólo podéis aprenderlas de oído,] que no se os puede armonizar y que en nuestra misma capilla no lo pretendemos; pero él dice que cuenta con músicos que os enseñen. ¿Qué decís vosotros? *(Largo silencio.)* ¡Hablad!

ELÍAS. Que hable el hermano Lucas.

LUCAS. *(Titubea.)* ¿Se ha referido a mí también ese caballero? Yo no salgo a pedir.

PRIORA. No sé cómo estaba enterado de que tocabas el violoncello antes de perder la vista y de que aún lo tocas alguna vez en la capilla. Te ha citado porque quiere alguna variedad en los instrumentos. Lucas, tú has tocado en orquestas...

[LUCAS. *(Melancólico.)* La música se olvida.

PRIORA.] Dinos [de todos modos] si crees posible lo que pretende el señor Valindin.

LUCAS. *(Lo piensa.)* No. *(Suspira.)* Sin poder leer las partituras, los ciegos nunca lo harán.

PRIORA. ¿Qué pensáis los demás? *(Los mira uno por uno. David, nervioso, se adelanta, pero no dice nada.)* ¿Qué ibas a decir, David?

[DAVID. Quisiera saber... lo que piensa vuestra reverencia.

PRIORA. Ya os lo he dicho. Lo mismo que Lucas.]

DAVID. Yo creo...

(Calla.)

PRIORA. Habla.

DAVID. Vuestra reverencia no ha dicho todo lo que piensa.

(La Priora lo mira fijamente. Luego desvía sus ojos y da unos pasos.)

PRIORA. Lo has adivinado. Pienso que ese señor [no es músico y que no sabe lo que quiere. Que] os despedirá al día siguiente de abrir la feria, si es que no se arrepiente en los ensayos. [Que vuestra misión es orar, no tocar canciones licenciosas...] Pero me pregunto si puedo arrebataros los beneficios que [ese caballero] ofrece. Él os daría cuarenta sueldos diarios y las comidas. Algo más sabrosas, sin duda, que nuestra pobre olla... *(Calla un momento.)* Además ofrece dejar al Hospicio una manda para oraciones. Si accedéis, vuestros hermanos y hermanas de infortunio alcanzarán también alguna mejora. [Y eso, en cualquier caso: el acuerdo obligaría desde el primer ensayo y mientras le sirváis, aunque prescinda de vosotros antes de abrir la feria...] Pero confieso que no acierto a aconsejaros. *(Un silencio.)* Y tampoco vosotros sabéis qué pensar, ya lo veo. Tenéis mi licencia para discutirlo aquí mismo cuanto queráis. A mediodía me daréis la respuesta. *(Se encamina a la derecha. Antes de salir se vuelve.)* Pero habéis de tener presentes dos cosas: la primera, que si él no os despide, vosotros no podéis volveros atrás; el contrato os obligaría durante toda la feria, y, si agradáis al público..., a viajar con él durante un año por las ferias de las provincias.

DONATO. *(Asustado.)* ¿Viajar con él un año?

PRIORA. Eso he dicho. Lo cual significa vuestra salida del Hospicio. Ni siquiera podréis llevar al pecho ese emblema que hoy os ampara y que no debe comprometerse en un negocio incierto.

DAVID. ¿Y la segunda cosa?

PRIORA. [*Grave.*] [Es un ruego.] Si aceptáis, nunca olvidéis que sois hermanos ante Dios, y que como hermanos habréis de seguir comportándoos. Que Dios os ilumine.

(Sale. Un silencio hondo.)

GILBERTO. ¿No salimos a pedir?

ELÍAS. Calla, pajarillo.

NAZARIO. *(Golpea con su garrote los peldaños.)* Vamos a sentarnos.

(Lo hace.)

DONATO. Sí.

(Tantea con el cayado y se sienta a su vez. Gilberto, Lucas y Elías se sientan. David sigue en pie, sin moverse. Vuelve el silencio.)

NAZARIO. ¡La vieja zorra! [Ganas me dan de negarme, sólo por fastidiarla.] Deseando está que lo hagamos.

[LUCAS. Eso no es cierto.

NAZARIO. ¡Déjame reirme!] *(Se burla.)* "¡Nuestra pobre olla, hijos míos! ¡Comeréis y comeremos!" ¡Ja! Ya le cambiaba yo nuestra olla por la suya.

LUCAS. Eres injusto.

NAZARIO. ¿Te ha sentado ella a su mesa? Ahí es donde van a parar las mandas y los legados.

ELÍAS. ¿Te niegas entonces?

NAZARIO. Hay que pensarlo. Cierto que llenaríamos la tripa. Y por las ferias de Francia, [hermanos,] un espectáculo como el nuestro atraería como moscas a las mujeres...

(Se relame.)

[DONATO. *(Ríe excitado y canturrea.)* "Cuando Colasa la rodilla enseña..."

ELÍAS. ¡Calla! Puede oír la priora.

NAZARIO. ¡Déjale al pequeño que respire y se le vayan las murrias! Hermanos], ¿qué hacemos aquí desde hace siglos? ¡Reventar poco a poco!

ELÍAS. Algunos matrimonian.

NAZARIO. Con las hermanas del pabellón de mujeres. ¡Otra manera de reventar! A eso nos han condenado los que ven: han hecho el mundo para ellos. ¡Por mí, que los cuelguen a todos!

LUCAS.   ¿Y qué sería de nosotros sin ellos?

NAZARIO.   Tú no eres un ciego.

LUCAS.   ¿Estás loco?

NAZARIO.   ¡Tú has visto hasta los veinticinco años, tú no eres de los nuestros!

LUCAS.   *(Triste.)* Sé mejor que tú que aquí no hacemos sino esperar la muerte.

[NAZARIO.   Pues yo sacaré tajada.]

GILBERTO.   ¡Ah, ya entiendo! Yo digo que sí. ¡Yo sé cantar! ¡Será como una comedia!

ELÍAS.   ¡Qué sabes tú de comedias!

GILBERTO.   *(Ríe.)* ¡Si no recuerdo otra cosa! Mis padres me vendieron a un ciego y fui con él a las ferias. Yo vi una comedia hermosa... Yo... quiero hacer eso... Yo vi... *(Ríe.)* Después me dieron las calenturas y no la recuerdo bien. Pero yo vi. ¡Vi!

NAZARIO.   Cierra el pico, chorlito. Comer y folgar es lo que alegra.

ELÍAS.   No somos músicos. Gilberto y yo sacamos algún dinero porque quieren que nos callemos. [¡Aborrezco la música!] Yo nací ciego. Mis padres me mercaron un violín barato y a rascar...

DONATO.   ¿No podéis dejar de hablar de los padres?

(David vuelve la cabeza para escucharlo.)

NAZARIO.   ¿También te la jugaron a ti, mocito?

(Breve pausa.)

DONATO.   No. Sigue, hermano Elías.

ELÍAS.   Iba a deciros que no tuve maestro. A golpes logré sacar dos canciones en año y medio. Ahora no sé más que quince, y mal. Con dos cuerdas; cuatro son demasiadas para mí. ¡Nunca hubo orquestas de ciegos!

LUCAS.   ¡Ni las habrá!

ELÍAS.   *(Inclina la cabeza.)* No servimos para nada.

(David deniega en silencio, irritado y conmovido.)

LUCAS. *(Suspira.)* Para rezar...

NAZARIO. *(Inclina la cabeza.)* ¡Que los cuelguen a todos!

(David se retuerce las manos, indeciso. Un silencio.)

GILBERTO. *(Que escuchó a todos muy risueño.)* ¡Yo digo que sí!

NAZARIO. ¡Y yo, maldita sea! *(Gilberto ríe, contento.)* A nadie le importa cómo [encallé aquí, ni cómo] aprendí a darle al arco. Pero he pateado los caminos y sé que el hambre manda. Y yo paso muchas hambres, y no sólo de boca... Peor de lo que ya lo hacemos no lo vamos a hacer. ¡Donato, cuando atrapes a una moza por tu cuenta olvidarás a tus padres! Cuesta olvidarlos, ya lo sé; pero yo olvidé a los míos. ¡Di que sí, Lucas!

LUCAS. Si yo no me niego... Para mí ya todo es igual.

NAZARIO. ¡Pues ya somos tres!

ELÍAS. Cuatro. Al menos, llenaremos la andorga. [12 bis]

DONATO. *(Levanta la cabeza, intrigado.)* David no ha dicho nada.

NAZARIO. ¡Dirá que sí! ¿Eh, David? *(Silencio.)* ¿Se ha ido?

DAVID. Estoy aquí.

DONATO. *(Con ansia.)* ¿Te sumas?

DAVID. ¡Yo, sí! Vosotros, no.

ELÍAS. ¿Qué?

DAVID. ¡Habéis creído decir sí, pero habéis dicho no! ¡Aceptáis por la comida, por las mozas! Pero si pensáis en vuestros violines os come el pánico. ¡Tenéis que decir sí a vuestros violines! *(Va de uno a otro, exaltado.)* Ese hombre [no es un iluso;] sabe lo que

---

[12 bis] *Andorga:* vientre.

quiere. [Adivino que haremos buenas migas. Él] ha pensado lo que yo pensaba, lo que llevaba años madurando, sin atreverme a decirlo. Aunque alguno de vosotros ya sabe algo.

DONATO. *(Conmovido.)* Cierto.

DAVID. ¡Puede hacerse, hermanos! Cada cual aprenderá su parte de oído, y habrá orquesta de ciegos.

[NAZARIO. Ese hombre no es músico.

DAVID. ¡Cuenta con músicos que también lo creen posible!] Hermanos, hay que poner en esto todo nuestro empeño. ¡Hay que convencer a los que ven de que somos hombres como ellos, no animales enfermos!

ELÍAS. Y de leer música y libros, ¿qué? Eso es lo que nos hunde.

DAVID. *(Desasosegado, se obstina.)* Podremos leer.

ELÍAS. ¡Deliras!

(Lucas chasquea la lengua con pesar.)

[NAZARIO. *(Al tiempo.)* Está loco.

DONATO. No, no lo está... Quiere decir que nos podrán leer más libros...

DAVID. Quiero decir que podremos leer nosotros.]

NAZARIO. *(Ríe.)* Está peor que Gilberto.

DAVID. ¡Reíd! Siempre habré pensado yo lo que no os atrevíais a pensar. Siempre aprenderé yo cosas que vosotros no os atrevéis a saber.

LUCAS. ¿Qué cosas?

(Breve pausa.)

DAVID. ¿No habéis oído hablar de Melania de Salignac? [13]

13 Referencia a una mujer ciega, que existió en la realidad: Melanie de Salignac. De ella escribió Diderot en 1783: "Confieso que jamás he concebido claramente cómo figuraba algo en su cabeza, sin colorear. Este cubo se había formado por la memoria de las sensaciones del tacto. Su cerebro se había convertido en una gran mano, bajo la cual las sustancias se realizaban: ¿se había establecido una especie de correspondencia entre dos sentidos diversos? ¿Qué es la imaginación de un ciego?" (Citado por Pierre Villey, *op. cit.*, p. 138).

NAZARIO. *(Burlón.)* ¿Quién es esa señora?

GILBERTO. *(Risueño.)* ¡Una hermosa señora!

DAVID. *(Grave.)* Sí. Yo creo firmemente que es hermosa. Yo creo que es la mujer más hermosa de la tierra.

ELÍAS. ¿Y qué?

DAVID. Esa mujer sabe lenguas, ciencias, música... Lee. ¡Y escribe! ¡Ella, ella sola! No sé cómo lo hace, pero lee... ¡en libros!

ELÍAS. Bueno, ¿y qué?

DAVID. ¡Es ciega!

NAZARIO. ¡Ah! ¡Bah, bah!...

(Elías ríe.)

DAVID. ¡Imbéciles, no es una leyenda! ¡Está aquí! ¡En Francia!

ELÍAS. ¿Dónde?

DAVID. En algún lugar... que ignoro.

[NAZARIO. ¿La conoces?

DAVID. Acaso un día podamos conocerla.]

ELÍAS. ¿Quién te habló de ella?

DAVID. *(Cortado.)* Gentes en quienes confío.

[NAZARIO. *(Ríe.)* ¡Se han reído de ti!

LUCAS. Nunca oí hablar de ella.

DAVID. ¡Pues existe, necios!]

ELÍAS. *(Molesto.)* ¿Es con esa gente con la que pasas el tiempo que debías ganar recaudando?

DAVID. *(Seco.)* No siempre. Ayer lo pasé bajo los balcones de un palacio. Sonaba un cuarteto de cuerda. Fue un concierto muy largo.

NAZARIO. *(Ríe.)* A lo mejor tocaba Melania.

(Carcajadas de Elías, que secunda, inocente, Gilberto.)

DAVID. Lo que oí ayer podemos hacerlo nosotros.

ELÍAS. [Lo crees fácil porque tú tocas bien. Pero] ya has oído a Lucas.

DAVID. *(Vibrante.)* ¡Estáis muertos y no lo sabéis! ¡Cobardes!

ELÍAS. ¡Oye, oye!...

DAVID. Elías, tú tocarías en tus cuatro cuerdas si no fueses un cobarde. Es más fácil que tocar en dos. ¡Pero hay que querer! ¡Hay que decirle sí al violín!

DONATO. *(Se levanta.)* ¡Yo lo digo!

DAVID. ¡Gracias, Donato!

(Tantea y le estrecha la mano, que retiene.)

LUCAS. *(Amargo.)* ¡Palos de ciego!

DAVID. *(Febril, desprende su mano y golpea con el garrote en el suelo.)* ¡Los palos de ciego pueden ser tan certeros como flechas! Me creéis un iluso porque os hablé de Melania. ¡Pero tú sabes, Nazario, que con mi garrote de ciego te he acertado en la nuca cuando he querido, jugando y sin dañarte! ¿Y sabes por qué? ¡Porque se me rieron de mozo, cuando quise defenderme a palos de las burlas de unos truhanes! Me empeñé en que mi garrote llegaría a ser para mí como un ojo. Y lo he logrado. ¡Hermanos, empeñémonos todos en que nuestros violines canten juntos y lo lograremos! ¡Todo es querer! Y si no lo queréis, resignaos como mujerzuelas a esta muerte en vida que nos aplasta.

(Un silencio.)

NAZARIO. *(Se levanta.)* Bueno... Dile tú mismo a la priora que aceptamos. Salgo a pedir.

(Sube los peldaños.)

DAVID. *(Conmovido.)* Entonces, ¿sí?

LUCAS. *(Se levanta.)* Yo voy a mi telar.

DAVID. Pero ¿dices sí con nosotros?

LUCAS. Ya lo dije al principio.

(Nazario y él salen por las cortinas.)

ELÍAS.   *(Levantándose.)* Vamos a la calle, pajarillo.

(Gilberto se levanta y lo toma del brazo.)

GILBERTO.   Será una comedia muy hermosa; con disfraces. ¡Elías, mi disfraz será el más hermoso de todos!...

(Salen los dos por las cortinas. Una pausa.)

DAVID.   ¡Donato, han dicho sí! Un sí pequeñito, avergonzado, pero lo han dicho. *(Le pone la mano en el hombro y Donato la estrecha conmovido.)* ¡Lo conseguiremos!

(Comienza a oirse el allegro del "Concerto grosso", en sol menor, de Corelli. Oscuro lento. Cuando vuelve la luz las cortinas se han descorrido y vemos un aposento de la casa del señor Valindin. Hay una puerta al fondo, otra en el chaflán izquierdo y otra en el primer término de la derecha. A la derecha, una mesita con un joyero de plata, una labor de calceta, una jarra de vino y copas. Algunas sillas junto a la mesita y las paredes. Es el saloncito de un burgués acomodado. El concierto sigue oyéndose unos instantes. Cuando cesa se abre la puerta del fondo y entra Valindin con aire satisfecho.)

VALINDIN.   ¡Adriana! *(Deja sobre la mesita unos cuadernos que traía; husmea, curioso, el joyero; acaricia, complacido, una silla.)* ¡Adriana! *(Se acerca a la puerta de la derecha.)* ¿Dónde te has metido, galga? [14]

ADRIANA.   *(Voz de.)* ¡Me estoy peinando!

VALINDIN.   ¿Por qué no te peina Catalina?

ADRIANA.   Prefiero hacerlo yo.

VALINDIN.   ¡Dormilona!

---

[14] La idea de que Valindin, familiarmente, llame "galga" a Adriana, se la inspiró a Buero una figura y una inscripción, que aparecen en la parte alta del grabado; la inscripción, muy borrosa. Pero puede leerse y traducirse "a la galga". El autor añadirá el adjetivo "veloz". Claro que la cosa no tiene en sí ninguna importancia. Lo importante en este caso es comprobar cómo procede

(Se sirve una copa de vino y, tras una ojeada a la puerta de la derecha, se la bebe de un trago. Luego mueve la mesita y da unos golpecitos en una de sus patas.)

ADRIANA. *(Entre tanto.)* ¿No será que a ti te levantan los gallos?

VALINDIN. *(Paladeando la copa, vuelve a la puerta.)* Tenía que volver al Hospicio. Han dicho que sí, ¿sabes?

ADRIANA. Ya lo sé.

[VALINDIN. ¿Lo sabías?

ADRIANA.] Hace media hora que trajeron de allí un violoncello y unos violines.

VALINDIN. [¡Vaya! También ellos madrugan.] ¿Dónde los has puesto?

ADRIANA. En la otra salita.

VALINDIN. Perfecto. El contrato ya está firmado, ¿eh? Llamé en seguida al escribano.

ADRIANA. Lo supongo.

VALINDIN. *(Ríe y pasea.)* Después me he dado una vuelta por la plaza. Ya han designado los sitios de cada barraca, y el nuestro es [bueno. A un extremo, pero] muy bueno; ya verás.

ADRIANA. ¡Ya estás como el año pasado!

VALINDIN. ¡Y tú ya estás rezongando! ¿Cómo estaba yo el año pasado, si puede saberse?

ADRIANA. Te pasabas los días y las noches en la barraca.

VALINDIN. *(Deja la copa apurada.)* ¡Era mi barraca!

ADRIANA. Este año harás lo mismo, ¿no? Te estarás allí hasta la madrugada, en tus juergas solitarias.

VALINDIN. Naturalmente.

ADRIANA. Con la botella.

VALINDIN. ¡Si apenas bebo ya! *(Terminando de atusarse, entra Adriana. Lleva un bonito vestido mañanero. No es bella, mas sí atractiva: su físico denuncia a la campesina vigorosa, a quien la ciudad no logró afinar*

la imaginación creadora a partir del inicial motivo elegido. La génesis del personaje se encuentra en esa figura y en esa inscripción.

del todo. En la mejilla, un lunar negro: la "mosca bri-
bona", de moda. Cumplió ya los treinta años.) ¡Nombre
de Dios! Mi galga se ha puesto guapa. *(Valindin va
hacia ella para acariciarla. Apunta al lunar con el dedo.)*
¡Si hasta parece una dama de la corte!

ADRIANA. *(Se zafa.)* Déjame.

VALINDIN. *(Se separa.)* Mal se levantó el día. *(Junto
a la mesa.)* Oye, esta mesita se mueve. *(La menea.)* Le
diré al tío Bernier que la encole.

ADRIANA. *(Seca.)* ¿Van a ensayar aquí?

VALINDIN. Mañana y tarde. Comerán en el figón
de abajo.

(Mueve la mesita.)

ADRIANA. ¿También van a dormir aquí?

VALINDIN. No, mujer. Mientras estemos en París,
en el Hospicio.

ADRIANA. Menos mal.

VALINDIN. *(Se acerca.)* ¿Qué humos son ésos? No
creo que puedas quejarte... A mi lado tienes lo que
quieres, y sin trabajar, en vez de cantar y bailar por
las ferias.

ADRIANA. ¡Mientes! Seré camarera.

VALINDIN. *(Ríe.)* Todos tenemos que echar una
mano... Serás encargada de camareras.

ADRIANA De otra camarera.

VALINDIN. Sobra con otra. Pero ahora te sirve de
doncella. Vives como una gran señora; quéjate.

[ADRIANA. Me aburro.

VALINDIN. Toma tu calceta.

ADRIANA. ¡Me aburre!

VALINDIN. ¡El diablo que te entienda.]

ADRIANA. Prefería cantar y bailar.

VALINDIN. *(Violento.)* ¡Preferías rodar! Porque eres
una galga caprichosa. ¡Pero entraste a trabajar con Valindin y Valindin pudo contigo! *(Ríe.)* Me costó lo
mío, lo admito. ¿Cuántas espantadas me diste?

ADRIANA. *(Sonríe.)* No me acuerdo.

VALINDIN. *(A sus espaldas, le oprime los brazos.)*
La galga ya no volverá a salir corriendo... Ahora tiene
su casa y su barraca...

ADRIANA. ¿Mías?

VALINDIN. *(Busca algo en su bolsillo.)* ¡Y tan tuyas!
¿Sabes cuál será el nombre del café?

ADRIANA. ¿Cuál?

VALINDIN. "A la Galga Veloz". *(Va a ponerle al
cuello una cinta de terciopelo con broche de oro.)* Que
al fin... se detuvo...

ADRIANA. ¿Qué es esto?

(La coge y la mira.)

VALINDIN. En señal de alegría por la firma del contrato.

ADRIANA. *(Ablandada.)* Es muy lindo... Gracias.

(Va a ponérsela.)

VALINDIN. Yo te lo pongo.

(Lo hace y la besa en el cuello.)

ADRIANA. ¿Ya has bebido?

VALINDIN. Una copita.

ADRIANA. *(Coqueta.)* [Ya que eres tan gentil,] ¿por
qué no lo piensas mejor y me dejas volver a cantar y
bailar en mi café?

VALINDIN. *(Enfurecido.)* ¿Otra vez?

(Se separa y pasea.)

ADRIANA. *(Va hacia él.)* ¡Esa tropa de ciegos va a
ser horrible!

VALINDIN. Ya lo veremos.

ADRIANA. *(Despechada.)* Eres un asno.

VALINDIN. *(Ríe.)* ¡Sí, pero de oro! Tiempo de hambre, tiempo de negocios.

ADRIANA. Y de mujeres.

VALINDIN. *(Duro, la toma de un brazo.)* ¿Qué pretendes decir con eso? *(Ella le mira con una punta de temor.)* ¿Que no me quieres? ¡Y qué! [¡Mejor que tú sé yo lo que te conviene!] Ya me lo agradecerás cuando me des un hijo y veas que todo lo mío es para él: para tu hijo.

ADRIANA. Yo no quiero hijos.

VALINDIN. Pues yo sí los quiero, ¿entiendes? Ya no soy un mozo; pero aún me quedan años para enseñarte quién es Valindin. Me vas a ver subir como la espuma. [¿Y sabes por qué? Porque sé unir lo útil a lo bueno. Yo tengo buen corazón y soy filántropo. ¡Pero] la filantropía es [también] la fuente de la riqueza, galga! Esos ciegos nos darán dinero. ¡Y yo los redimo, los enseño a vivir! [En el Hospicio se morían poco a poco, y conmigo van a ser aplaudidos, van a ganar su pan...] *(Se emociona.)* ¡Ah! ¡Hacer el bien es bello!... *(Saca un pañuelo y se suena. Ella le mira, desconcertada.)* Ellos me lo agradecerán mejor que tú. Yo seré su protector. Porque, eso sí; siempre hace falta un protector... Yo lo he tenido por fortuna en el señor barón de Tournelle. ¡Dios le bendiga! Sin él nada habría podido empezar cuando dejé la Marina. Pero él tuvo la bondad de incluirme en las nóminas de la casa real, y gracias a ese empleo pude defenderme los primeros años... *(Ríe.)* Bueno, aún lo cobro, y no viene mal. ¡Dios bendiga a nuestro rey!

ADRIANA. Nunca me has dicho cuál es tu empleo.

VALINDIN. *(Ríe y baja la voz.)* Peluquero de un principito que iba a nacer. [Ni siquiera recuerdo su nombre:] el pobre nació muerto.

ADRIANA. *(Riendo.)* ¿Y le habrías peinado?

VALINDIN. Claro que sí. En la Marina se aprenden muchas cosas. *(Adriana ríe.)* Ríete, pero gracias a eso llevo espada. [15] *(Da un manotazo en el pomo.)* Los pe-

---

15 La espada es aquí un símbolo de poder; más concretamente, del poder de la nobleza. Valindin, aunque sabe cuál es el nuevo poder —el dinero— que se abre paso en su época, y, con él, la burguesía, no ignora al mismo tiempo que vive en un mundo en el

PRIORA: Vuestra misión es orar, no tocar canciones
licenciosas…

El Concierto de San Ovidio, Acto I

NAZARIO: Lo que tú quieres es un sueño.
DAVID: Tenéis la suerte que os merecéis.

El Concierto de San Ovidio, Acto III

luqueros reales pueden llevarla... [*(Se acerca.)* Nuestro hijo la llevará también, aunque sea de cuna humilde... *(Ella elude su mirada.)* Porque el dinero valdrá tanto como la cuna cuando sea hombre, ya lo verás. ¡Y tendrá dinero!

ADRIANA.   ¿No ha sonado la campanilla?

VALINDIN.   Será Lefranc. Lo he citado a esta hora.

ADRIANA.   *(Se acerca a la puerta.)* Se oyen bastones...

VALINDIN.   Entonces son ellos.

ADRIANA.   *(Disgustada.)* ¿Ya?]

(Golpecitos en la puerta del fondo.)

[VALINDIN.   ¡Claro!] ¡Adelante!

(Se abre la puerta y aparece Catalina, una sirviente no mal parecida y de aire bobalicón.)

ADRIANA.   [Entonces te dejo.]

(Se encamina a la derecha.)

CATALINA.   Son los ciegos, señor.

VALINDIN.   Hazlos pasar. *(A Adriana.)* ¡No te vayas! Has de conocerlos.

(Adriana, contrariada, se sienta junto a la mesita y toma su calceta. Catalina conduce a Nazario, tras el cual, tocándose, entran los restantes ciegos. El emblema de los Quince Veintes ha desaparecido de sus pechos.)

CATALINA.   Esta es la puerta... Por aquí.

VALINDIN.   Bien venidos, amigos.

NAZARIO.   ¡Dios guarde a los amos de esta casa!

VALINDIN.   Y a vosotros.

ADRIANA.   *(De mala gana.)* Que Él os proteja.

---

que todavía existen determinados privilegios y principios a los que, jurídicamente, un burgués no tiene acceso (Cf. H. Méthivier, *op. cit.*, p. 100-101). Quizá por eso quiere fingir, apropiándose de un símbolo de poder que, en el fondo, le es ajeno.

NAZARIO. ¿Es... la señora?

VALINDIN. Es... Sí. Es mi señora. Retírate, Catalina. *(Catalina sale y cierra.)* ¿Vinisteis solos?

ELÍAS. Conocemos muy bien París.

VALINDIN. Bien, amigos míos. Hay que trabajar de firme. ¿Estáis dispuestos?

LOS CIEGOS. *(Alegres.)* Sí, señor.

VALINDIN. Habréis de aprender diez canciones. La melodía es sencilla. ¿Quién es el cantor? Al pronto, no os distingo.

(Pausa.)

ELÍAS. *(Da un codazo a Gilberto.)* Preguntan por ti.

GILBERTO. ¿Por mí?

VALINDIN. ¿Eres tú el que canta?

ELÍAS. Sí, señor. Es que es... algo inocente.

GILBERTO. *(Risueño.)* Mi nombre es pajarillo.

(Adriana ahoga una exclamación de desagrado. Valindin considera, perplejo, a Gilberto.)

VALINDIN. Pues tú, pajarillo, aprenderás las canciones de oído. ¿Sabrás?

GILBERTO. ¡Huy! No hago otra cosa.

VALINDIN. ¡Hum!... Bueno. Ahora vendrá un violinista que os las irá enseñando. Los demás no tenéis más que seguir la melodía con vuestros instrumentos. [Todos la misma y con el mismo ritmo, ¿eh? Vais a ensayar muchas horas; tomadlo con paciencia.]

DAVID. ¿No hay partes diferentes?

VALINDIN. *(Risueño.)* Tranquilizaos. Ya sé que no se os puede pedir eso. [La melodía es la misma para todos.] ¿Qué caras son ésas? ¿Sucede algo?

DAVID. *(Se adelanta.)* Señor Valindin, nosotros... pensamos que sí se nos podría pedir eso. *(Valindin le dedica a Adriana un gesto de asombro.)* Creemos que... podríamos hacerlo.

(Valindin mira a Adriana, que menea la cabeza, disgustada; se toca la frente con un dedo y deniega despectivo, para indicarle que David no debe de estar en sus cabales.)

VALINDIN.   Pero... las diversas partes no se han escrito.

DAVID.   Podrían escribirse.

VALINDIN.   Es mucho trabajo y, además, vosotros...

DAVID.   ¡Podríamos! Yo mismo, si vos lo permitís, me comprometo a aprenderlas y a enseñarlas a cada uno... Yo..., si queréis... No me asusta el trabajo...

VALINDIN.   Bueno... Hablaréis de todo eso con el violinista. Venid ahora a la salita donde vais a ensayar. Hay un corredor a vuestra derecha. [Yo os conduciré; ya iréis conociendo la casa.] *(Toma de la mano a Nazario y lo conduce al chaflán.)* Es por aquí.

(Los ciegos se buscan entre sí y tantean el camino con la seca musiquilla de sus garrotes.)

DAVID.   Señor Valindin, escuchadme... No es tan difícil...

(Valindin sale.)

VALINDIN.   *(Voz de.)* Sí, sí, luego... Cuidad de no romperme nada con vuestros palos... [Aquí hay una consola...]

(Los ciegos salen tras él y el ruido de sus cayados se va perdiendo. David, que va a salir el último, se vuelve despacio, bajo el vago recuerdo de que alguien sigue en el aposento. Adriana lo mira fijamente y se levanta, dejando su labor.)

ADRIANA.   ¿Os llevo? *(A David se le nubla el rostro y, sin contestar, sale por el chaflán, cuya puerta queda abierta. El ruido de su garrote se pierde también. Adriana profiere un irritado "¡Oh!" y se pone a pasear, agitada. Golpecitos en el fondo. Adriana se detiene.)* ¡Adelante!

(Entra Jerónimo Lefranc: un hombre flaco, de enfermiza palidez y turbia sonrisa. Viste con cierto atildamiento, pero la ropa es vieja. Lleva sin empolvar el cabello y la blancura de sus puños y chorrera es más que dudosa.)

LEFRANC. *(Se inclina.)* Felices días, Adriana. Y mis plácemes.

ADRIANA. *(De mal humor.)* ¿Por qué?

LEFRANC. Veo que al fin os han ascendido a ama de casa. Para una moza de las ferias no es poca fortuna.

ADRIANA. *(Sonríe aviesamente.)* ¿Seguís vos rascando el violín, señor Lefranc? ¿Cuándo podré felicitaros por vuestro ascenso a director de la Ópera Cómica?

LEFRANC. *(Ríe sin gana.)* [¡Cómo, Adriana!] ¿Ya no sabéis admitir las chanzas de un viejo amigo?

ADRIANA. Chanza por chanza...

LEFRANC. Adivino que el bueno de Valindin os ha contrariado en algo. ¿Dónde se anda?

ADRIANA. *(Fría.)* Ahí dentro. Con ellos.

LEFRANC. ¿Llegó ya el número circense? Yo me demoré algo, cierto. Pero aquí le tenemos.

(Valindin entra por el chaflán.)

VALINDIN. No me agrada perder mi tiempo, señor Lefranc.

LEFRANC. *(Burlón.)* Eso creéis vos.

VALINDIN. Ahí tenéis vuestras canciones. Las letras que faltaban ya están compuestas. *(Lefranc las coge de la mesita y las hojea.)* ¿Qué repertorio traéis este año a la feria?

LEFRANC. *(Repasando las canciones.)* ¡Un repertorio excelente, señor Valindin! Y las voces son cosa fina. "El Jardinero y su señor", "Cenicienta"...

ADRIANA. Yo cantaba el año pasado en el café el arieta de "Cenicienta". ¿Te acuerdas?

VALINDIN. *(Tras una rápida mirada a Adriana.)* ¿Y estrenos?

LEFRANC. *(Lo mira con sorna.)* Estamos ensayando la ópera que el señor Grétry [16] ha tenido la bondad de confiarnos. [¡Será la sensación de la feria!]

VALINDIN. *(Molesto.)* ¿Del señor Grétry?

LEFRANC. Sí, señor. *(Suelta sobre la mesita el rimero de partituras.)* Bastante mejor que estas cancioncitas, que son muy ramplonas.

ADRIANA. La música es vuestra...

.LEFRANC. Para que me la destrozasen esos desdichados, no la iba a escribir mejor.

VALINDIN. *(Hosco.)* No le temo a vuestro Grétry. Tomad las canciones y vamos a ensayar.

(Se encamina al chaflán.)

LEFRANC. *(Las recoge.)* Suponiendo que se pueda ensayar. Porque [os habéis empeñado en algo... que no puede quedar bien.

VALINDIN. Salga como salga, recordad que me habéis prometido no decirle nada a vuestro director.]

(Amortiguado por la distancia, comienza a oírse un violín que toca el adagio del tercer tiempo del concierto de Corelli.)

[LEFRANC. ¡Por supuesto, señor Valindin! Sois vos quien paga. Pero] esos ciegos no pueden ser peores, los pobrecitos. *(Va a reunirse con él y se detiene, intrigado.)* ¿Qué es eso?

VALINDIN. *(Lo mira y escucha.)* Ellos.

ADRIANA. Toca uno solo.

LEFRANC. ¿Os chanceáis?

VALINDIN. ¿Qué decís?

---

[16] André Ernst Modeste Grétry, nacido en Lieja en 1741 y radicado en París desde 1768, fue una de las figuras más destacadas y representativas de la ópera cómica, género muy del gusto de la época. Tras algunos reveses, Grétry consiguió sus primeros éxitos, precisamente, en estos años (*Le huron, Le tableau parlant, La caravane du Claire,* etc.), que le dieron una gran popularidad, sostenida desde entonces con una producción muy copiosa y siempre recibida con agrado por el gran público. Grétry murió en París, en 1813.

LEFRANC. *(Seco.)* ¿Os habéis traído a otro violinista? Eso a mí no se me hace.

VALINDIN. *(Le toma por la muñeca y lo trae al primer término, bajando la voz.)* ¡Trueno de Dios! ¿Me estáis diciendo que ese ciego toca... bien?

LEFRANC. Ese que toca no es ciego.

ADRIANA. *(Que se acercó a la puerta a escuchar.)* Sí que toca bien...

> *(Valindin va a la mesita, se sirve una copa y bebe.)*

LEFRANC. ¡Basta de burlas! ¿Quién, es?

> *(Golpecitos en el fondo.)*

ADRIANA. *(Al ver que Valindin no se mueve.)* ¡Adelante!

> *(Entra Catalina.)*

CATALINA. El tío Bernier, señor.

VALINDIN. *(Sin reparar en ella.)* Me estoy preguntando si los demás lo harán igual.

LEFRANC. *(Comprendiendo que no le engañan.)* Si es ciego, lo será desde hace poco... y habrá sido músico.

> *(Valindin da en la mesa un golpe que, extrañamente, parece de contrariedad.)*

VALINDIN. Vamos allá.

> *(Y se encamina rápido al chaflán, seguido del violinista.)*

CATALINA. *(Carraspea.)* Señor... El tío Bernier...

VALINDIN. *(Se detiene.)* ¿Eh? ¡Ah, sí! *(A Adriana.)* Vuelvo en seguida. Dile tú lo de la mesita.

> *(Sale con Lefranc. Catalina sale también. Una pausa, durante la que Adriana escucha, intrigada,*

el violín lejano. Entra Ireneo Bernier. Viste de menestral y aparenta cincuenta años, aunque tal vez cuente menos. Su aire es humilde; el rostro denuncia su origen campesino.)

BERNIER.   ¿Hay licencia, señora Adriana?

ADRIANA.   Pasad, tío Bernier. El señor Valindin viene en seguida. ¿Tenéis noticias de vuestra gente?

BERNIER.   No, señora. A la aldea no vuelvo hasta el invierno.

ADRIANA.   *(Que le atiende mal, pendiente de la música.)* ¿No os escriben?

(El violín calla. Ella va al chaflán, escucha un momento y cierra la puerta.)

BERNIER.   Sólo cuando encuentran quien lo haga por ellos... Ellos no saben. Ni falta que hace... Lo que me iban a decir ya lo sé yo.

ADRIANA.   *(Va a su lado.)* ¿Qué iban a deciros?

BERNIER.   Pues...   que a ver lo que puedo llevar... Todo eso.

ADRIANA.   *(Asiente, comprensiva.)* ¿Os ha citado él?

BERNIER.   Quería hablarle yo, señora.

ADRIANA.   Ha dicho que miréis esta mesa. Parece que cojea.

(Bernier mira la mesa.)

BERNIER.   Cosa de poco. Mañana traigo cola.

ADRIANA.   *(Se sienta y reanuda su labor.)* ¿No os sentáis?

BERNIER.   Es lo mismo, señora Adriana... Yo venía... a rogarle al señor Valindin... Si vos quisiérais rogarle por mí...

ADRIANA.   ¿Qué os pasa?

BERNIER.   Pues...

(El chaflán se abre y Bernier calla. Lefranc entra con mala cara y se detiene en el primer término. Tras él, David, que va rápido a su lado,

pero que tantea constantemente a su paso, mue-
bles, quicios, paredes. Entra, finalmente, Valindin
y se cruza de brazos cerca del chaflán contenien-
do su indignación.)

LEFRANC. ¡No entiendo nada!

DAVID. Vos comprendéis que yo sería capaz de
hacerlo.

LEFRANC. ¡Os digo que no!

(David titubea.)

BERNIER. *(Aprovecha la pausa.)* Felices días, señor
Valindin.

(David vuelve la cabeza al escucharle.)

VALINDIN. Hola, Ireneo. Pronto os atiendo.

> *(De pronto, David va hacia la mesita. Adriana*
> *se levanta al verle llegar; él nota su presencia*
> *y se desvía, tanteando el borde. Ante Bernier va-*
> *cila y tantea la pared con el garrote.)*

BERNIER. La mesa tiene buen arreglo, señor Valindin.

(David se acerca a la puerta.)

VALINDIN. *(Ordena silencio a Bernier con un ade-*
mán.) ¿Se puede saber adónde vas? *(David se detiene.)*
¡Sí, es a ti a quien hablo! ¿Cuál es tu nombre?

DAVID. David.

VALINDIN. Pues bien, David: ya ves que tus mismos
compañeros se te han enfadado.

DAVID. Querían enfadarse con vos. Pero a eso no
se atreven.

VALINDIN. ¿Te burlas?

DAVID. No son burlas.

LEFRANC. Son locuras. Como las de antes.

DAVID. *(Va hacia él.)* Cualquiera con oído puede seguir a un cantante con la segunda voz. ¿Por qué no va a poder darla un violín? ¡Y más aún un violencello!

ADRIANA.   Eso es cierto...

VALINDIN.   ¿Qué sabes tú?

ADRIANA.   ¡He cantado!

VALINDIN.   Cállate.

LEFRANC.   Con los instrumentos no es tan fácil, Adriana. Pero este hombre es el hombre más terco que he visto en mi vida.

(Pasea, alterado.)

VALINDIN.   ¡Y sabe de sobra que si él tiene algún oído, los demás son unos rascatripas!

DAVID.   Si somos tan malos, ¿para qué nos queréis?

VALINDIN.   *(Cortado.)* Es que... pese a todo, el espectáculo será admirable. [¡Literalmente, nunca visto! Si os sometéis todos a lo que se os pide no dejaréis de tener mucho mérito. Pero tú sueñas con algo imposible.] Ea, vuelve al ensayo. *(David se encamina de pronto al fondo. Al llegar a la puerta, tantea.)* ¿Dónde vas? *(David no contesta. Está acariciando el picaporte.)* ¡Por ahí se sale a la calle! *(David no se mueve. Sorprendido, Valindin se le acerca. Su fisonomía se endurece.)* ¿Es que quieres ir a la calle?

LEFRANC.   Permitid que le hable yo. Quizá logre convencerle al fin de su error...

VALINDIN.   *(Duro.)* Pero delante de los otros. Hemos hecho mal trayéndole aquí. *(Toma a David del brazo.)* Vamos.

DAVID.   *(Se resiste.)* Yo no vuelvo allí.

VALINDIN.   No quieres que te derroten ante ellos, ¿eh? ¡Pues así ha de ser! Vamos. *(Tira de él, en vano.)* ¡Vamos!

ADRIANA.   ¡Luis, por Dios!...

DAVID.   ¡Yo no vuelvo allí!

> *(Y da al tiempo un seco golpe con la punta
> de su garrote sobre el pie de Valindin, quien se
> separa con una exclamación de dolor. David re-
> trocede un paso, alerta. Valindin lo mira fija-
> mente.)*

ADRIANA. *(Asustada, corre a detenerlo.)* ¡Luis!

VALINDIN. Esto ha sido... casual, ¿verdad? ¡Supongo que era en el suelo donde querías golpear!... [17]

ADRIANA. ¿Cómo puedes dudarlo? ¡Está ciego, Luis!

VALINDIN. Por fortuna para él. *(Se acerca a Bernier.)*
Ya lo veis, Ireneo. Sólo desea uno dar trabajo a la pobre
gente que lo ha menester. Y [los hay tan necios que]
aún se resisten a tomarlo. ¡Decidle vos a este asno cómo
se porta Valindin con la pobre gente! Decídselo vos,
Ireneo Bernier, padre de seis hijos, forzado a venir a
París desde su aldea todos los otoños para trabajar de
calderero y carpintero... Decidle lo que habría sido
de vos y de los vuestros sin Valindin...

BERNIER. *(Carraspea.)* Pues...

VALINDIN. Claro, amigo mío. *(Pasea.)* Pero no todos
quieren comprender la belleza de una sana filantropía.

LEFRANC. ¿Habéis perdido la vista hace poco, David?

DAVID. A los ocho años.

LEFRANC. ¿A los ocho años? ¿Y quién os ha enseñado el violín?

DAVID. *(Sonríe.)* El maestro de los hijos de mi señor
me enseñó entonces las posiciones. Después me las he
arreglado yo.

> *(Valindin mira a Lefranc, que hace un gesto
> de incredulidad.)*

LEFRANC. Hijo mío, [vos tenéis buen oído, pero nada
sabéis de música.] Yo he consumido mi vida estudiando

---

[17] En un drama, todo debe estar perfectamente medido, calculado,
y ningún desenlace puede ocurrir por azar. Este pequeño incidente
—aparte otros datos aislados que el autor va dejando caer, sin que
el espectador o el lector reparen a primera vista en su importancia—
prepara ya el desenlace.

el contrapunto y os aseguro que es una ciencia muy difícil. Para llevar a cabo lo que sugerís habría que escribir dos partes de violín y una de violoncello a cada canción, lo cual sería laborioso... Pero además tendríais que aprenderlas... Y vosotros no podéis leerlas.

DAVID. Si vos las ejecutáis, nosotros las repetiremos.

LEFRANC. ¿Sí? ¿Y cuánto tiempo creéis necesario con ese método para tocar una sola de las canciones? (*Silencio.*) ¿Un mes?

DAVID. ¡No!

LEFRANC. ¡Sí, amigo mío!

DAVID. ¡Pues aunque sea un mes para una sola canción, nosotros no debemos hacer otra cosa!

VALINDIN. Olvidas que la feria se abre dentro de once días.

DAVID. (*Sobresaltado.*) ¿Once días?

VALINDIN. ¡Sí! Y ahora mismo estamos perdiendo un tiempo precioso.

LEFRANC. Incluso aprendiendo las canciones a un solo tono, creo que las tocaréis deplorablemente... El señor Valindin sabrá por qué ha querido contrataros, porque yo... (*Valindin le está haciendo vehementes gestos de que calle y no le desanime.*) Quiero decir que él es muy decidido y generoso... Que se pueda sacar algo de vosotros sólo a él podía ocurrírsele... Siempre será admirable lo que logréis...

VALINDIN. Lo será. Y además, hijo, quiero dignificar vuestro trabajo: que ganéis vuestra vida sin pedir limosna. ¡Ea, es muy tarde y yo aún tengo muchos quehaceres! Llevadlo, Lefranc. (*No pierde de vista a David, que vacila. Adriana y Bernier también le miran. Lefranc toma a David de un brazo. Valindin, paternal.*) ¡Vamos, David!...

(*David se desprende y, muy despacio, sale por el chaflán seguido de Lefranc. Valindin corre a la puerta y cierra suavemente. Bernier carraspea y mira a Adriana.*)

ADRIANA. El tío Bernier quería pedirte algo, Luis.

VALINDIN. [*(Mira con aprensión al chaflán.)* Esperemos que todo vaya bien... En esta ocasión me juego mucho y no voy a tolerar que se vaya al diantre por un lunático. *(Suspira y reacciona.*] *Va a la mesita mientras habla.)* ¿Cómo va el pavo real, Ireneo? ¿Habéis encontrado buena chapa?

(Se sirve una copa de vino.)

ADRIANA. *(Le pone la mano en el brazo.)* Luis...

VALINDIN. *(De mal humor.)* ¡Es sólo una copita, Adriana!

(Bebe. Adriana suspira y se sienta, reanudando su labor.)

BERNIER. Pues... de eso justamente quería hablaros, señor Valindin... La chapa está ahora muy cara.

[VALINDIN. *(Seco.)* ¿A qué viene eso?

BERNIER.] Con la cantidad que me disteis... no alcanza.

VALINDIN. *(Deja la copa con un golpe brusco.)* Pues la calculamos con arreglo a los precios.

BERNIER. Los del año pasado, [señor Valindin]. Este año ha subido todo casi al doble, y yo no contaba con eso.

VALINDIN. *(Pasea, irritado.)* ¡No me vengáis con monsergas, Ireneo! No doy un sueldo más. [Lo tratado es lo tratado:] Vos me construiréis el pavo real, y pronto. Sin el pavo real no hay espectáculo.

BERNIER. ¡De veras que no me alcanza, señor Valindin! Yo... he pensado que podría construirse de madera.

[VALINDIN. *(Se detiene.)* ¿De madera?

BERNIER. Podrá pintarse mejor y quedará fuerte.]

VALINDIN. ¿Y no será, tío Bernier, que queréis ahorrar un poquito más para vuestra bolsa?

BERNIER. *(Sonríe con tristeza.)* A vos no se os puede hacer eso, señor Valindin.

VALINDIN. ¡Cierto que no! Ahora mismo iremos los dos a comprobar toda esa historia de los precios. ¡Si habéis pretendido engañarme lo vais a sentir! *(Va al fondo y abre la puerta.)* Salid.

BERNIER. *(Suspira.)* Quedad con Dios, señora Adriana.

ADRIANA. Con Dios, tío Bernier.

(Sale Bernier.)

VALINDIN. Vuelvo pronto, Adriana.

(Va a salir, Adriana se levanta.)

ADRIANA. Luis...
VALINDIN. ¿Qué?
ADRIANA. ¿No has estado un poco duro?

(Se acerca.)

VALINDIN. ¿Con el tío Bernier?
ADRIANA. Y con ese pobre ciego también.
VALINDIN. Soy duro porque soy eficaz. También dices que soy duro para ti. Pero te salvo..., como a ellos. *(Ríe y le da un pellizco en la mejilla.)* Vuelve a tu calceta..., galga.

> *(Sale por el fondo. Una pausa. Adriana se acerca al chaflán y escucha. Luego va, despacio y cavilosa, al centro de la sala, donde se detiene un segundo para mirar con disgusto su labor. Al fin suspira y se encamina rápida a la puerta de la derecha. Cuando va a salir se detiene porque la puerta del chaflán se abre. Entra Lefranc, seguido de David y de Donato, que traen sus violines.)*

LEFRANC. Perdón. ¿No está Valindin?
ADRIANA. Acaba de salir.

LEFRANC. Es para dejar aquí a estos dos. [A no ser que prefiráis que salgan a la calle...

ADRIANA. A mí no me estorban.

LEFRANC.] De momento es mejor así, ¿comprendéis? Gracias.

(Y sale por el chaflán, cerrando. Adriana se acerca, intrigada.)

ADRIANA. ¿Qué os pasa?

DONATO. Nos ha echado.

(David se dirige a una silla, se cercior- de que está allí y se sienta, bajando la cabeza.)

ADRIANA. Justamente iba a deciros que os sentaseis...

DAVID. No es menester.

ADRIANA. *(Fría.)* Ya lo veo.

DONATO. Él se aprende en seguida los muebles, pero yo no...

ADRIANA. Ven. Dame la mano. *(Donato se la tiende y ella le conduce hacia la mesita. Se detiene.)* ¡Muchacho! ¡Estás temblando!

(David levanta la cabeza un momento.)

DONATO. *(Turbado.)* No es nada.

ADRIANA. Siéntate aquí. *(Lo sienta junto a la mesita.)* ¿Sufres de algún mal?

DONATO. ¡No, no!

(Deja el violín en el suelo y se toma las manos.)

ADRIANA. Os daré una copa de vino. ¡Eso entona! *(Sirve dos copas y le pone una en la mano a Donato.)* Toma.

DONATO. Gracias, señora.

(Bebe, nervioso. Adriana se acerca a David con la otra copa.)

ADRIANA. Tomad la vuestra.

DAVID. *(Levanta la cabeza.)* Yo no he dicho que quisiera beber.

ADRIANA. *(Herida, retira la mano rápidamente.)* ¡Perdón!

DONATO. Perdonad vos, señora. Después de lo ocurrido no sabemos lo que decimos...

ADRIANA. *(Mirando a David, se acerca a la mesita y deja la copa.)* ¿Por qué os han echado?

DONATO. David ha intentado un acompañamiento con el violín y el señor Lefranc se ha puesto furioso.

ADRIANA. *(Se sienta al otro lado de la mesa.)* ¿Y tú?

DONATO. Yo... procuraba seguir el violín de David.

ADRIANA. ¿Por qué?

DONATO. ¿No os parece a vos, señora, que lo que él quiere puede hacerse?

DAVID. ¿Por qué le preguntas eso? Ella dirá lo que él. *(Irónico.)* Dijo que érais... su esposa, ¿no?

ADRIANA. *(Fría.)* No sé lo que dijo.

DAVID. Ya.

(Acaricia sobre sus rodillas el violín; pizca una cuerda, que emite su sorda nota.)

ADRIANA. *(Va a contestarle; lo piensa mejor y le habla a Donato.)* ¿De qué estás ciego, muchacho?

DONATO. *(Baja la cabeza con vergüenza.)* ¿Es que no se ve?

ADRIANA. *(Suave.)* ¿Las viruelas?

DONATO. Me dieron de muy niño... No sé lo que es la vista.

ADRIANA. ¿Quién te enseñó a tocar?

DONATO. Él. *(Ella mira a David.)* Cuando entré en el Hospicio me tomó por su cuenta. Todo lo que sé lo sé por él. Nuestras camas están juntas y él me habla de música, y de las cosas del mundo... Es como mi padre.

DAVID. ¿Por qué no te callas?

ADRIANA. ¿Eres huérfano?

DONATO. *(Después de un momento.)* No lo sé.

ADRIANA. ¿Qué hacéis en el Hospicio?

DONATO. Hilamos, tejemos, amasamos el pan, pedimos limosna... y rezamos todo el día. Dios lo ha querido así. *(David pizcó sus cuerdas a cada una de las tareas; a la última frase se levanta. Adriana no le pierde de vista. Él da media vuelta y con gran seguridad va a la puerta, cuyo picaporte toma sin tantear, después de pensarlo un segundo.)* ¿Dónde vas, David?

ADRIANA. *(Se levanta.)* ¿Os vais?

DAVID. ¿Qué puede importaros?

(Abre la puerta y sale, cerrando.)

ADRIANA. Pero... ¡es insufrible!

DONATO. Es conmigo con quien se ha enfadado. Él dice que Dios no puede haber querido nuestra ceguera.

ADRIANA. ¿No estará mal de la cabeza?

DONATO. En el Hospicio hay quien lo piensa.

ADRIANA. ¿Y tú?

DONATO. ¡Yo le creo! Dicen que está loco [porque sabe más que ninguno de nosotros,] porque piensa cosas que nadie se atreve a pensar.

ADRIANA. *(Vuelve a sentarse lentamente.)* ¿Qué cosas?

DONATO. Pues... esto mismo de que los ciegos podremos tocar conciertos como los de los videntes...

ADRIANA. ¿Y qué más?

DONATO. Dice que podremos leer y escribir como ellos.

ADRIANA. *(Deniega, estupefacta.)* ¿De qué modo?

DONATO. No sé.

(De pronto, llega el sonido amortiguado del adagio de Corelli. Adriana mira al fondo, perpleja.)

ADRIANA.   Está tocando…

DONATO.   Es que está triste.

ADRIANA.   ¿Crees tú de veras que no está loco?

DONATO.   *(Deniega con calor.)* Él sabe que hay una mujer… ¡Una mujer muy bella, señora! Tan bella como vos…

ADRIANA.   *(Sonríe.)* ¿Qué sabes tú si soy bella?

DONATO.   *(Ingenuo.)* ¿No lo sois?

ADRIANA.   Bueno, no soy fea. ¿Qué me ibas a decir de esa mujer que él conoce?

DONATO.   No la conoce. Pero sabe que vive en Francia, y que está ciega. *(Se inclina hacia ella, misterioso.)* Pues esa dama lee los libros y escribe. Y también lee y escribe música. Y habla muchas lenguas y sabe de números… Su nombre es Melania de Salignac.

ADRIANA.   *(Incrédula.)* ¿Y está ciega?

DONATO.   Como nosotros… ¿Me guardaréis un secreto?

ADRIANA.   Cierto que sí.

DONATO.   A vos os lo puedo confiar, porque sois buena… ¡Vos sois muy buena! *(Baja la voz.)* Yo sé que cuando él toca esa música… piensa en ella.

ADRIANA.   *(Irónica.)* ¿La ama sin conocerla?

DONATO.   Sueña con encontrarla.

ADRIANA.   Pero vosotros…, ¿amáis? *(A Donato se le nubla el rostro.)* Perdóname, soy tonta. ¿Por qué no íbais a amar? Es que no sé nada de vosotros.

DONATO.   Nadie sabe nada.

ADRIANA.   *(Tiende el brazo sobre la mesa y toma su mano.)* ¿Me perdonas?

(Donato se estremece. Impulsivo, toma con sus dos manos la de ella.)

DONATO.   Señora, vos sois… ¡la mujer más buena que yo he conocido! ¡La más buena!…

(Le besa la mano y, sin soltársela, solloza.)

ADRIANA. *(Desconcertada.)* ¡Pero, cálmate!... ¡Muchacho!... ¡Cálmate!...

(La puerta del chaflán se abre. Donato retira a prisa sus manos y procura esconder su rostro. Entra Lefranc.)

LEFRANC. Perdonad, Adriana. Esto es más duro de lo que yo creía.

ADRIANA. *(Se levanta.)* Luis no ha vuelto aún...

LEFRANC. Mejor así. Ahora dicen los otros que sin estos dos no ensayan... Pero..., ¿a qué se ha puesto a tocar el otro ahí fuera?

ADRIANA. *(Fría.)* Al parecer le agrada tocar.

LEFRANC. Ya, ya lo veo. Mocito, vamos al ensayo.

DONATO. Sí, señor.

(Recoge su violín.)

ADRIANA. Espera, yo te ayudo.

DONATO. Gracias, señora. No es menester.

(Se levanta y da unos pasos torpes. Adriana lo toma de la mano.)

ADRIANA. Ven. Es por aquí. *(Lo conduce.)* ¿Otra vez tiemblas?

DONATO. No es nada...

(Lefranc va a la puerta del fondo.)

ADRIANA. Conducidle vos, Lefranc. Yo intentaré llevar al otro. Está reacio y quizá vos no sepáis convencerle.

LEFRANC. En vos confío. *(Toma a Donato del brazo.)* Vamos, muchacho.

(Sale con él por el chaflán. Adriana corre a cerrar la puerta y va después a la del fondo. La abre sin ruido y mira afuera. El violín se oye más fuerte. Adriana sale. Momentos después calla el violín.)

DAVID. *(Voz de.)* ¿Quién es?

ADRIANA. *(Voz de.)* El señor Lefranc os ruega que le perdonéis y que volváis al ensayo.

[DAVID. *(Sardónico.)* ¡Qué gentil!

ADRIANA. ¿Os conduzco?]

DAVID. ¿Por qué no viene él a pedírmelo?

ADRIANA. Le daba reparo confesaros... que vuestros compañeros se han negado a trabajar si no volvíais.

(Un silencio.)

DAVID. Vamos.

ADRIANA. Tomad mi brazo.

DAVID. No es menester. *(Adriana entra y se recuesta en el borde de la mesa. David entra y mueve la cabeza de un lado a otro.)* ¿Y Donato?

ADRIANA. ¿El muchacho? Ha vuelto ya al ensayo.

(David da unos pasos hacia la izquierda.)

ADRIANA. *(Le mira, absorta.)* Parece muy desgraciado ese niño.

DAVID. *(Se detiene.)* Todos somos ciegos.

(Sigue su camino.)

ADRIANA. *(Para detenerle.)* Pero él no sabe tocar tan bien como vos. Quizá no puede consolarse con ninguna música preferida, como esa que tocabais ahí fuera...

DAVID. *(Que se detuvo.)* ¿Quién os ha dicho que esa música sea para mí un consuelo?

ADRIANA. Me lo pareció... Yo he cantado y tengo también mi canción de los malos momentos... *(Un silencio. David se vuelve hacia el chaflán y comienza a andar. Presa de extraña ansiedad, Adriana da unos pasos hacia él.)* ¿Puedo ayudaros en algo?

DAVID. *(Se detiene.)* Sí.

ADRIANA. *(Se acerca más, anhelante.)* ¿Cómo?

DAVID. ¡Callando!

(Va a salir.)

ADRIANA. *(Retrocede, humillada.)* [Sólo habláis para mofaros?] ¿Respondéis siempre así cuando se os brinda ayuda y afecto?

DAVID. *(Se vuelve airado y avanza.)* ¡Basta de farsa! Tú eres la amante de Valindin y quieres que su negocio le salga bien. ¡No presumas de generosidad!

ADRIANA. *(Sublevada.)* ¿Qué modos son ésos...?

DAVID. ¡Los que él tiene con nosotros! *(Avanza más y ella retrocede.)* ¿Qué vas a sacar tú de esto? ¿Un vestido a la góndola? [18] ¿Tal vez una joya?

ADRIANA. *(Se acaricia instintivamente el broche que Valindin le puso al cuello.)* ¡Sois un bribón! [19]

DAVID. ¡A mí no me engañas! ¡Y guárdate de engañar a ese pobre niño! A él no me lo engatuses. Lo destrozarías, y yo... no te lo perdonaría.

ADRIANA. *(Roja, tartamudea.)* ¿Cómo os atrevéis a pensar que yo...?

DAVID. ¿Qué se puede esperar de una mujer como tú?

ADRIANA. *(Grita.)* ¿De quién entonces? ¿De alguna bachillera ridícula? ¿De alguna damisela soñada?

(Pausa.)

DAVID. *(Rígido.)* ¿Por qué dices eso?

ADRIANA. *(Ríe.)* ¡Guardaos vos de presumir! ¿Qué sabéis vos de mujeres de carne y hueso?

DAVID. *(Frío.)* Sé a lo que saben y sé que saben bien. No les pido más.

ADRIANA. *(Vibrante.)* Las pagas y te vas, ¿eh? ¡Un cerdo, como todos!

DAVID. ¡Eso tú lo sabrás!

ADRIANA. ¡Sí que lo sé! ¡Los hombres pagáis porque no os atrevéis a pedir más! *(Ríe con desprecio.)* ¡Te deseo que encuentres pronto una mujer a quien no

---

[18] Inútilmente hemos buscado el vestido *a la góndola* en la historia del traje. (Sí hay un *peinado de góndola.*) No obstante, el autor nos dice haberlo leído en algún sitio, sin recordar dónde.
[19] *Vid.* nota 6.

tengas que comprar! *(Él se vuelve nuevamente hacia el chaflán.)* ¡Pero de carne y hueso! *(Él atiende y reanuda su marcha. Ella da unos pasos hacia él y le habla con repentina suavidad.)* A pesar de todo... ¿Queréis mi brazo? Podríais tropezar.

DAVID. *(Sonríe.)* Conozco el camino mejor que tú. Puedo andarlo sin luz.

> *(Llega a la puerta, la abre sin titubeos y sale, cerrando. Turbada, Adriana llega a ella y toma el picaporte con intención de abrir, mas no se decide. Valindin entra por el fondo sin ruido. La observa sonriente y al fin choca dos llaves iguales que trae en la mano. Adriana se vuelve con un respingo. Valindin ríe.)*

VALINDIN.   ¿Qué hacías?

ADRIANA.   Me has asustado.

VALINDIN.   ¿Tanto? Estás demudada.

ADRIANA.   ¿Sí? No creo... ¿Qué llaves son ésas?

VALINDIN.   Las del café. Acabo de comprar la cerradura, que es excelente, y ya la llevé al carpintero. Pero las llaves me las traje. Toma. Una es para ti.

ADRIANA.   *(La toma.)* ¿Para mí?

VALINDIN.   Guárdala tú en casa. Por si se me pierde la otra, que no se me perderá.

ADRIANA.   ¿Dónde la guardo?

VALINDIN.   Donde tú quieras, siempre que me lo digas.

ADRIANA.   *(Pensando en otra cosa va a la mesita.)* ¿Aquí?

> *(Abre el joyero.)*

VALINDIN.   No es mal sitio. Ningún ladrón lo relacionaría con la barraca. Claro que aquí nadie va a robar. [20] *(Adriana mete la llave y cierra el joyero. Valindin se sienta con un suspiro de cansancio.)* [Hay buenas noticias, ¿sabes? Me las ha dado el carpintero. Él

20 *Vid.* nota 17.

les armaba también su barraca a los enanos, y este año no vienen. Sin ellos, la feria es nuestra.

ADRIANA.   ¿Temías a los enanos más que a la Ópera Cómica?

VALINDIN.   Por supuesto.] [21] ¿Y los ciegos?

ADRIANA.   Ensayan.

VALINDIN.   *(Se frota las manos.)* ¿Como unos corderitos?

ADRIANA.   No del todo... Ha habido un incidente.

VALINDIN.   ¡No me digas que ese lunático se ha rebelado otra vez!

ADRIANA.   Empezó a tocar a su manera y el muchacho le siguió. Lefranc tuvo que echarlos.

VALINDIN.   *(Se levanta.)* ¡Se van a acordar de mí toda la vida! ¿Dónde han ido?

ADRIANA.   Cálmate... Han vuelto al ensayo.

> *(Valindin gruñe y pasea, hosco. Adriana se sienta sin perderle de vista.)*

VALINDIN.   No puedo estar a expensas de que un imbécil cualquiera comprometa la empresa. [Me juego demasiado en ella.] *(Se detiene y la mira.)* Nos jugamos mucho en ella, Adriana. Has de ayudarme.

ADRIANA.   *(Asombrada.)* ¿Yo?

VALINDIN.   *(Sonríe.)* Tú sabes encandilar a los hombres...

ADRIANA.   *(Brusca.)* ¿Qué pretendes?

VALINDIN.   Poca cosa. Que te los ganes. *(Se acerca y se apoya en la silla, aproximando su cara a la de ella.)* Engatusa sobre todo al pequeño. Es el benjamín y los demás le quieren bien. Para ti eso es un juego. Y más con estos pobres diablos, que apenas tratarán con mujeres.

ADRIANA.   *(Ríe.)* ¿Será posible?... ¿Me estás proponiendo tú..., ¡tú!, que engatuse al pequeño?

> *(Ríe a carcajadas.)*

---

[21] Esta réplica define muy bien la mentalidad de Valindin y la del público de la feria, al cual se dirige con su espectáculo.

VALINDIN. *(Ríe.)* ¡Sin llegar a nada serio! Sólo un poco de picardía, y si hay peligro, la galga huye... a mis brazos.

(Le acaricia una oreja.)

ADRIANA. *(Riendo inconteniblemente, se zafa de la caricia y se levanta para pasear.)* Y tú me pagarás con una linda joya, ¿eh? O quizá con un traje a la góndola.

VALINDIN. *(Ríe.)* [¡Hola! ¡Qué interesada!] Tendrás tu joya. Ese es el lenguaje de la verdad y no me desagrada.

ADRIANA. *(Entre risas, cuyo leve desgarro no capta Valindin.)* ¡Pobres ciegos!

VALINDIN. Justo. ¡Y Valindin los sacará de su pobreza aunque sea a la fuerza!

ADRIANA. *(Dejando poco a poco de reir y secándose una lágrima de hilaridad.)* ¡O aunque sea engatusándolos! *(Risueña.)* ¿De qué va a ser, al fin, el pavo real?

VALINDIN. *(De mala gana.)* De madera. El terco de Bernier tenía razón.

ADRIANA. Oye, ¿les has hablado a los ciegos de los disfraces?

[VALINDIN. ¿A qué viene eso?

ADRIANA. *(Ríe.)* No les habrás dicho nada, ¿verdad?]

VALINDIN. ¿Para qué? [Ya los verán en el ensayo del café, el último día. Mejor dicho, ya los tocarán.] *(La mira, suspicaz. Ella se tapa la cara con las manos y suelta una risita.)* Ya hemos reído bastante, galga. Ahora hay que ganar la partida.

(Adriana descubre su rostro.)

ADRIANA. *(Muy seria.)* Para nuestro hijo.

VALINDIN. Justo. Para ese hijo que te resistes a darme.

ADRIANA.   ¡Echa dos copas, Luis! ¡Quiero brindar contigo!

VALINDIN.   *(Alegre.)* ¡Bravo! *(Va a la mesita. Mientras llena:)* Hasta San Ovidio quedan once días. Aprovéchalos bien con ellos.

(Le ofrece una copa.)

ADRIANA.   *(Con extraña entonación.)* ¡Pues por los once días!

VALINDIN.   *(Mirándola fijo.)* ¡Y por Valindin!

ADRIANA.   *(Riendo.)* ¡Y por los ciegos!

VALINDIN.   *(Riendo.)* ¡Y por mi galga!

(Beben entre risas.)

TELÓN [22]

---

[22] Es habitual en las obras de Buero que el primer acto tenga una funcionalidad básicamente expositiva, y que nada realmente importante ocurra *todavía*; lo fundamental queda relegado siempre para el acto segundo, o para los actos segundo y tercero, como en este caso. Un primer acto se salva con sólo que provoque la curiosidad del espectador, hemos oído comentar alguna vez a Buero.

ACTO SEGUNDO

Momentos después de caer el telón del primer acto vuelve a alzarse sobre el escenario oscuro. La luz entra despacio hasta iluminar vivamente el primer término. Dos cortinas negras penden ahora tras los peldaños.

(Elías y Gilberto, sentados en los peldaños, aguardan. A poco se oyen garrotes; los dos ciegos levantan la cabeza. Emparejados, entran por la izquierda Nazario y Lucas.)

ELÍAS. Estamos aquí, hermanos.

NAZARIO. ¿Todos?

ELÍAS. Gilberto y yo. *(Tanteando los peldaños con sus garrotes, Nazario y Lucas se sientan a su vez. Una pausa.)* ¿Estáis tranquilos?

NAZARIO. ¿Y tú?

ELÍAS. Yo tengo miedo.

NAZARIO. ¡A mí poco me importa! En oliendo a mujer...

ELÍAS. Pero de oler no pasas.

NAZARIO. Ya hablaremos cuando se abra la feria. Catalina no me peta; es sosa. Y a Adriana no hay quien le hinque el diente. *(Ríe, misterioso.)* Como no sea el pequeño, que bien que lo mima. ¡Los caprichos de las hembras! Las hay que gustan de niños más que de hombres.

ELÍAS.   Pero es buena mujer.

NAZARIO.   Todas son buenas para lo que yo me sé.

(Pausa.)

ELÍAS.   ¿Cuántos días hemos ensayado al fin?

NAZARIO.   Ya serán nueve.

LUCAS.   No. Diez.

ELÍAS.   Diez. Y con el ensayo que hagamos hoy en la barraca, once. Poco es.

LUCAS.   Muy poco.

ELÍAS.   ¿Qué tal lo hacemos, Lucas? Tú sabes...

LUCAS.   Yo ya no entiendo.

(Pausa.)

GILBERTO.   ¿Y por qué abren hoy la feria de San Ovidio?

NAZARIO.   ¡Porque hoy es San Ovidio, chorlito!

GILBERTO.   ¿Y qué?

NAZARIO.   ¡Que te aspen!

ELÍAS.   Ya vienen los otros.

LUCAS.   Sólo es un garrote.

ELÍAS.   Pero dos personas.

NAZARIO.   Entonces, la señora Adriana y Donato. ¡Con su pan se la coma!

(Se acerca un garrote. Entran por la derecha Adriana, de calle, y Donato, de su brazo. Adriana trae mala cara.)

ADRIANA.   Ya estamos aquí.

(Los ciegos vuelven la cabeza hacia ella.)

DONATO.   ¿Están los demás?

ADRIANA.   Sí. Siéntate, Donato.

(Lo conduce. Donato se sienta.)

DONATO.   ¿Vos no?

ADRIANA.   También.

(Va hacia la izquierda para mirar, intranquila.)

GILBERTO.   ¡A mi lado, señora Adriana!

NAZARIO.   ¡Calla, chorlito! Aquí a mi lado, señora.

DONATO.   *(Se levanta.)* Pero ¿por qué nos sentamos?

NAZARIO.   ¿Ya te picó el tábano?

DONATO.   Lo digo porque si estamos ya todos…

ADRIANA.   Falta uno.

GILBERTO.   A mi lado, señora Adriana. Contadnos un cuento.

ADRIANA.   Me sentaré en medio.

(Lo hace.)

DONATO.   ¿Quién falta?

ADRIANA.   David.

(Donato se vuelve a sentar.)

LUCAS.   Hoy no comió en el figón.

(Adriana atiende con gran interés.)

ELÍAS.   Tampoco quería que llevasen su violín a la barraca con los nuestros.

NATARIO.   Ah, ¿no?

ELÍAS.   Yo estaba presente. El señor Valindin llegó a enfadarse. Le ha dicho que mientras trabajemos para él ha de evitar que a alguno se le antoje tocar por las calles.

LUCAS.   Y tiene razón.

NAZARIO.   ¿Y por qué no ha venido a comer?

GILBERTO.   *(En su mundo.)* Señora Adriana…

(Mas ella no le atiende, pendiente de lo que hablan.)

NAZARIO.   ¿Lo sabes tú, Donato?

DONATO.   Yo no sé... A veces se va solo, o con amigos que yo no conozco... O con alguna mujer.

ELÍAS.   [Pero vendrá. ¿Eh, Donato?] ¡No irá a fastidiarnos ahora!

> *(En el rostro de Adriana se dibuja una ardiente esperanza.)*

NAZARIO.   ¡Si no viene lo reviento! Con lo que hemos sudado estos días...

DONATO.   [¿Qué estáis hablando?] ¿No accedió a ensayar como decía el señor Lefranc? Pues vendrá.

> *(El rostro de Adriana se nubla.)*

ELÍAS.   ¡Hum!... Tú siempre lo defiendes.

> *(Un silencio. Adriana mira a ambos lados con temor.)*

GILBERTO.   Señora Adriana... ¿Por qué nos midieron la cabeza y el cuerpo?

ADRIANA.   Para los vestidos.

GILBERTO.   *(Alegre.)* ¿Serán lindos?

ADRIANA.   *(Turbada.)* Sí.

GILBERTO.   ¡Pero el mío será el más lindo de todos!

ADRIANA.   Sí.

DONATO.   ¿Qué tal efecto hacemos en la tribuna, señora Adriana?

ADRIANA.   *(Que sufre.)* Bueno.

ELÍAS.   Con las ropas será mejor.

DONATO.   ¿Subimos y bajamos bien? ¿No vacila nadie?

ADRIANA.   Nadie.

GILBERTO.   Yo me encaramo a mi pájaro como si fuese el catre del Hospicio. Señora Adriana, ¿verdad que han hecho el pájaro porque yo soy el pajarillo? Estos no quieren creerlo...

ADRIANA.   Quizá sea como tú dices.

NAZARIO. Pero ¿cómo diablos es ese pájaro?

GILBERTO. ¡Ya te lo he dicho! Un pájaro de gran cola para subir al cielo.

NAZARIO. ¡Que te aspen!

ELÍAS. Señora Adriana, no nos engañéis. ¿Qué tal lo hacemos?

ADRIANA. *(Con los ojos húmedos.)* Muy bien...

DONATO. *(Con ansia.)* ¿Le agradaremos al público?

ELÍAS. ¿Nos admirarán?

ADRIANA. Sí, hijos.

(Esconde el rostro entre las manos.)

DONATO. Si pudiera ser...

ELÍAS. Lo será.

NAZARIO. ¡Lo será, diablos!

GILBERTO. Y entonces la señora Adriana nos contará los más lindos cuentos. A mí me ha contado cuentos muy lindos...

NAZARIO. *(Inquieto, aguza el oído entre tanto.)* David tarda...

(Ella levanta la cabeza y lo mira. Luego mira a ambos lados.)

GILBERTO. Muy lindos.

ELÍAS. ¡Calla, pajarillo!

GILBERTO. ¡No quiero! ¡Un cuento, señora Adriana, un cuento!

ADRIANA. Ahora no puede ser.

GILBERTO. *(Lloriquea.)* ¡Sí que puede ser, sí que puede ser!

NAZARIO. *(Da un golpe con su garrote.)* ¡Ea, contadle su cuento! A todos nos vendrá bien.

ADRIANA. *(Pone su mano en el hombro de Elías.)* ¿Estáis inquietos?

ELÍAS. Algo.

ADRIANA. Bueno... Si lo queréis, os lo contaré...

(Con una exclamación de alegría, Gilberto bate palmas.)

GILBERTO. ¡Que sea muy lindo!
ELÍAS. Calla.
GILBERTO. ¡Chist!... ¡Callad!

(Se pone el dedo en los labios. Un silencio. Adriana los mira dolorosamente.)

ADRIANA. Había una vez una aldeana muy pobre que quería y no quería...
GILBERTO. ¡Muy pobre y muy linda!
DONATO. ¡Calla tú ahora!
ADRIANA. Es cierto. Me olvidaba. Había una vez una aldeana muy pobre y muy linda que quería y no quería. Querer y no querer es buena cosa si se sabe acertar. Pero la aldeanita no sabía. ¿Sabéis lo que quería?
GILBERTO. ¿Qué quería? *(Se acerca un garrote. Adriana se yergue y mira hacia la derecha, demudada.)* ¿Qué quería, señora Adriana? ¿Qué quería?

(Adriana se levanta.)

DONATO. ¡Ya viene David!

(David entra por la derecha. Adriana lo ve llegar con profunda decepción e inclina la cabeza.)

NAZARIO. Aquí estamos, David. Mucho has tardado.
DAVID. He paseado.
GILBERTO. ¡Acabad el cuento, señora Adriana!
ADRIANA. Hay que ir a la feria.
GILBERTO. ¡Acabad! Era un cuento muy lindo, David. Había una vez una aldeanita sin dinero que quería... *(Vacila.)* venir a París... ¿Es así, señora Adriana?
ADRIANA. Otro día.

DAVID. Yo sé cómo sigue. Vino a París con la gente e las ferias y al rey le pareció tan linda, tan linda, ue la hizo condesa. La llamaban la Du Barry. [23]

(Adriana lo mira, descompuesta. La ruidosa carcajada de Nazario rompe el silencio.)

NAZARIO. ¡Este David!...

(Se levanta.)

ELÍAS. *(Se levanta, dando un golpecito a Gilberto.)* Vamos a la barraca.

LUCAS. Id vos delante con Donato, señora Adriana.

(Los ciegos se levantan. Adriana se acerca a Donato y le toma del brazo. Lo conduce.)

DONATO. *(Se detiene.)* ¿Vienes, David?

DAVID. Puedo ir solo.

DONATO. ¿Dónde has estado, David?

(Los ciegos, que iniciaban la marcha, se detienen para escuchar.)

DAVID. He ido a preguntarle a un amigo estudiante... el significado de algunos pájaros.

ADRIANA. Vamos.

(Tira de Donato y sale por la izquierda. Los ciegos salen tras ellos. David sale el último. Las cortinas negras se descorren al tiempo y nos muestran el interior de la barraca, donde crece la luz. En el primer término de su lateral izquierdo y junto a los peldaños, una tosca mesa de madera rodeada de cuatro sillas. En el derecho,

[23] "Al morir (la Pompadour) en 1764, fue reemplazada por una 'hija de nadie', Jeanne Bécu, llamada la Vaubernier, hermosa prostituta que no se ocupaba de política, pero cuya fortuna escandalizó a las mujeres bien nacidas. Para elevarse hasta la corte y hacerse 'presentar' en ella, Jeanne consiguió casarse con el conde du Barry, hermano de uno de sus amantes, que, si no hubiese estado ya casado, se habría prestado él mismo a ello. Los costosos libertinajes del Rey eran juzgados, con justa severidad, por un pueblo abrumado de impuestos y de guerras" (Maurois, *op. cit.*, p. 264.)

dos livianas mesitas de patas curvadas y taracea-
das, con dos sillas cada una. Otras mesas se pier-
den por los laterales. Del techo pende una araña
de cobre con las velas apagadas. En el centro y
al fondo muéstrase la tribuna de madera que ha
de ocupar la orquestina. Tiene cerca de dos me-
tros de altura y unos tres de ancho en total. En
su extremo derecho, la breve plataforma donde
se entronizará el cantor es más elevada y pasa
de los dos metros de altura. La plataforma se
encuentra separada del resto de la tribuna por
una escalerilla frontal de acceso que penetra en
el cuerpo de ésta y desde cuyo extremo superior
se baja hacia la izquierda, mediante escalones in-
visibles, a los asientos de los ejecutantes; y, hacia
la derecha, se sube por un par de escalones al
trono del cantor. Los puestos de los ejecutantes
se disponen en dos niveles: en el primero y más
bajo se situarán dos violinistas a los que, de pie,
les oculta las piernas el frente de la tribuna, y
al sentarse, lo hacen sobre el segundo nivel, que
es el mismo en que termina la escalerilla de ac-
ceso. Detrás de los dos primeros violinistas y
sobre ese segundo nivel, se sitúan los otros dos
violines y el violoncello, que pueden a su vez
sentarse sobre un banco corrido allí adosado. So-
bre el borde de la tribuna asoman dos atriles con
partituras abiertas; junto a cada uno de ellos hay
una palmatoria. Los violines descansan ahora so-
bre los asientos; el violoncello está apoyado con-
tra la plataforma del cantor. Ésta es larga de
fondo y estrecha de frente. El trono que sostiene
es la nota más llamativa del conjunto: consiste
en un tosco pavo real de pintada madera con la
cola desplegada, cuyo triple abanico de plumas
verdes y ojos innumerables dibuja un enorme
óvalo de más de metro y medio de alto, que es,
a su modo, el respaldo del trono. Sobre los lomos
del estilizado pavo real, a cuyo cuello se fijó asi-
mismo un atril, se sentará el cantor. La tribuna
está pintada de claros colores, con presuntuosos
filetes de purpurina. Valindín, impaciente, se pa-
sea en chupa[24] *y mira su reloj; junto a las me-*

---

24 *Chupa:* "Variante de juba. Prenda de vestir antigua, de mangas ajustadas, que cubría el cuerpo y tenía una faldilla dividida
en cuatro partes de arriba abajo" (Dicc. M. Moliner). Su evolu-
ción en el XVIII la convierte en una especie de chaleco que se lleva
bajo la casaca.

sitas de la derecha corrige la posición de una silla.)

VALINDIN. ¡Catalina! ¿Y esa copa? ·

CATALINA. *(Voz de.)* Ya va, señor.

(Aparece presurosa por el lateral derecho trayendo una bandeja con botella y copa.)

VALINDIN. *(Por la de la izquierda.)* Ponla en esa mesa.

CATALINA. Sí, señor.

VALINDIN. Con calma, ¿eh? Sin romper nada.

CATALINA. *(Le tiemblan las manos.)* ¡No me lo digáis, señor! ¡Es peor!

(Deposita la bandeja.)

VALINDIN. Bueno... [Ya verás lo bien que lo haces.] Vamos al último ensayito y te envío a un recado. Empieza..

CATALINA. ¿Ya?

VALINDIN. ¡Claro!

CATALINA. *(Se dirige a un cliente imaginario.)* ¿El señor desea nuestro café aromático? [Es el mejor de París, caballero.] Nos lo traen directamente de las Indias... ¿Prefiere el señor una copa de Borgoña?

VALINDIN. Una botella.

CATALINA. Sí. ¿El señor prefiere una botella de Borgoña?

(Le mira.)

VALINDIN. Sirve la copa.

CATALINA. *(Mientras llena la copa.)* Vuestro Borgoña, caballero. Es un Borgoña delicioso: nuestro proveedor es el que sirve al señor duque...

VALINDIN. ¡A su excelencia!

CATALINA.   A su excelencia el señor duque de Richelieu... [25]

VALINDIN.   Perfecto. [Conmigo prosperarás, yo te lo fío.] Si te piden otro vino es lo mismo, ya sabes: nuestro proveedor es el de su excelencia.

(Toma la copa y bebe.)

CATALINA.   Sí, señor.

VALINDIN.   Ahora escucha. Vas a ir al palacio del señor barón de la Tournelle...

CATALINA.   Ya fui esta mañana. Está en Versalles.

VALINDIN.   ¡Por si ha vuelto! Le dices a quien te abra que el señor Valindin solicita respetuosamente del señor barón respuesta a su billete de esta mañana. [26] Que si el señor barón se decidiese a concederme el honor de su presencia, cuidaré de no abrir el café hasta su llegada. ¿Lo has entendido?

CATALINA.   Sí, señor. ¿Lo ensayo también?

VALINDIN.   ¡Ya te estás perdiendo de vista! *(Catalina va a recoger la bandeja.)* Y deja eso ahí. *(Catalina corre a recoger su manteleta tras la tribuna. Valindin apura la copa y vuelve a mirar su reloj.)* ¡Y Adriana sin traer a esos bribones!

(Catalina corre al lateral izquierdo para salir.)

CATALINA.   Aquí llegan, señor.

(Sale. Valindin va al lateral.)

VALINDIN.   ¡Ya era hora! *(Vuelve al centro, seguido de Adriana y los seis ciegos.)* ¿Por qué tan tarde?

DAVID.   Porque...

ADRIANA.   *(Le interrumpe.)* Porque... me retrasé yo.

(David tuerce el gesto.)

25 Los Richelieu destacan entre las familias aristocráticas más prestigiosas en la época (cf. Méthivier, op. cit., p. 100).
26 *Billete*: "Carta breve enviada con un mensajero". Infrecuente (Dicc. M. Moliner). *Vid.* nota 6.

VALINDIN. ¡Pues no es día de retrasos! Pero no quiero reñir a nadie; no hay tiempo. ¡Atended bien todos! *(Los ciegos se le enfrentan en hilera. Adriana va al lateral derecho para dejar su manteleta y vuelve a poco.)* Ya conocéis el café. Todo está igual que cuando vinisteis a aprenderla tribuna donde vais a tocar, salvo que hoy se han puestos las mesas y las sillas, que llegan por vuestra derecha hasta la puerta y por vuestra izquierda hasta la bodega y la cocina. Después del ensayo podréis recorrerlas cuanto queráis. Ahora vamos a lo que importa... *(Calla un instante, observándolos.)* Estoy muy contento de vosotros. París entero hablará de vuestro gran mérito, no lo dudéis. Pero es menester añadir al espectáculo sus últimos detalles: los trajes y los movimientos... No olvidéis que dentro de tres horas, a las cinco en punto, se abre la feria [y os presentáis ante el público más exigente del mundo.] De vuestra aplicación al ensayo de esta tarde, [no vacilo en afirmarlo,] depende el éxito. Vuestros instrumentos están ya en los asientos. Ahora habréis de aprender a tomarlos de vuestros sitios, vestidos y sin tropezar. Recoge los garrotes, Adriana. Y trae la ropa. *(Adriana les va tomando los cayados.)* Deberéis quitaros las casacas: las túnicas son largas.

(Adriana va tras la tribuna para dejar los cayados.)

LUCAS. ¿Dónde se llevan los garrotes?

ELÍAS. ¿Y las casacas?

VALINDIN. Perded cuidado. Detrás de la tribuna hay clavos para colgar todo eso. Vamos, fuera las casacas y los sombreros. *(Torpemente, los ciegos se van despojando de sus casacas y quedándose en sus míseras camisas.)* Traed. Adriana las colgará luego. *(Las va tomando y las deja sobre la mesa de la izquierda. Adriana volvió ya con un par de túnicas que sacó de un cofre situado a la izquierda de la tribuna.)* Tu casaca, David. *(David se la quita y Valindin va a dejarla, con los*

sombreros de todos, mientras dice:) ¡Ya está aquí la
ropa! Mis buenos luises [27] me ha costado, pero todo
me parecía poco para vosotros. Ya podéis cuidármela.

ADRIANA.   La vuestra, Lucas. La vuestra, Elías.

> *(Les da las dos togas.)*

GILBERTO.   Déjame tocar.

> *(Palpa la de Elías. Donato y Nazario palpan la
> de Lucas.)*

VALINDIN.   [Son muy sencillas.] Se abotonan por delante. [Las mangas, amplias.] Ayúdalos, Adriana.

ADRIANA.   Sí.

> *(Lucas y Elías se ponen sus togas. Adriana les
> abotona un poco y vuelve corriendo a buscar más
> ropa.)*

GILBERTO.   ¿Y la mía?

VALINDIN.   *(Sonríe.)* Ahora la traen, pájaro. [Ten
paciencia.] Cuidad también de no tropezar con los atriles y las palmatorias...

DAVID.   ¿Qué atriles?

DONATO.   ¿Las palmatorias?

VALINDIN.   Se han puesto hoy... Están en el borde
de la tribuna.

DAVID.   No los necesitamos.

VALINDIN.   Componen el cuadro, adornan... Tú eso
no lo puedes entender.

GILBERTO.   ¿Es igual que éste mi vestido?

---

27   Moneda de oro. Los luises emitidos bajo el reinado de Luis XIV
y Luis XV tuvieron un valor de, sucesivamente, 16 libras y 10 sueldos, 15 libras y 10 sueldos, 27 libras y 24 libras, valor que conser-
varon hasta el tiempo de la Revolución, no estando el peso y la
ley de la moneda en relación con el valor asignado. En el reverso
llevaban los primeros luises una cruz compuesta de cuatro a ocho
flores de lis y encerrada en un escudo ovalado en tiempo de Luis XV
y angular desde Luis XVI. Hasta 1792, llevaban la siguiente leyenda: *Christus regnat, vincit, imperat* (Dicc. Espasa, t. XXX, p. 591).

VALINDIN.   No, pájaro. Tú llevas manto y corona de rey.

GILBERTO.   ¿De rey? *(Bate palmas.)* ¡Como en las comedias!

> *(Valindin ríe y se interrumpe al ver que David se dirige a la tribuna.)*

VALINDIN.   ¿A dónde vas, David?

DAVID.   A... la tribuna.

VALINDIN.   Ya la conoces. Ahora subiréis todos.

ADRIANA.   *(Que volvió cargada de ropa.)* Vuestra ropa, David. *(David vuelve. Ella le entrega la toga, que él se viste.)* La vuestra, Nazario. La tuya, Donato.

> *(Se las da. Todos se visten. David se está palpando su toga. Todas son largas, cerradas hasta la garganta, de vivo color azul y brillantes vueltas de raso naranja en el cuello y las mangas.)*

VALINDIN.   ¡Bravo, hijos! Tenéis un gran porte con esa ropa. ¿Verdad Adriana? *(Adriana no responde y vuelve al cofre.)* Pero aún será más solemne cuando os pongáis los gorros... Son muy altos y vuestra estatura parecerá la de gigantes. *(Se frota las manos contemplándolos.)* [El espectáculo será bellísimo.]

> *(Entre tanto, David se dirige de nuevo a la tribuna.)*

GILBERTO.   *(Ansioso.)* ¿Y la mía?

ADRIANA.   *(Que vuelve.)* Aquí está.

VALINDIN.   Primero la túnica. Ven.

GILBERTO.   ¡Sí, sí!

> *(Valindin le coloca una túnica corta azul celeste, que se abrocha a la espalda y deja visibles las pantorrillas. Entre tanto, Adriana deja el manto sobre una silla y sobre una mesa algo que parece una cabellera y un extraño tocado que ostenta dos largas orejas.)*

VALINDIN.   ¡Tú sí que estarás lindo! Abotónalo,
Adriana. Y además llevarás barba.

(Va a recogerla.)

GILBERTO.   ¿Barba?

VALINDIN.   *(Se vuelve.)* ¡Eres rey! *(Calla y mira a
David.)* ¡David, te he dicho que ya subirás con todos!
*(David ha llegado a la tribuna y pasea su mano sobre
los atriles y las palmatorias.)* ¡Vuelve aquí!

DAVID.   Las partituras están al revés.

VALINDIN.   *(Desconcertado.)* ¿Sí?... Luego las volvemos. *(Ríe.)* ¡O si no las dejamos así! ¿Eh? *(Guiña
un ojo a Adriana, que baja la cabeza.)* ¡Sí, es una idea
feliz! ¡Para que el público vea bien que sois muy sabios y no os hacen falta!

GILBERTO.   ¿Y mi manto?

VALINDIN.   Aquí lo tienes, pajarillo... *(Le pone sobre los hombros el gran manto de púrpura, que abrocha
sobre el pecho.)* ¡Ahora sí que eres un verdadero rey
de cuento!

GILBERTO.   ¡De cuento, señora Adriana! *(Se lo palpa.)* ¡Y es mucho más largo que vuestra ropa! ¡Tocad,
tocad! *(Elías lo palpa.)* ¿Y mi corona?

VALINDIN.   *(Ríe.)* [Espera, mocito.] Antes hay que
cubrir a tus compañeros. Aunque vaya contra el pro-
tocolo de su majestad. *(Le pone la mano en el hombro
y Gilberto ríe también. Adriana fue tras la tribuna y
ha vuelto con cinco largos capirotes* [28] *puntiagudos de
leve ala, listados de anchas franjas naranjas y plateadas,*

---

[28] Recordamos que, en conversación privada en 1962, el autor
nos dijo que estos capirotes tenían —desde el punto de vista como
él veía el problema— una cierta relación, un secreto parentesco con
las corozas de los sambenitados. Después de estrenar *El sueño de la
razón*, Buero ha declarado: "Los encapirotados de *El Concierto de
San Ovidio* ya eran goyescos; la orquestina de esa obra prefigura
El sueño de la razón, y las corozas de los músicos son iguales a la
que le encasquetan a Goya. El escarnio es el mismo. Y... esos escar-
nios no han terminado en nuestro tiempo" (Ángel Fernández Santos,
"Sobre *El sueño de la razón*. Una conversación con Antonio Buero
Vallejo", *Primer Acto*, núm. 117, febrero 1970, p. 19).

que terminan en altos remates ornados de pompones[29]
y cintillas. Entretanto, David se acercó a la escalerilla
de la tribuna y está subiendo. Valindin lo advierte. Empuja con un seco ademán a Gilberto y va a la tribuna.
A su vez, los ciegos atienden.) ¿Qué haces?

DAVID.   Ya lo veis.

> (Y sube los escalones laterales para palpar el
> pavo real.)

VALINDIN.   ¡Tu sitio no es ése!

DAVID.   Quiero conocer toda la tribuna. Si tropiezo,
he de saber dónde me agarro.

> (Palpa, presuroso.)

VALINDIN.   ¡Baja! (Después de palpar el cuerpo, David pasea sus manos sobre la gran cola de madera.)
¡No toques ahí! ¡Puedes romper la cola!

GILBERTO.   ¿Estás en mi pájaro?

VALINDIN.   (Dispuesto a subir, con un pie en los peldaños.) ¡Te digo que bajes!

DAVID.   No es un pájaro. Es un pavo real.

VALINDIN.   Eso mismo. ¿Y qué?

DAVID.   (Después de un momento.) Nada.

VALINDIN.   ¡Ven por tu gorro!

DAVID.   Ya voy.

> (Comienza a descender.)

VALINDIN.   Repártelos, Adriana. (Adriana los va dando. Todos los palpan.) Acostumbraos a ponéroslos. Es
sencillo: las cuerdas de los lados son para atarlos a la
barbilla.

> (Lucas se lo pone. Elías y Nazario se los en-
> casquetan varias veces para probar.)

---

[29] Pompón: "Bola de metal o de seda que llevaban en la parte
alta delantera los chacós y morriones militares, a principios del siglo XIX. Borla de seda de forma semiesférica que se pone de adorno
en cualquier cosa" (Dicc. M. Moliner).

DONATO. ¿No es muy alto?

VALINDIN. Pero muy firme. No se caerá.

(David volvió al grupo bajo la suspicaz mira-
da de Valindin. Adriana va a su lado.)

ADRIANA. Vuestro gorro, David.

(David lo toma y lo palpa.)

DAVID. ¿No es más bella la cabeza descubierta?

VALINDIN. ¿Qué sabes tú? Tú no ves. Con los gorros parecéis astrólogos, sabios... Músicos... de la an-
tigüedad. Justo: músicos de la orquesta del rey Gilberto. ¡Vamos contigo, Gilberto! Primero la barba...

(Va a tomarla.)

DAVID. ¿Por qué una barba?

VALINDIN. *(Quemado.)* ¡Porque es el rey! ¡Y ponte
tu gorro! Sólo faltas tú. *(David vacila, pero se pone
el gorro.)* Pon atención, pajarillo. La barba se sujeta
a las orejas con estas dos cuerdecitas. Así. *(Se la pone.
Es una grotesca barba rubia de guardarropía, en forma
de pala. Gilberto se la toca.)* ¡Toca, toca! Eres la es-
tampa de un monarca griego.

DAVID. ¿Griego?

VALINDIN. Es un decir.

(Le hace a Adriana una singular seña: una "O"
con los dedos sobre un ojo. Adriana suspira y va
tras la tribuna, de donde vuelve a poco con una
cajita que deja sobre la mesa de la izquierda.)

GILBERTO. *(Entre tanto.)* ¡Y ahora, mi corona!

VALINDIN. *(Recoge el tocado.)* ¡La corona de su
majestad! Es una corona a la antigua, ¿sabes? Un casco y dos hermosas alas a los lados.

GILBERTO. ¡Dos alas hermosas para el pajarillo!

VALINDIN. Justamente. Baja la cabeza... Así. *(Se la
coloca. Es un casco de purpurina plateada con borde*

y broche frontal dorados, de cuyos lados emergen dos
espléndidas orejas de asno. Gilberto se lo toca y ríe
feliz. Valindín retrocede.) ¡Nunca se vio orquesta igual!
¡Adriana, mira qué hermosura! ¿No es cierto que están imponentes?

> *(Ante el triste grupo de adefesios, le hace se-*
> *ñas apremiantes de que asienta.)*

ADRIANA. *(Elude mirarlo.)* Aún falta algo, ¿no?
VALINDÍN. Sí. Ese toque de gracia que alivia la solemnidad sin destruirla...

> *(David se acercó a Gilberto y palpa su casco.)*

GILBERTO. ¿Quién me toca?
DAVID. Las alas de este gorro no son alas.
VALINDÍN. *(Que iba hacia la cajita, se vuelve como*
un rayo.) Ah, ¿no? ¿Qué son?
DAVID. No son alas. Y el pavo real es el emblema
de la necedad.
VALINDÍN. ¿Sí? Pues sabes más que yo.
DAVID. *(Nervioso.)* No. Vos sabéis más que nos-
otros...
VALINDÍN. Entonces, ¡cállate!
DAVID. Pero yo sé que el pavo real significa eso.
Es el animal que pintan al lado del más necio de los
reyes.
DONATO. ¡Sigue, David!
DAVID. El rey Midas, a quien le nacieron orejas de
asno por imbécil. Tú eres el rey Midas, Gilberto. Y lo
que llevas en la cabeza son dos orejas de burro. [30]

---

[30] Nótese, en primer lugar, que esta descripción e interpretación
parece responder puntualmente a la figura del ciego que, en el
grabado, se encuentra situado a la derecha. En segundo lugar que,
un par de escenas antes, David nos ha dicho que había ido "a preguntarle a un amigo estudiante el significado de algunos pájaros".
El autor acumula todos los datos necesarios para que tenga plena
coherencia lo que hacen y dicen sus personajes. Un personaje como
David no podía saber, por sí solo, todo lo que demuestra saber en
este momento.

(Murmullos entre los ciegos. Gilberto se las toca.)

VALINDIN. *(Con ira y despecho.)* ¿Tú qué sabes? ¿Qué sabe un ciego? ¡Nada! *(A Elías, que está tocando las orejas del casco.)* ¡Son alas! ¿No lo notas, Elías? ¡Alas! ¡Además, no serás tú, David, quien estará en el pájaro! Basta de monsergas y escuchadme todos, hijos. Aún falta el último toque. *(Va a la cajita y saca de ella unas enormes gafas de cartón negro,* [31] *sin cristales.)* Vosotros habéis de fingir que veis y que leeis las partituras... Como las canciones son cómicas, es necesario para la gracia del conjunto. ¡Y no os importe que vuestros gestos hagan reir! Al contrario: cuanto más... graciosos estéis, mejor. Ahora lo ensayaremos. Para ello es menester que os pongáis estos... anteojos de cartón. *(Los va dando.)* Se sujetan en las orejas. *(Se los pone a Nazario)* Así. *(Nazario va a quitárselos.)* ¡No te los quites! Tenéis que habituaros a llevarlos. Ea, ponéroslos. *(A Gilberto, que se adelanta.)* Tú no tienes, Gilberto. Un rey no lleva anteojos.

(Lucas se pone los suyos. Elías y Donato los palpan, indecisos.)

DAVID. *(Muy nervioso, después de haber palpado los suyos, los arroja al suelo.)* ¡Basta!

(Un gran silencio.)

VALINDIN. *(Glacial.)* ¿Qué haces?

(Adriana recoge, asustada, las gafas.)

DAVID. ¡Queréis convertirnos en payasos!

---

[31] Los atriles con las partituras al revés, las palmatorias, el pavo real, etc., aparecen en el grabado. No así, por el contrario, estas enormes gafas de cartón, de las que, sin embargo, Valentin Haüy dejó también testimonio.

VALINDIN. *(Lento.)* Aunque así fuere. Los payasos ejercen un oficio honrado. A veces ganan tanta fama que el mismo rey los llama.

(Nazario se quita sus gafas.)

DAVID. ¡Nosotros no seremos payasos!

VALINDIN. ¿Qué seréis entonces? ¿Muertos de hambre y de orgullo?

ADRIANA. Luis...

VALINDIN. ¡Calla tú! *(Suave.)* ¿No hacíais reir por las esquinas? ¿Qué os importa hacer reir un poco aquí?

DAVID. ¡No queremos que nos crean imbéciles!

(Se arranca el gorro y lo tira.)

VALINDIN. ¡Nadie os lo llama!

DAVID. ¡Vos nos lo llamáis! ¡El pavo real, las orejas de asno, las palmatorias, nuestras muecas para leer las partituras al revés... y nuestra horrible música! Cuanto peor, mejor, ¿no? ¡El espectáculo consistía en servir de escarnio a los papanatas! ¡Vámonos, hermanos!

(Da unos pasos.)

DONATO. ¡Vámonos!

VALINDIN. *(Sujeta a David por el pecho.)* ¡Quieto!

ADRIANA. ¡Eso no, Luis!

DAVID. *(Al tiempo.)* ¡No me toquéis!

VALINDIN. *(Lo suelta.)* No te toco.

DAVID. ¿Y mi casaca?

VALINDIN. *(Suave.)* Eso. ¿Y vuestras casacas? ¿Y vuestros garrotes?

(Los ciegos se rebullen, inquietos, y se agrupan instintivamente.)

DAVID. ¡Los encontraremos!

NAZARIO. ¡Nos iremos así!

DONATO. *(Al tiempo.)* ¡Vámonos ya!

VALINDIN. *(Grita.)* ¡Sí, pero a la cárcel!

DONATO. ¿A la cárcel?

VALINDIN. ¡A mí no me colgáis el espectáculo! Hay un contrato y lo cumpliréis. ¿No queríais ser hombres como los demás? Pues lo seréis para [cumplirlo y para] aguantar que se rían de vosotros.

DONATO. ¡Hermanos! ¡David tiene razón, como siempre!

VALINDIN. ¿Y qué? ¿Payasos? ¡Bueno! ¿Qué importa?

DAVID. ¡Los imbéciles de los ciegos, que creen poder tocar y dan la murga!

DONATO. ¡Tan imbéciles como el pavo real y el asno!

VALINDIN. ¡Pero comeréis! ¡Dejad que rían! ¡Todos nos reímos de todos; el mundo es una gran feria! ¡Y yo soy empresario y sé lo que quieren! ¡Enanos, tontos, ciegos, tullidos! ¡Pues a dárselo! ¡Y a reir más que ellos! ¡Y a comer a su costa! *(Con enorme desprecio.)* ¡Y dejaos de... músicas! *(Con una gran voz dominante.)* ¡Vamos! ¡Los anteojos y a ensayar!

(Los ciegos vacilan; el grupo se disgrega.)

NAZARIO. *(Se vuelve a poner las gafas.)* ¡Que los cuelguen a todos!

(Elías suspira y se pone las suyas.)

VALINDIN. Todos se los ponen, David. Dale los suyos, Adriana.

(Adriana le toma las manos para darle sus gafas. Donato acaricia las suyas, indeciso.)

DAVID. *(Pone sus manos a la espalda.)* ¡No!

VALINDIN. Pero ¿quién te crees que eres, hijo de perra? *(Va a Donato y lo zarandea.)* ¿Y tú, monigote? *(Donato grita, asustado por la súbita agresión.)* ¡Ciegos, lisiados, que no merecéis vivir! ¿Sabéis lo que hacen con los niños ciegos en Madagascar? ¡Yo he sido marino y lo he visto!

DAVID.   ¡No lo digáis!

ADRIANA.   ¡Luis, por Dios Santo!

VALINDIN.   *(Zarandeando a Donato.)* ¡Los matan! ¡Los matan como a perros sarnosos! [32]

(Donato lanza un grito inhumano y se suelta.)

DONATO.   ¡No!... ¡No!

(Corre, presa de su espanto; tropieza con las sillas; derriba una.)

ADRIANA.   ¡Donato!

(Y corre a sujetarlo.)

DAVID.   ¡Donato! ¡Hijo!

(Lo busca. Gilberto lloriquea. Los demás ciegos se rebullen sin saber qué hacer.)

DONATO.   ¡Lo que quiera!... ¡Lo que él quiera!...

(Cae de rodillas. Adriana intenta levantarlo. David llega a su lado.)

DAVID.   ¡Donato!

(Entre Adriana y él lo levantan.)

VALINDIN.   ¡Suéltalo, Adriana!

ADRIANA.   ¡No tienes corazón!

(Oprime a Donato contra su pecho.)

---

[32] Éstos y otros horrores, de los que más adelante se habla, no son invención o exageración del autor. La historia de los ciegos está repleta de hechos semejantes.

VALINDIN. Pero ¿qué le ocurre?

DAVID. *(Duro.)* Yo sé lo que le ocurre.

ADRIANA. Cálmate, hijo...

DONATO. ¡Lo que él quiera, David! ¡Nos encarcelan, nos matan! ¡Hay que ceder!

DAVID. *(Muerde sus palabras.)* ¡Hay que salir!

DONATO. *(Con un alarido.)* ¡No!... Ceder... Ceder...

> *(Y vuelve a derrumbarse, sollozando. Larga pausa.)*

DAVID. *(Con un hondo suspiro.)* Dadme mis anteojos, Adriana. *(Con los ojos arrasados, Adriana se los da.)* Ponedle los suyos al muchacho. Vamos a ensayar.

> *(Se pone sus gafas. Valindin suspira también y recoge las gafas que Donato dejó caer, tendiéndoselas a Adriana. Ella se las arrebata con un seco ademán.)*

ADRIANA. Yo te los pondré, Donato.

> *(Lo aúpa y él se deja hacer, dócil. Ella le pone las gafas. Valindin saca un pañuelo de hierbas [33] y se enjuga la frente.)*

NAZARIO. *(Murmura, amargo.)* Que los cuelguen...

> *(Catalina entra por la izquierda y se queda estupefacta al ver a los ciegos.)*

CATALINA. ¡Huy!

> *(Y rompe a reír. Adriana le indica en vano que calle.)*

VALINDIN. *(De mal humor.)* ¿Qué te han dicho?

CATALINA. *(Entrecortadamente, pues no puede contener las ganas de reír.)* Que... el señor barón... no ha vuelto de Versalles...

---

[33] *Pañuelo de hierbas:* Pañuelo de bolsillo, grande y con dibujos.

VALINDIN. *(Se pega con rabia un puñetazo en una mano.)* ¡A ensayar!

(Los ciegos dan media vuelta y se encaminan, lentos, hacia la tribuna. Adriana recoge el gorro caído y se lo da a David, el cual se lo pone, sombrío, mientras camina. Las cortinas negras van ocultando la barraca, al tiempo que la luz crece en el primer término. Suenan cinco campanadas en la lejanía. Rompiendo cortinas,[34] Valindin aparece muy sonriente y baja los peldaños. Viste ahora su casaca de ceremonia, verde pálido con bordados de plata y lleva un suntuoso tricornio galoneado, de lazo rojo y blancas plumas. No ciñe espada, pero en la mano trae un largo bastón de corte. Redoble de tambor.)

VALINDIN. *(Al público.)*
"¡Si sois de los que entienden y nada les contenta
venid y convenceos de la gran novedad!
En ninguna otra parte, salvo aquí, se presenta
y tan bello espectáculo nunca vio la ciudad.
Ved los músicos ciegos en lo alto de su trono
que orgullosos y alegres os quieren enseñar
lo bien que rivalizan por dar mejor el tono
¡a las canciones que todo París va a escuchar!"[34 bis]
(Redoble de tambor. Valindin da un bastonazo en el suelo.) ¡Pasen las bellas damas y los gentiles caballeros, pasen! *(Señala hacia la izquierda. Por la derecha entran Latouche y Dubois, dos polizontes en hábito civil. Latouche tiene en su cara algo de zorro; Dubois, de dogo. Valindin se inclina.)* ¡Señor Latouche, cuánto honor para mi pobre café!

LATOUCHE. *(Se inclina.)* Señor Valindin... Os presento al señor Dubois, uno de mis hombres. *(Reverencia.)*

---

[34] *Rompiendo cortinas...* Por en medio de éstas.
[34 bis] Este pregón de Valindin es traducción libre de unos versos que figuran al pie del grabado de la orquestina bufa. Dicen así: "Vous tous à qui deplaire il est si difficile, / Apprenez qu'en ces lieux on donne du nouveau, / Que jamais autrepart un espectacle plus beau / Ne fut aperçu dans la ville. / Il fut charmant d'ouïr les aveugles chanter, / Et sortout de les voir fiers de leur encollure / Se disputer à qui donnerait mieux l'allure / Aux chansons que Paris vint en foule écouter".

Vuestro pregón es por demás curioso [y no querría perderme el espectáculo].

VALINDIN. Si me hacéis la merced de entrar, Adriana os acomodará en la mejor mesa. Estaba guardada para el señor barón de la Tournelle, que ha sentido tanto no poder venir... *(Señala a la izquierda.)* Por aquí, ¡Espero que sabréis dispensarme si no os acompaño...! Os ruego que pidáis cuanto os plazca. La casa se considera muy feliz en convidaros...

LATOUCHE. Gracias, señor Valindin.

> *(Sale con Dubois por la izquierda. Valindin vuelve al centro, al tiempo que aparece por las cortinas Catalina y le sisea.)*

CATALINA. Todo lleno, señor. Sólo quedan dos o tres sitios.

> *(Valindin sonríe y va a subir. En ese momento entra por la derecha Valentín Haüy, y él lo advierte. Haüy es un mozo de veinticinco años, de agradable fisonomía y aire distraído, que avanza con las manos a la espalda. Su indumento es el de un burgués pulcro y sencillo. Valindin le hace una seña a Catalina para que desaparezca y ella sale por las cortinas.)*

VALINDIN. ¡Pasen, bellas damas y gentiles caballeros, pasen! ¡Vean a los músicos ciegos, el espectáculo más filantrópico de todo París! *(Haüy se detiene y le escucha. Luego se encamina a la izquierda y sale, siguiendo la cortés invitación del brazo de Valindin. Valindin se estira su casaca y se vuelve hacia las cortinas con gran prestancia, al tiempo que éstas se descorren. La araña está encendida; el público, que permanece cubierto, ríe y charla en las mesas. Dos damiselas de medio pelo y un pisaverde [35] toman café y vino en la mesa de la izquierda. En la primera mesita de la derecha, Latouche y Dubois son servidos por Adriana, que les escancia copas. En la otra mesita, un viejo matrimonio burgués toma café. La tribuna está oculta por*

35 *Pisaverde*: hombre presumido en exceso, petimetre.

una cortina verde, donde brilla la plateada línea de la silueta de una galga corredora, bajo la cual, en grandes letras también plateadas, se lee: "A la Galga Veloz". [36] *Valindin sube los peldaños y se sitúa ante la cortina verde. Luego da tres sonoros golpes con su bastón y el público apaga sus murmullos. Adriana desaparece por el lateral.)* ¡Atención, noble auditorio y honradas gentes de París! El gran espectáculo filantrópico va a comenzar. *(Valentín Haüy entra por la izquierda, pide licencia a las damiselas y al galán para sentarse en la silla sobrante y lo hace. Catalina corre a atenderle, recibe en voz baja el pedido y sale por el lateral derecho.)* ¡Damas y caballeros, [hemos pensado muchos años en un espectáculo que fuese digno de vuestro mérito y que lograse vuestra benevolencia! ¡Un espectáculo humanitario, científico, alegre!] ¡A vuestro superior e inapelable fallo sometemos con toda humildad... la maravillosa orquestina de los ciegos!

(Catalina vuelve a poco con la bandeja; deposita una jícara ante Haüy y le sirve de una cafetera, saliendo luego por el lateral. Valindin vuelve a dar tres golpes en el suelo y señala a la cortina verde para retirarse al punto hacia la derecha. La cortina se alza. En la tribuna, los ciegos se presentan a plena luz. Gilberto cabalga el pavo real, con un cetro de madera en la mano, que mantiene levantado; Lucas sostiene su violoncello y a su lado están Elías y Nazario. En la primera fila y de izquierda a derecha, Donato y David. Menos Gilberto, todos están de pie, con los instrumentos dispuestos; las gafas dan a sus caras sin luz cierto aire de pajarracos nocturnos. Las dos palmatorias han sido encendidas. Un murmullo de sorpresa corre por el café. Ceremoniosamente, los ciegos se inclinan y luego los violinistas se sientan y empuñan sus instrumentos. Risas. Donato, Nazario, Elías, fingen mirar las partituras.)

BURGUESA. ¡Huy, qué anteojos!

DAMISELA 1.ª ¡Mirad! ¡Mirad ése del pavo real!

36 *Vid.* nota 14.

PISAVERDE.   ¡Es la vanidad misma!

(Gilberto, en sus glorias, da la señal.)

GILBERTO.   ¡Una, dos, tres!

*(Arrancan los instrumentos y comienza a can-
tar. Violines, violoncello y cantor dan exactamente el mismo tono: una viva y machacona
melodía a toda fuerza, ejecutada con mecánica
precisión y sin el menor sentimiento. Adriana y
Catalina cruzan y vuelven a cruzar de un lado
a otro llevando servicios en sus bandejas ante
la complacida mirada de Valindin, que se apoya
en su bastón.)*

GILBERTO.   *(Marcando el compás con su cetro.)*

> Corina la pastora
> enferma está de amor.
> El médico le dice
> que busque a su pastor.
> Los corderitos balan:
> —Bee, bee, bee—

(Pizzicato y coreado por los ciegos.)

> triscando alrededor.
> Corina, suspirante,
> —Ay, ay, ay—

(Pizzicato y coreado por los ciegos.)

> se enciende de pudor.

*(Las carcajadas, los comentarios, arrecian. Me-
nos David y Lucas, los demás ciegos extremaron
sus gesticulaciones grotescas; y es justamente Donato quien más se esfuerza en ello. Así siguen
cuando, tras un segundo de pausa, atacan la segunda estrofa.)*

DAMISELA 2.ª   ¡Tienen las partituras al revés!

PISAVERDE. *(Ríe.)* ¡Pero bien iluminadas!
GILBERTO.

> El lindo pastorcito
> apenas sabe hablar.
> Corina le sonríe
> con ganas de llorar.
> —¿Quieres ser mi cordero,
> tú, tú, tú,

(Pizzicato y coreado por los ciegos.)

> y conmigo triscar?
> —No entiendo lo que dices.
> Yo, yo, yo,

(Pizzicato y coreado por los ciegos.)

> yo sólo sé balar.

BURGÉS. *(Descompuesto de reir.)* ¡Son como animalillos!
BURGUESA. ¡Orejas de burro ya tienen!

> *(Valentín Haüy da un fuerte puñetazo en la mesa y se levanta, lívido. Las damiselas gritan; los burgueses miran preguntando qué sucede. Latouche lo mira fijamente.)*

PISAVERDE. *(Se levanta.)* ¡Caballero!

> *(Gilberto, con su sonrisa lela, inicia la tercera estrofa.)*

GILBERTO. Triscan los corderitos...

> *(Los ciegos, desconcertados, no le siguen. Valindin se acerca rápidamente a Haüy, que, presa de la ira, no acierta a hablar. Catalina y Adriana se detienen con sus bandejas.)*

VALINDIN. ¿Desea algo, caballero?

VALENTÍN HAÜY.   Sí.

DUBOIS.   *(A Latouche, empezando a levantarse.)* ¿Voy?

(Latouche lo retiene y se levanta él para acercarse despacio.)

VALINDIN.   ¿Y puede saberse lo que es?

VALENTÍN HAÜY.   Si os lo dijera no os complacería.

BURGUESA.   Pero ¿quién es?

VOCES.   ¡Fuera! ¡Que lo echen!

LATOUCHE.   *(Se inclina.)* Latouche, comisario de Policía. Vuestro nombre.

(Dubois se va acercando a su vez.)

VALENTÍN HAÜY.   Valentín Haüy.

PISAVERDE.   ¡Es un borracho!

VALENTÍN HAÜY.   Soy intérprete en el Ministerio de Negocios Extranjeros.

(Valindin y Latouche se miran.)

VALINDIN.   *(Ríe.)* Conque Valentín, ¿eh? Pues yo me llamo Valindin, [37] y os voy a decir lo que deseáis: ¡marcharos!

VALENTÍN HAÜY.   Eso es lo que voy a hacer.

(Arroja una moneda sobre la mesa.)

LATOUCHE.   ¡Y a prisa, caballero!

VALINDIN.   Recoged vuestra moneda. [Paga la casa.]

VALENTÍN HAÜY.   Dádsela a los ciegos. ¡Si vieran, qué espectáculo para ellos!

---

[37]   Adviértase la habilidad con que se resuelve la inevitable cacofonía Valentín-Valindín, y, de este modo, la imprevisible reacción del público. Una risa intempestiva podría haber roto el clima de atención e interés que esta gran escena requiere. El autor dramático tiene que cuidar siempre, con sumo tacto, estos pequeños detalles, pues de ellos puede llegar a depender el éxito o fracaso de una representación.

VOCES. ¡Que se calle! ¡Que sigan tocando! ¡Fuera!
DAVID. ¿Qué ha dicho?

(Los ciegos cuchichean.)

LATOUCHE. ¡Salid ya!
DAMISELA 1.ª ¡Sí, sí, que se vaya!
VALENTÍN HAÜY. *(Eleva la voz y se dirige a la tribuna.)* ¿Preguntabais qué he dicho? ¡He dicho que si vierais, el público sería. otro espectáculo para vosotros! ¡No lo olvidéis!
LATOUCHE. *(Le aferra del brazo y le empuja.)* ¡Fuera de aquí!

> *(Las voces de "Fuera", "Que sigan", arrecian. El Burgués hace gestos consternados. Haüy se desprende con un irritado ademán y sale. por la izquierda.* [38]*)*

VALINDIN. *(A Latouche, en voz queda.)* Gracias... *(Latouche, Dubois y el Pisaverde vuelven a sentarse. Valindin vuelve al centro.)* ¡Nada importante, señores y señoras! *(Ríe.)* ¡Un loco! ¡Un misántropo en esta edad de filántropos! ¡El gran concierto de los ciegos va a continuar!
VOCES. ¡Eso! ¡Sí! ¡Que sigan!
VALINDIN. *(Hacia la tribuna.)* ¿Dispuestos? *(Los ciegos vuelven a empuñar sus violines. David titubea.)* ¿Dispuestos? *(David levanta el suyo.)* ¡Adelante con la tercera estrofa. "Pajarillo"! *(Da tres golpes con su bastón, mientras dice:)* ¡Uno, dos, tres!

---

[38] No consta que Valentín Haüy actuara de este modo ante. el espectáculo de la orquestina, pero es verosímil e incluso muy probable una reacción similar. En cualquier caso, fue la contemplación de tan horrendo espectáculo lo que le movió a consagrar su vida a la educación y redención de los ciegos. El ejemplo de una institución para sordomudos, creada por el abate de l'Epée, y la amistad de M. Th. v. Paradis, de Viena, una ciega muy aficionada a la música, impulsaron a Valentín Haüy, finalmente, a crear el primer instituto para la educación de niños ciegos, en París, en 1784; instituto que pasó a depender del Estado en .1791, y que, rápidamente, fue imitado en toda Europa. El primer gran paso había sido dado.

(Los ciegos continúan su murga. Adriana y Catalina reanudan sus pasadas. Valindin lleva el compás con la cabeza. Crecen las risas; los balidos son coreados por el público.)

GILBERTO.

> Triscan los corderitos
> en torno de los dos.
> Corina estaba roja
> y rojo está el pastor.
> Corina se le acerca:
> —¿Bee, bee, bee?— *(Pizzicato y coreado.)*
> pregunta con ardor...
> Y a poco, muy juntitos,
> —¡Bee, bee, bee!— *(Pizzicato y coreado.)*
> corderos son los dos.

(Entre las carcajadas delirantes y sobre las muecas, las gafas, los bamboleantes cucuruchos de la orquestina, [39] *va cayendo el*

TELÓN

---

[39] Este final de acto es de una fuerza teatral extraordinaria. En el estreno, fue acogido con aplausos muy calurosos.

ACTO TERCERO

[La sala del Hospicio de los Quince Veintes, con sus azules cortinas flordelisadas. Sor Lucía, en pie junto a ellas. Valindin espera, a la izquierda, con el sombrero bajo el brazo. Por la derecha entra la Priora seguida de Sor Andrea, que se retira junto a las cortinas.

Valindin. *(Se inclina.)* Dios guarde a vuestra reverencia.

Priora. Él sea con vos, señor Valindin. Me dice sor Andrea que venís a entregar el resto de vuestra manda.

Valindin. Así es, reverenda madre.

Priora. ¿Ha terminado ya la feria?

Valindin. Aún quedan cinco días.

Priora. ¿Entonces?

Valindin. No os sorprenda, madre. Al día siguiente saldremos para las ferias del Mediodía y debo cuidarme de muchos asuntos... He pensado que, ante todo, debía cumplir con el Hospicio.

Priora. Os damos las gracias.

Valindin. *(Se acerca y saca una bolsa, que tiende a la Priora.)* Si vuestra reverencia quiere contar las otras cien libras...

Priora. *(Sin moverse.)* Sor Andrea.

> *(Sor Andrea recoge la bolsa, encaminándose al lateral.)*

VALINDIN. *(Desconcertado.)* ...y extenderme un recibo en forma... *(Sor Andrea se detiene y lo mira.)* Es por la claridad de mis cuentas. Mi memoria es tan débil...

PRIORA. Sor Andrea os traerá en seguida un cumplido reconocimiento de vuestra manda.

VALINDIN. *(Al ver que la monja va a salir, adelanta otro paso.)* ¿Sin contarlas?

PRIORA. *(Sonríe fríamente.)* Estamos seguras, señor Valindin, de que habréis contado perfectamente vuestras cien libras.

VALINDIN. *(Se inclina, humillado.)* Sois muy gentil.

(Sor Andrea sale por la derecha.)

PRIORA. Nuestros flieguecitos rezan por vos desde el primer día, caballero.

VALINDIN. Lo sé, reverenda madre.

PRIORA. Y los vuestros, ¿están contentos? Aquí vuelven muy tarde y yo apenas los veo ya... Les habéis entregado al siglo tan completamente...

VALINDIN. ¡Pero con el más feliz resultado, madre! Trabajan con tal primor que, puedo decirlo sin vanidad, nuestro espectáculo ha sido el más concurrido de toda la feria. ¡Aún más que la Ópera Cómica! Con deciros que durante cuatro días hubo que demoler la pared delantera del café para que el gentío que quería verlos no la destrozase... Fue menester contenerlos con un cordón de fusileros que el Châtelet [40] tuvo a bien enviar cada día a esos efectos...

PRIORA. ¡Virgen Santa!

VALINDIN. Esto nos obligaba a un gran trabajo diario, pues por la noche no quería dejar aquello abierto.

PRIORA. Así, pues, estáis satisfecho.

VALINDIN. Un gratísimo resultado, madre. Todo París habla de nosotros y repite nuestras canciones.

---

[40] *Châtelet*: antiguo tribunal de París.

PRIORA. Mis parabienes. Y los músicos, ¿están contentos? ¿No habéis tenido ninguna diferencia, ningún incidente?

VALINDIN. ¡Nada fuera de lo corriente, madre! Alguna impaciencia natural durante los ensayos... Nada.

PRIORA. *(Después de un momento.)* ¿Es cierto, señor Valindin, que los violines de esos ciegos se guardan durante la noche en la barraca?

VALINDIN. Estáis bien informada, madre.

PRIORA. Quisiera haceros un ruego. Uno de esos ciegos tiene particular devoción por la música...

VALINDIN. *(Serio.)* Sé a quién os referís.

PRIORA. A los demás les afecta menos. Pero a él..., ¿no podríais permitirle guardar su violín personalmente?

VALINDIN. Me duele, madre, que se haya quejado a vos. No tiene motivo alguno; en confianza, os digo que es el más díscolo y el más indisciplinado de todos.

PRIORA. No es una queja. Es un ruego que yo os traslado.

VALINDIN. Ya le dije a él que no podía ser. Alega que quiere tocar para su placer. Pero yo pregunto: ¿dónde? Al Hospicio sólo viene a dormir; no tiene otro sitio para tocar que la calle, y eso no puede consentirse... Hay un contrato, madre. Vos misma lo firmasteis en su nombre.

(Sor Andrea vuelve con un papel enrollado.)

PRIORA. *(Fría.)* Cierto. No insisto.

(Mira a Sor Andrea.)

SOR ANDREA. Vuestro documento, caballero.

VALINDIN. *(Lo toma.)* Mis más rendidas gracias. *(Sonriente, lo desenrolla.)* Permitid que lo lea, madre... Me conmueve tanto el considerar cómo una simple hoja de papel puede encerrar tanta piedad, tantas oraciones para mí... *(Lo lee por encima, suspira y lo enrolla.)* Madre, vuestro tiempo es precioso. No os cansaré más. Concededme vuestra licencia para retirarme.

PRIORA. *(Sin ofrecerle el rosario.)* Que Dios os proteja.

VALINDIN. *(Se inclina profundamente.)* Él sea con vos, reverenda madre.

SOR LUCÍA. Seguidme, caballero.

(*Sale por la izquierda, seguida de Valindin.*)

PRIORA. Sor Andrea, si ese caballero vuelve algún día a esta casa, yo no estaré para él. ¿Entendido?

SOR ANDREA. Sí, reverenda madre. Pero..., ¿es un caballero?

PRIORA. *(Se encoge de hombros.)* Lleva espada.

(*Se vuelve y se encamina rápida a la derecha.*)

SOR ANDREA. Las cien libras estaban cabales, reverenda madre.

PRIORA. *(Que se detuvo al oírla.)* Bien.

(*Sale, seguida de Sor Andrea. Las cortinas se descorren ante] la casa de Valindin. La puerta del fondo se abre y David entra bruscamente. Tras él, Catalina, que intenta en vano detenerlo.*)

CATALINA. ¡Que aquí no podéis estar! ¡Que el señor ha dicho que aguardéis todos en el zaguán!

DAVID. Que aguarden los otros.

CATALINA. ¡Hacedme la merced de salir!

DAVID. Sal tú y cierra la puerta.

CATALINA. Si no salís me tendré que quedar con vos, ¡y aún tengo mucho trajín antes de ir a la barraca!

DAVID. *(Risueño, mientras va a sentarse.)* Como todos los que trabajamos para el señor Valindin. Para él no somos personas, sino limones. Catalina, no me voy a llevar nada y tampoco acostumbro a beber. Sé buena y vete.

CATALINA. ¿Para que él me riña luego? ¡Quiá!

DAVID. *(Se levanta de pronto y la agarra del brazo, empujándola sin contemplaciones.)* ¡Quiero estar solo! ¿Entiendes? ¡Me muero de ganas de estar solo! ¡Fuera!

(Asustada, Catalina retrocede. Él la echa y cierra con un portazo. Con la mano en el pomo escucha unos segundos. Luego suspira y vuelve a sentarse, abandonando su garrote entre las piernas. Se pasa la mano por la cara y cierra los ojos. Apoya la cabeza en las manos. Muy quedo, comienza a modular con la boca cerrada el adagio de Corelli. Su canturreo gana intensidad; está nervioso. Levanta la cabeza bamboleante y la reclina en el respaldo, sin dejar de tararear. Los brazos insinúan desmayadamente el ademán de quien toca un violín imaginario... Los puños se cierran con un golpe brusco sobre sus rodillas, pero la garganta no cesa de recordar. De pronto calla y escucha. Las manos vuelven al cayado. La voz de Adriana se oye tras la puerta, que se abre.)

ADRIANA. *(Voz de.)* ¡Pues muy mal hecho! Él no tiene por qué entrar aquí! *(David se levanta.)* Déjalo de mi cuenta y vete a tus cosas. *(Se ve a Adriana en la puerta con un capacho.)* Toma, llévate esto.

(Le tiende el capacho a Catalina, que lo recoge, y entra, cerrando la puerta. Viene de la calle, con cofia y manteleta. Se vuelve y contempla a David con intensa mirada.)

DAVID. Está bien, no digas nada. Ya me voy.

ADRIANA. *(Mientras se quita la cofia, sin dejar de mirarlo.)* No os vayáis aún. *(Avanza hacia la derecha, despojándose de la manteleta.)* ¿Os ha citado Luis a todos?

DAVID. Sí.

ADRIANA. ¿A esta hora?

DAVID. Dentro de media hora.

ADRIANA. Muy pronto habéis venido.

DAVID. Quería estar solo en algún lado.

(Ella lo mira un momento y sale por la derecha a dejar sus cosas. A poco se oye su voz.)

ADRIANA. *(Voz de.)* ¿Por qué os ha citado?

DAVID. ¿No lo sabes tú?

ADRIANA. *(Vuelve a entrar.)* No.

DAVID. Yo tampoco. ¿Qué quieres de mí?

ADRIANA. Hablar. *(Él hace un movimiento de impaciencia: dos o tres leves golpes de su garrote lo subrayan.)* Sabéis muy bien que no dejo de intentarlo. Pero [en la barraca es difícil porque él siempre está allí y además porque...] vos siempre lo evitáis. *(Un silencio.)* ¿Tanto me despreciáis?

DAVID. ¿Qué pretendes? ¿No te basta con haberte ganado a ese pobre tonto de Donato? [Y ahora, ¿qué le vas a dar? ¿Más zalamerías?] ¡Sigue, sigue jugando con él y ríete después! ¡Destrózalo... a tu placer, porque yo no puedo, no puedo impedirlo! *(Pasea cada vez más nervioso, trabucándose.)* ¡Pero a mí no pretendas engañarme! ¡Yo sé bien cómo eres!

ADRIANA. ¡Tú no sabes cómo soy!

DAVID. *(Ríe.)* ¿Ya me tuteas?

ADRIANA. *(Casi llorosa.)* ¡Pero no por desprecio!

DAVID. ¿Por qué entonces? *(Un silencio. Sin atreverse a responder, Adriana se sienta desfallecida.)* Déjanos a todos en paz. Tú y tu Valindín os habéis salido con la vuestra. Ahora somos los payasos de la feria y mis compañeros ni siquiera lo lamentan ya: se han acostumbrado. ¿No ganamos para vosotros buenos dineros? ¿Qué más quieres?

ADRIANA. *(Débil.)* Yo no soy como él.

DAVID. *(Después de un momento.)* Ramera.

(Y va, rápido, al fondo para salir.)

ADRIANA. Sí, soy una ramera. *(Él se detiene con la mano en el pomo.)* Y tú estás en lo cierto: él me ordenó engatusaros. Eso era lo que quería decirte.

DAVID. Lo reconoces.

ADRIANA. Sí.

DAVID. ¿Por qué?

ADRIANA. ¡Porque yo no soy como él!

DAVID. *(Se vuelve lentamente.)* ¿Cómo eres tú?

ADRIANA. ¡Tú sabes que yo os he defendido, que he intentado ayudaros! [¡Tú lo sabes, David!] Debes admitir... que lo sabes.

DAVID. Pero sigues con él.

ADRIANA. *(Se levanta y va a su lado.)* ¡Como vosotros! He rodado mucho y sé lo que es el hambre. ¡También vosotros seguís con él, también tú te has quedado! Él os ha atrapado como me atrapó a mí. Ya ves que no somos tan distintos. *(David baja la cabeza. Se acerca a la mesa, tantea una silla y se sienta.)* [Pero yo sé que tú te avergüenzas cada día más cuando tocas en la barraca. Y también yo me avergüenzo cada día de seguir con él.]

DAVID. *(Con una amarga sonrisa.)* Todo es acostumbrarse, ¿no? Creo que yo también podré acostumbrarme. Y seguiremos con él...

ADRIANA. No, David. Yo... te miro a menudo cuando tocáis y sé que estás desesperado, que ya no puedes más..., aunque no hayas vuelto a llorar.

DAVID. ¿Qué dices?

ADRIANA. ¡Te ví llorar el primer día, cuando todos aquellos imbéciles se reían de vosotros! ¡Me daban ganas de gritar!

DAVID. ¡Cállate!

ADRIANA. ¡Tú no debiste llorar! ¡Tú, no! Eso déjaselo a él, que también llora a veces... el muy cerdo. ¡Tú debiste insultarlos a todos, [sublevar a tus compañeros,] volverle a él loco de rabia! ¡Yo... lo esperaba! Me decía: ¡Ahora, ahora lo hace!... Llevo años esperando ver... a un hombre.

DAVID. Pero yo no lo era y lloré como una mujer. Los ciegos no somos hombres: ése es nuestro más triste secreto. Somos como mujeres medrosas. Sonreímos sin ganas, adulamos a quien manda, nos convertimos en payasos..., porque hasta un niño nos puede daño. ¡Vosotros no podéis saber lo fácil que es herirnos! Lloré en la barraca... y sabía que todos me miraban. Pero, ¿qué importaba? Yo estaba solo... Estoy solo.

ADRIANA.   No digas eso.

DAVID.   Vigila tus palabras cuando hables a un ciego. Es casi imposible ayudarnos, y tan fácil herirnos...

ADRIANA.   Yo no quiero hacerte daño. Ni a Donato tampoco. *(Va a sentarse al otro lado de la mesa.)* Tú quieres bien a ese muchacho, ¿verdad?

DAVID.   Como al hijo que no tendré. ¡A ése al menos déjale tranquilo!

ADRIANA.   ¿Qué le pasa?

DAVID.   Nada.

ADRIANA.   Tú has dicho...

DAVID.   ¡No he dicho nada!

ADRIANA.   Tú dijiste una vez: "Yo sé lo que le ocurre."

DAVID.   ¿Cuándo?

ADRIANA.   Cuando abrimos la feria. Cuando Valindin dijo que a los ciegos... los mataban en las islas y Donato gritó tanto que tú... cediste. ¿Qué le pasa?

[DAVID.   ¿Qué es eso? ¿Curiosidad de mujer?

ADRIANA.   Tómalo así si quieres.]

DAVID.   De nada serviría que lo supieses.

ADRIANA.   Quiero ayudaros.

DAVID.   ¡No puedes, necia, no puedes! También Donato está asustado hasta los huesos y nadie podrá quitarle el susto.

ADRIANA.   ¿Por qué está asustado?

(Breve pausa.)

DAVID.   Desde niño. Las viruelas le dejaron ciego a los tres años. En el campo no servía de nada y su padre, que apenas tenía más cabeza que las bestias que cuidaba, le escatimaba la comida y le molía a palos. Es del Limousin, y allí siempre hubo más miseria que en otros lugares. Cuando contaba cinco o seis años todas las cosechas se perdieron y la gente se moría de hambre. [41] Entonces su padre lo quiso matar.

ADRIANA. ¡Virgen María!

DAVID. Era un estorbo y una boca más. El chico se dio cuenta porque ya no eran palos; eran las manos de su padre que le acogotaban entre blasfemias... Pudo zafarse y escapó [a todo correr, medio ahogado,] a campo traviesa, a ciegas... [Tropezando, desollándose, huyendo de aquella fiera; buscando la muerte...] A los dos días le encontraron desvanecido y lleno de sangre en el camino real. [Lo recogió] un coche que pasaba [y] lo trajo a los Quince Veintes... Yo le compré el violín. Yo le he enseñado la música que sabe.

(Un largo silencio.)

ADRIANA. No me lo has dicho todo, ¿verdad?

DAVID. No.

ADRIANA. Sigue.

DAVID. ¿Para qué? Nada puedes hacer por el pequeño...

ADRIANA. ¿Tú que sabes?

DAVID. (Después de un momento.) Cada uno de nosotros es como un pozo, Adriana. Si te empeñas en mirar al fondo puedes caer.

ADRIANA. Di lo que falta.

DAVID. (Titubea.) Hace tiempo que también le asustan... las mujeres. Es ya un hombrecito y sabe que su cara es repulsiva. Intenta olvidarlo, ríe y hasta presume... A menudo cuenta cómo una criadita le llamó desde una ventana en ausencia de los señores... y le enseñó a amar. En el Hospicio se ríen de él porque no le creen. Pero yo sé que es cierto, porque sé quién es ella. Me costó poco averiguarlo; sé las esquinas donde toca y conozco a la gente de los barrios. Y ella misma me lo contó, muerta de risa..., la muy puerca.

ADRIANA. ¿Qué te contó?

---

[41] Vid. notas 8 y 32.

DAVID. El pequeño probó... en vano. *(Iracundo.)*
¡Ella se reía de sus viruelas, de su torpeza...! Lo puso
en la puerta entre insultos y burlas... Yo le oí llorar
toda la noche, porque duerme a mi lado. Y a menudo,
cuando cree que yo duermo, vuelve a llorar. Pobre hijo. Desde entonces no ha querido volver a aquella esquina. Eso fue lo que me dio la pista. *(Calla. Ella solloza
en silencio.)* Tampoco llores ante un ciego.

ADRIANA.   ¿También así te hago daño?

DAVID.   También.

(Se levanta y la deja. Una pausa.)

ADRIANA.   *(Llorando.)* ¿Por qué me has contado eso?

DAVID.   *(Ríe.)* ¿No querías saber? ¿Qué dices ahora?

ADRIANA.   *(Llorando.)* ¿Es un reto?

DAVID.   ¡No he hablado para ti! A veces es imposible callar... ¡Pero no he hablado para ti! Para
ti, no.

ADRIANA.   ¿Para quién entonces? ¿Para Melania de
Salignac?

DAVID.   *(Da un golpe con su cayado.)* ¡Ah! ¡El pequeño se ha ido también de la lengua! ¡Hasta eso has
logrado de nosotros, especie de víbora! ¡Pues sí, entérate! ¡Para ella hablo y para ella toco! Y a ella es a
quien busco... A esa ciega, que comprendería... ¡Dios
mío!

(Esconde la cabeza entre las manos.)

ADRIANA.   *(Secándose los ojos, con voz entera.)* A
esa ciega, que lee en los libros de algún modo que tú
no consigues entender.

DAVID.   *(Levanta la cabeza.)* ¿Piensas que me importa si tú tampoco crees en ella?

ADRIANA.   Te engañas. No dudo de que exista...
Pero supongo que será rica.

DAVID.   ¿Y qué?

ADRIANA. Sólo así habrá podido aprender lo que
sabe. Figúrate, una ciega... Es rica y por eso no es
de los tuyos. Ella nunca habrá padecido miedo, o hambre..., como nosotros.

(Pausa.)

DAVID. ¡Maldita seas!

ADRIANA. *(Se levanta.)* ¿Prefieres seguir soñando con
esa mujer a encontrar... una mujer de carne y hueso?
(Breve pausa.) A ti las mujeres... no te asustan, eso se
nota. Pero no te fías [de ninguna.] De nadie. [Es otro
susto el que tú tienes,] ¿verdad? Te asusta la vida entera. No te atreves a creer que nadie pueda tener buenos
sentimientos.

DAVID. ¡Cállate!

ADRIANA. *(Muy turbada, da unos pasos hacia él.)*
Y por eso sueñas con tu Melania. Pero, [¿qué puede tu
Melania?] ¿Qué es capaz de hacer esa damisela remil-
gada [y rodeada de criados] al lado de una mujer entera
y verdadera?

DAVID. ¿Callarás?

> *(Silencio. David vuelve a la silla. Se sienta y pa-
> sea sus nerviosas manos por el garrote. Ella se
> vuelve a mirarlo, muy conmovida.)*

ADRIANA. Yo acepto tu reto.

DAVID. ¡No ha habido ningún reto!

> *(Adriana vuelve a la mesa, mirándole fijamente.)*

ADRIANA. Yo le demostraré a ese muchacho...

DAVID. *(Tembloroso.)* ¡Guárdate de intentarlo! ¡Aca-
barás de hundirlo!

ADRIANA. *(Triste.)* Olvidas que tengo experiencia.

> *(Se sienta de nuevo.)*

DAVID. Pero... ¿qué persigues? ¿Un triunfo para
tu vanidad? *(Con la voz velada.)* ¿Disfrutar acaso?

ADRIANA. ¿Crees que no siento repulsión? Es más difícil de lo que se dice ser una viciosa en mi oficio. Pero, al fin, uno más... ¡Bah! La vida es una porquería.

DAVID. *(Tiembla visiblemente; se expresa con dificultad.)* Entonces, ¿por qué? ¿Por qué?

(Y golpea con su puño sobre la mesa. Adriana tiembla también. Por toda respuesta, extiende su mano sobre la mesa y toma dulcemente la de él. David se estremece violentamente; al fin, se levanta turbadísimo y se aleja. Ella se levanta también, con la respiración alterada. Un silencio.)

ADRIANA. Le pedí a Luis hace días que te dejase tu violín. No quiso ni escucharme... Pero insistiré. Aunque toques para esa señorita ciega.

DAVID. No puedo creerte.

(Vuelve el silencio, que interrumpe de pronto la puerta del fondo al abrirse. Valindin entra y los mira.)

VALINDIN. ¿Qué hace éste aquí?

ADRIANA. Le he retenido yo... hablándole de las ferias que vamos a hacer.

VALINDIN. ¿Aún no vino Lefranc?

ADRIANA. ¿Aquí?

VALINDIN. ¿Quién se creerá que es? Lo cito aquí porque no quiere ni poner los pies en el café después del éxito, y aún hay que aguardarle.

ADRIANA. ¿Qué le quieres?

VALINDIN. Ahora lo sabrás, porque no puedo perder tiempo. *(Vuelve a la puerta.)* ¡Venid vosotros! *(Se aparta y entran los cinco ciegos.)* ¡Aprisa, aprisa! *(Ellos se apresuran torpemente y él vuelve a la puerta.)* ¡Catalina! ¡Si viene el señor Lefranc que entre en seguida! *(Cierra y se enfrenta con el grupo de ciegos.)* Escuchad lo que os voy a decir, hijos míos. Os he llamado porque me habéis demostrado que se puede confiar en vuestro celo. [Dentro de poco salimos para el

Mediodía.] Vosotros habréis advertido que el público
ya no llena el café como antes. Y se comprende: las
diez canciones del repertorio están ya muy oídas. En
febrero volvemos para la feria de San Germán, [42] y
yo... he pensado que, en vuestro propio beneficio, de-
beríais traer por lo menos cinco canciones nuevas. Pero
habréis de aprenderlas aquí, en los días que nos quedan.
(Ríe.) Trabajo duro, como al principio; a vosotros se
os puede pedir. [Cinco días: una canción para cada
día, que terminaréis de ajustar durante el viaje.] ¿Qué
os parece? Es la única manera de volver a quedarnos
con el público de París. *(Un silencio.)* ¿Qué dices tú,
Elías?

ELÍAS.   Yo..., no sé. Que hable Lucas.

LUCAS.   Habría que pensarlo.

VALINDIN.   *(Ríe.)* [Justamente es lo que no podemos
hacer.] ¡No queda tiempo! Ea, ¿quién dijo miedo?
¡Decidíos!

DAVID.   Ya está decidido. No.

VALINDIN.   *(Le mira fríamente.)* Deja que hablen los
demás.

DAVID.   Ya tenemos bastante público.

VALINDIN.   *(Se encrespa.)* [¡Tú no entiendes de esto!]
¡El público te abandona si no le das cosas nuevas! ¿No
hablabas con Adriana de las ferias? ¡Pues que te lo
diga Adriana, que las conoce bien! *(Le hace furiosas
señas a Adriana para que le ayude.)* [¡Díselo, Adriana!]

(Adriana lo mira sin contestar.)

DAVID.   Convencednos, señora. ¿O no lo aprobáis?

*(Valindin vuelve a apremiarla por señas. Adria-
na se dirige a la puerta de la derecha.)*

[42] De las muchas ferias celebradas en París, y en toda Francia,
la de San Germán era una de las más importantes. Con la política
del *laisser faire, laisser passer,* favorable a la burguesía, las ferias
se habían multiplicado en número y en importancia. De modo cola-
teral a sus fines básicamente comerciales, surgían diversiones de
todo tipo, en un clima de euforia burguesa que, con gran vivacidad,
se recrea en este drama.

VALINDIN.   ¿Dónde vas? *(Adriana sale. Valindin va tras ella.)* ¡Adriana!

ADRIANA.   *(Voz de.)* ¡No me encuentro bien!

(David ríe. Valindin lo mira, desconcertado. Rápido, vuelve al fondo y abre.)

VALINDIN.   ¡Catalina! ¡Catalina!

CATALINA.   *(Voz de.)* Señor...

(Y aparece en la puerta.)

VALINDIN.   ¿Aún no vino el señor Lefranc?

CATALINA.   No, señor.

(Valindin la despide con un gesto.)

VALINDIN.   ¡Y yo tengo que irme! *(Se enfrenta con los ciegos.)* ¿Qué dicen los demás? ¿Nadie habla?

DAVID.   Nada tienen que hablar. [Mientras yo diga que no, es que no.] Eso está fuera del contrato.

NAZARIO.   Bueno... Podría pensarse..., si el señor Valindin nos pagase más.

VALINDIN.   No. Eso no puede ser..., por desgracia. Apenas quedarían beneficios, y ahora, con los gastos del viaje, menos. ¡Pero debéis comprender que se os pide [ese esfuerzo] porque os conviene a vosotros!

DAVID.   No.

(Valindin va a estallar. Al fin se contiene y vuelve a la derecha.)

VALINDIN.   ¡Adriana, he de salir! ¡Aquí te los dejo! Espero que sabrás convencerlos... [Sabes que a ellos les conviene.] Si viene Lefranc, ponle al corriente y que les hable. Y llévalos tú misma a la barraca; yo ya no volveré. *(Se acerca a los ciegos.)* Pensadlo, hijos. Y no os retraséis, ¿eh?

(Sale aprisa por el fondo. Portazo lejano, Nazario, suspirando, va a sentarse a una silla. Gil-

berto y Elías se sientan en el suelo. Lucas, Donato y David permanecen de pie.)

GILBERTO. Señora Adriana...

DAVID. No está aquí.

NAZARIO. ¿Hay que esperar?

ELÍAS. Por si viene el señor Lefranc.

DAVID. Si no lo vamos a hacer, no hay que esperar a nadie.

NAZARIO. ¿Y si nos paga más?

DAVID. ¡No más payasadas! *(Nazario se encoge de hombros. Pausa.)* A no ser que...

(Calla. Elías levanta la cabeza.)

ELÍAS. ¿Qué?

DAVID. ¡Escuchadme! ¡Es nuestra última oportunidad! *(Adriana entra silenciosa y escucha desde la puerta con los ojos húmedos.)* Aprenderemos esas cinco canciones y seguiremos de hazmerreír por las ferias..., si él consiente en que yo, ¡yo solo!, os vaya enseñando acompañamientos a todos. ¡Cuando volvamos en febrero, seremos una verdadera orquesta! ¡Seremos hombres, no los perros sabios en que nos ha convertido! ¡Aún es tiempo, hermanos! ¡Ayudadme! *(Un silencio.)* ¡Tú amaste la música, Lucas! ¡Di tú que sí!

LUCAS. ¿Cuándo vas a dejar de soñar?

ELÍAS. Ni siquiera nos deja los violines...

DAVID. ¡Nos los dejará si le exigimos eso! ¡Pero tenemos que pedírselo unidos! ¡Unidos, hermanos!

NAZARIO. ¡Basta! ¡Soy yo ahora quien dice que no! [Lo que tú quieres es un sueño, y, además, no me importa.] ¡A mí me importa el dinero, y más no nos va a dar, ya lo has oído! Conque déjanos en paz.

DAVID. ¡Nos tiene atados por un año! ¡Es nuestra última oportunidad, hermanos! *(Pausa.)* ¿Nadie dice nada? *(Dulce.)* Donato...

DONATO. *(Frío.)* Yo no digo nada.

(A David se le nubla el rostro.)

DAVID.   Tenéis la suerte que os merecéis.

ELÍAS.   *(Va a levantarse.)* ¡Te voy a cerrar la boca!...

(Pero David, certero, le asesta con el cayado un golpe de punta que lo vuelve a sentar. Elías grita.)

DAVID.   ¡Guárdate de mi garrote, Elías! ¡Es como un ojo!

(Adriana avanza unos pasos, inquieta.)

ELÍAS.   ¡Loco de mierda!...

LUCAS.   No riñáis, hermanos. Ya hemos dicho todos que no.

ELÍAS.   *(Se levanta.)* Vámonos, pajarillo.

(Gilberto se levanta y los dos van a la puerta.)

DAVID.   *(Se lleva las manos a la cabeza en un rapto de desesperación.)* ¡Yo tengo que tocar!

(Solloza secamente. Adriana le mira entre lágrimas. Donato da un paso hacia él, pero se detiene. Elías y Gilberto se paran a su voz; luego salen.)

LUCAS.   (Suspira.) Voy con vosotros...

(Sale a su vez por el fondo. David solloza en silencio. Lentamente se sienta en el suelo, junto a Nazario. Éste, al sentirle, le oprime el hombro en un tímido ademán amistoso. David se separa rápidamente.)

NAZARIO.   No lo pienses más. Valindin nos ha atrapado. Pero si no lo hace él, lo habría hecho otro. Estamos para eso. *(Se inclina y baja la voz.)* ¡Si pudiese, les reventaba los ojos a todos! Pero, ¿cómo? Sólo en la oscuridad podríamos con ellos, y el mundo está lleno de luz. Hasta por las noches hay luna. ¡Pero a mí nadie me quita el gusto de relamerme pensando en colgarlos uno a uno!... *(Ríe, se levanta y le da una palmada afectuosa.)* [Te lo recomiendo. Alivia bastante.] ¿No vienes?

DAVID. No. *(Nazario va al fondo y sale. Adriana mira a David y a Donato con obsesiva fijeza. Luego cruza sigilosa. Vuelve a mirarlos desde el fondo y sale.)* ¿Eh? ¿Quién es? *(Un silencio.)* ¿Adriana?

DONATO. Ha debido de ser ella quien ha cruzado. Ahora no está.

DAVID. *(Se levanta.)* ¿No te has ido?

DONATO. Te... esperaba.

DAVID. No tengo ganas de caminar, hijo. Vete si quieres.

DONATO. *(Lento.)* Yo no soy tu hijo. Y no te dejaré solo con ella.

DAVID. *(Se acerca.)* ¿Qué estás diciendo?

DONATO. ¿Crees que no sé lo que te pasa?

DAVID. ¡No digas ni una palabra más! *(Le toma del brazo.)* ¡Y vámonos!

DONATO. *(Se suelta.)* ¿Quién eres tú para mandarme?

DAVID. ¡Vámonos!

DONATO. ¡Yo no me voy! Ella me prefiere a mí.

DAVID. ¿Por qué dices eso?

DONATO. ¡Porque tú la quieres! [¡Y me la quieres quitar!] Pero no la tendrás... *(David le da un bofetón. Donato gime. Un silencio. Le tiemblan los labios cuando añade:)* Esto no lo olvidaré nunca, David.

(Adriana reaparece en el fondo y los mira.)

DAVID. Perdóname, hijo mío...

DONATO. ¡No me llames hijo!

ADRIANA. *(Dulce.)* ¿Por qué no, Donato? Él te quiere bien. Más de lo que crees.

DONATO. *(Amargo.)* ¿Él?...

ADRIANA. David, Catalina ha salido a un recado. ¿Querríais salir vos también? Quiero hablar con Donato... a solas.

DONATO. *(Trémulo.)* ¿Conmigo?

ADRIANA. Sí. *(David está demudado.)* ¿Querréis dejarnos, David?

DAVID. *(Con gran esfuerzo.)* Sí.

> *(Se encamina al fondo. Al pasar a su lado, ella le oprime una mano en silencio y él se detiene, sobrecogido. Luego se desprende y sale, rápido. Cuando los golpes de su garrote se extinguen, Adriana, que miraba la mano que él ha abandonado, se acerca a Donato y le toma una de las suyas.)*

ADRIANA. ¿Otra vez tiemblas? Pero tú sabes que yo también te quiero bien...

DONATO. Yo... Yo...

ADRIANA. Ven, muchacho. Ven.

> *(Lo conduce a la derecha y salen por la puerta, que se cierra. La luz crece en el primer término. Por la izquierda aparece David. Encorvado, va a sentarse a los peldaños. Desmayadamente, deja el garrote a su lado; luego esconde la cabeza en sus crispados puños. Momentos después aparece Lefranc por la derecha y va a cruzar. Al divisar al ciego, aminora su marcha y se detiene a su lado.)*

LEFRANC. ¿Están arriba vuestros compañeros?

DAVID. *(Levanta despacio la cabeza.)* ¿Eh?

LEFRANC. Soy el señor Lefranc. Os preguntaba...

DAVID. Ya sé. El señor Valindin no podía aguardaros y se ha ido.

LEFRANC. ¡Otra de sus impertinencias! [Yo también tengo mis asuntos; si me retraso un poco, podría él esperarme alguna vez.] Bien. Decidle que ya me llamará cuando le plazca; que yo no vuelvo. *(David asiente débilmente. Lefranc lo mira intrigado.)* ¿Os sucede algo? *(David deniega. Lefranc se encoge de hombros.)* Adiós.

> *(Se encamina a la derecha.)*

DAVID. *(Levanta la cabeza.)* Señor Lefranc.

LEFRANC. *(Se vuelve.)* ¿Qué?

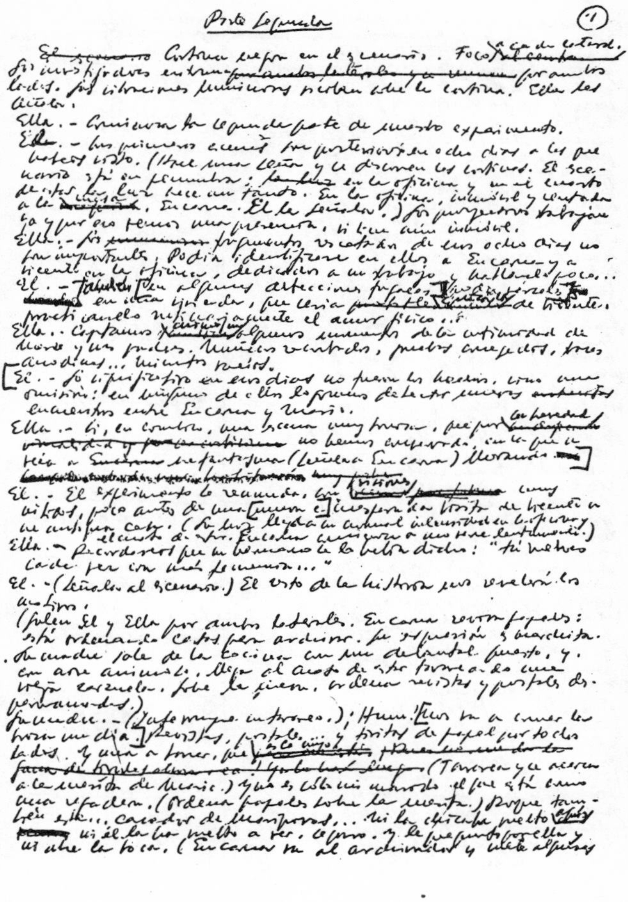

Página autógrafa de *El tragaluz*

Página autógrafa de *El tragaluz*

DAVID. *(Se levanta.)* Señor Lefranc, oidme unas palabras.

LEFRANC. *(Vuelve a su lado, contrariado.)* Decidlas pronto, que estoy de prisa.

DAVID. ¿Verdad que nuestro espectáculo es indigno, [señor Lefranc?]

LEFRANC. ¡Es intolerable! [¿Y queréis saber por qué? Pues porque] vosotros, que no sabéis ni solfear, les estáis quitando el pan a los mejores músicos de la feria. ¡Así es el público!

[DAVID. Pero vos seguís ayudando al señor Valindin.

LEFRANC. ¡También yo he de comer, amigo mío! Además, eso no es cuenta vuestra.]

DAVID. Yo quiero alejarme de esa indignidad.

LEFRANC. *(Mira a todos lados y le pone la mano en el brazo.)* Haréis bien.

DAVID. Ayudadme vos.

LEFRANC. *(Retrocede.)* ¿Cómo?

DAVID. ¿No podría yo entrar como el último de los violinistas en la Ópera Cómica?

LEFRANC. *(Con muy mala cara.)* Estáis sujeto a un contrato...

DAVID. Si vos le habláis, él me cederá. No me soporta. ¡Ayudadme, señor Lefranc! Yo podría hacerlo, yo sé tocar... *(Lefranc le mira fijamente.)* ¿No?... *(Lefranc se muerde los labios.)* Vos habéis dicho que toco bien el violín...

[LEFRANC. *(Se aclara la voz.)* No niego que tenéis disposición... Pero de eso a tocar como un profesional...

DAVID.] ¡Si vos me ayudaseis yo estudiaría mucho!

LEFRANC. ¿De oído? No, David. [Vos no podéis juzgaros, pero...] hay que tocar mucho mejor que vos para entrar en la Ópera Cómica, o en cualquier otro puesto... *(David busca el escalón con el pie y vuelve a sentarse.)* Lo siento.

DAVID. Perdón, señor Lefranc.

LEFRANC. *(Va a añadir algo y decide no hacerlo.)*
Quedad con Dios.

> *(Va hacia la derecha. Antes de salir se vuelve a mirar a David, que no se ha movido. Luego mira al suelo, muy turbado, y se santigua en silencio. Sale. Una pausa. El tío Bernier entra por la izquierda y mira a David mientras camina. Va a pasar de largo, lo piensa y se detiene.)*

BERNIER. Soy el tío Bernier. ¿Aguardáis al señor Valindin?

DAVID. A nadie.

BERNIER. He llamado a su casa y no me han abierto. ¿Sabéis si va a volver?

DAVID. Dijo que no.

BERNIER. *(Suspira.)* Siempre me pasa lo mismo. *(Observa a David.)* ¿No sois vos el que llaman David?

DAVID. Sí.

BERNIER. *(Vacila; se sienta a su lado.)* Mal año, ¿eh?

DAVID. ¿Hay alguno bueno?

BERNIER. No para mí. En el café está entrando un río de oro; pero a mí aún no me han pagado. Y ahora dice que le haga la caja para llevar el pavo real a provincias y que me pagará al final.

DAVID. ¡No se la hagáis!

BERNIER. Entonces no cobro nada: le conozco. *(Baja la voz.)* Con él no quiero disgustos. [Mi gente me espera en la aldea crujiendo de hambre...] El año pasado se me murió el pequeño; no había ni raíces para comer, y el pan era de helecho... Hogaño está París más lleno que nunca de campesinos. [43]

DAVID. Algo habría que hacer.

BERNIER. Eso pienso yo. Y en el campo, cuanto antes. Porque [de poco sirve que la cosecha venga buena.] Ni los curas ni los señores quieren oír hablar de im-

---

[43] De nuevo, el tema del hambre *(vid.* nota 8). Nótese, de paso, el esfuerzo del autor para encontrar, en esta estupenda escena, un léxico adecuado a un personaje como Bernier *(hogaño, rapaces, se priva,* etc.), huyendo a la vez de un lenguaje marcadamente populista.

puestos, y todo sale de nuestras costillas. [44] Y todavía nos obligan a trabajar abriendo caminos, mientras las mujeres y los rapaces se enganchan para el laboreo con la tripa vacía, porque tampoco quedan bestias... Mi Blas está enfermo de eso; se priva y nadie le acierta el mal. *(Suspira.)* Esta noche temblará de miedo y gritará, el pobre...

DAVID. ¿Por qué?

BERNIER. Le espanta la oscuridad, y esta noche no hay luna. [45]

DAVID. *(Después de un momento.)* ¡Cuántas cosas necesitan remedio!

BERNIER. ¡Y habrá que encontrarlo, moler! [46] Pero abriendo el ojo, que los palos duelen hasta los huesos. *(Calla un instante.)* Tened vos cuidado, David.

DAVID. ¿De qué?

BERNIER. *(Mira a todos lados y se acerca, bajando la voz.)* Les he oído hablar de vos en el café.

DAVID. ¿A quiénes?

BERNIER. A él... y al señor comisario de Policía. ¿Sabéis lo que es una carta secreta? [47]

DAVID. No.

BERNIER. Un papel que firma el rey para encerrar a alguien sin juzgarlo. Las venden caras. Y a veces también las regalan.

DAVID. ¿Las venden?

BERNIER. Ellos creen que no se sabe, pero venden demasiadas..., y se sabe. El padre viejo que estorba, el marido celoso... ¡Hala! ¡A pudrirse a la cárcel!

[44] Con fino instinto popular, Bernier señala en dos palabras el fondo del problema. El pueblo siempre sabe dónde le aprieta el zapato... o el estómago.

[45] Los dos temas cardinales —hambre y ceguera— se funden a lo largo de la obra en diferentes momentos, pero muy particularmente en éste. En el mismo sentido, recuérdese la última escena entre David y Adriana, y las opiniones de ésta acerca de Melania de Salignac: "Es rica y por eso no es de los tuyos... Etc."

[46] *Moler*. A pesar de ser ya frecuente su inclusión en obras literarias, el autor rehúye la castiza palabrota que suena, aproximadamente, igual.

[47] Son las tristemente célebres *Lettres de cachet* (cf. A. Maurois, *op. cit.*, p. 307).

DAVID. ¿Será posible?

BERNIER. Todo es posible para quien lleva espada. Y el señor Valindin [la lleva, aunque no es de sangre noble. Tiene protectores en la corte y] es hombre peligroso. Yo le oí que..., si le fastidiabais más de la cuenta..., os metía en chirona con una carta secreta.

(Un silencio.)

DAVID. *(Busca la mano del tío Bernier y se la oprime.)* Gracias, tío Bernier.

BERNIER. ¡Chist! Ahí viene.

DAVID. ¿Quién?

BERNIER. El señor Valindin.

(Se levanta.)

DAVID. *(Se levanta muy asustado.)* ¿No os engañáis?

(Valindin entra presuroso por la derecha y se detiene al verlos. Bernier se inclina humildemente.)

VALINDIN. ¿Todavía aquí? El café va a abrirse. Ya puedes trotar.

BERNIER. Señor Valindin...

VALINDIN. No puedo atenderos ahora, Ireneo.

(Sigue su camino.)

BERNIER. ¡Es que no tengo para comer, señor Valindin!

VALINDIN. ¡Decid mejor que no tendréis para comer si yo no os doy trabajo!

BERNIER. Con un pequeño adelanto me arreglaría...

VALINDIN. Ya os lo di.

(David se interpone en su camino.)

DAVID. Yo... he de hablaros.

VALINDIN. En el café. [Ahora estoy de prisa.]

(Le aparta y pasa.)

DAVID. *(Lo sujeta.)* Es importante...
VALINDIN. *(Se desprende.)* ¡No me toques!
DAVID. En vuestra casa ya no hay nadie.
VALINDIN. Bueno.
DAVID. Permitidme que os diga...
VALINDIN. *(Se vuelve y lo empuja.)* ¡Vete al café!

(Sale. David sale tras él.)

DAVID. *(Voz de.)* ¡Señor Valindin!

(Bernier suspira. Luego se vuelve lentamente para salir por la derecha. La luz crece en la casa. Una pausa. Valindin entra por el fondo, y tras él David, que vuelve a tirar de él.)

DAVID. Señor Valindin, vamos a la calle...
VALINDIN. Que te vayas te he dicho.
DAVID. Pero con vos...
VALINDIN. *(Se lo sacude.)* ¡A ti ya te arreglaré yo! Tú estás loco, y a los locos se les encierra. [¡Te haré encerrar!]

(Se quita el tricornio y lo deja sobre una silla. David vuelve a tomarle del brazo.)

DAVID. Escuchadme...
VALINDIN. *(Le empuja.)* ¡Fuera de mi casa! *(Se despoja de la casaca y se dirige, rápido, a la derecha. Cuando va a entrar en la alcoba aparece en la puerta Adriana, en peinador y muy pálida.)* Creí que ya no estabas. ¿Qué haces sin vestir?
ADRIANA. Se me iba la cabeza... Me eché un poco.
VALINDIN. [Vístete pronto y] componte bien. ¡Hoy viene al fin al café el señor barón de la Tournelle!

Vengo a ponerme la casaca buena y a cambiar de sombrero.

(Va a entrar.)

ADRIANA.   Yo te los saco...
VALINDIN.   Tardo yo menos.
ADRIANA.   Vienes sin resuello... Tómate una copa mientras yo te los traigo.
VALINDIN.   Lo que tienes que hacer es vestirte, y aprisa.
ADRIANA.   Pero...
VALINDIN.   ¡Déjame pasar!

(La aparta y sale.)

ADRIANA.   *(Musita.)* ¡Dios mío!...
DAVID.   *(En voz queda.)* ¿Le has escondido?
ADRIANA.   Mal.

(Pausa.)

DAVID.   Nos iremos hoy mismo.
ADRIANA.   ¡Si no podéis! Nada se puede contra él... ¡Calla!

(Fija sus ojos espantados en la puerta. Con la cara descompuesta por la ira aparece Valindin, que trae aferrado por el pescuezo a Donato, encogido y trémulo, con las ropas mal ceñidas. Hay un silencio tenso, durante el que las miradas de Adriana y Valindin se cruzan como espadas. Valindin arroja al suelo a Donato, que gime sordamente.)

VALINDIN.   *(Va hacia ella.)* ¡Puta!
ADRIANA.   *(Retrocede.)* ¡No!
VALINDIN.   ¡Viciosa! ¡Con un ciego comido de viruelas y medio lelo! *(David la protege con su cuerpo.)* ¡No te interpongas tú, basura! Tú lo sabías y los guardabas, ¿eh? ¿Esperabas tu turno? ¿O la has gozado ya? ¿Te gozaron ya todos, Adriana?

ADRIANA. ¡Di lo que quieras!

VALINDIN. ¡Has convertido mi casa en un burdel!
[Pero qué digo: lo es desde que te traje a ella.] Lo
tengo bien merecido por iluso. ¡Asquerosa galga...!

> *(La aferra de un brazo sin que David pueda im-*
> *pedirlo, la atrae hacia sí y la abofetea. Ella grita.*
> *David crispa sus manos sobre el garrote.)*

DONATO. *(Se incorpora.)* ¡No la peguéis!

> *(Valindin se vuelve y lo tira al suelo de un ta-*
> *conazo. Donato grita.)*

DAVID. *(Grita.)* ¡Nos iremos si dais un solo golpe
más!

VALINDIN. *(Se vuelve como un rayo.)* ¡Os iréis cuando yo lo diga, no antes! No le daré a esto más importancia de la que tiene. Bastará con unos cuantos
golpes saludables. Las mujeres no entienden otro lenguaje, y vosotros, por lo visto, tampoco.

ADRIANA. Nos iremos, Luis.

VALINDIN. *(Se abalanza a ella como una fiera.)* ¡Perra! ¡Perra!

> *(La golpea sin piedad. A los gritos de ella, Do-*
> *nato acude tanteando.)*

DONATO. ¡No!

> *(Intenta golpearle. Sujetando a Adriana, que*
> *gime, Valindin despide lejos a Donato de una*
> *puñada. Donato cae sobre una silla, que vuelca,*
> *con un alarido de dolor. David está levantando el*
> *garrote.)*

ADRIANA. *(Que lo ve.)* ¡Eso no, David!

> *(Valindin se vuelve rapidísimo.)*

VALINDIN. ¡Bribón!

*(Apresa en el aire el garrote y con una torsión
vigorosa se lo arranca a David y lo arroja al
suelo. Luego le retuerce el brazo contra la espalda
y le obliga a arrodillarse. David gime.)*

ADRIANA.   ¡Son ciegos, Luis!

VALINDIN.   Entérate, imbécil. Eres ciego. ¡Y débil!
Nunca intentes nada contra un hombre con los ojos
en su sitio.

ADRIANA.   ¡Le vas a romper el brazo!

VALINDIN.   No. *(Le suelta. David queda de rodillas,
cogiéndose el brazo magullado.)* Hoy tienes que tocar
para mí. ¡Pero mañana te vas si quieres! *(David levanta la cabeza, sorprendido.)* Tú has sido el compo-
nedor de todo esto y me estás estorbando desde el
primer día. Yo no soy malo; podría aplastarte, pero no
quiero hacerlo. [Mejor será que te vayas. Si quieres,
rescindo el contrato contigo; me bastará con cinco.]
Esta misma noche te daré una carta de garantía. ¿Aceptas? *(Una pausa.)* Está bien. Piénsalo. Pero a mi lado
ya no te conviene estar, te lo advierto.

*(Se encamina a la derecha. David está llorando
en silencio.)*

ADRIANA.   Yo me iré tambien, Luis.

VALINDIN.   *(La mira fijamente.)* A Valindin no se
le abandona cuando él no quiere. Te ataré [una cadena
al cuello] si es menester y te daré cada día la tanda de
palos que te mereces, hasta que te arrastres a mis
pies... ¡como una galga! ¡Entra a vestirte!

*(Y sale por la derecha. Adriana corre a levantar
a David. Cuando él se incorpora, ella se arroja
sollozando en sus brazos. Él la abraza desespera-
damente.)*

DAVID.   No llores, Adriana. Tú tenías razón. No hay
que llorar.

*(Donato se incorpora a su vez y se acerca con
los brazos extendidos.)*

DONATO. ¿Qué hacéis? (*Advierte que están abrazados; intenta separarlos.*) ¡No! ¡No! Va a ser verdad lo que él ha dicho. ¡Va a ser verdad!

(*Adriana se desprende, mira a los dos con infinita pena y se aparta unos pasos. Valindin asoma.*)

VALINDIN. ¿No me has oído? (*La toma del brazo y la arrastra.*) ¡Vístete! Y vosotros, aquí quietos. Vendréis conmigo a la feria.

(*Entra en la alcoba con Adriana. Una pausa. David se acerca sigiloso a la puerta y escucha. Luego va a la mesita, tantea levemente y abre el joyero. Donato oye algo y se vuelve.*)

DONATO. ¿Qué haces?
DAVID. Nada.

(*Saca sin ruido algo y lo guarda entre sus ropas.*)

DONATO. ¿Estás cogiendo algo?
DAVID. (*Cierra la tapa del joyero.*) No.
DONATO. Sí. Tú has cogido algo...
DAVID. (*Se aparta de la mesa.*) Hace tiempo que me odias, ¿verdad?
DONATO. (*Débil.*) No.
DAVID. Ya no tendrás que soportarme. Mañana me iré.
DONATO. Pero, ¿solo? (*David calla. Donato se acerca.*) Te irás solo, ¿eh? (*Suplica.*) ¡Solo, David, solo!...

(*Oscuro lento. Se oye, muy débil, el principio del allegro de Corelli y, de pronto, las campanadas de las dos. Por la izquierda del primer término entra Dubois, que trae un farol encendido. Las cortinas negras ocultan ahora el segundo término. En el centro de la escena Dubois se detiene y levanta el farol, mientras se lleva la mano al cinto.*)

DUBOIS. ¡Alto! ¿Quién va?... ¡Ah! ¿Sois, vos, [señor Valindin?] No os esperaba esta noche.

*(Por la derecha entra Valindin. Trae otro farol.
Viene visiblemente borracho.)*

VALINDIN. Esta noche, como todas.

DUBOIS. [Como todas, no] Hoy hay luna nueva y no
se ve gota.

VALINDIN. ¿Y qué?

DUBOIS. Esta plaza aún no está alumbrada y a estas
horas podríais tener un mal encuentro.

VALINDIN. Sé valerme.

DUBOIS. Veníos hoy al retén.

VALINDIN. Prefiero mi barraca.

DUBOIS. Esta tarde tuvisteis mucho público, ¿eh?

VALINDIN. *(Sombrío.)* Como en los mejores días.

DUBOIS. ¿Dónde iréis ahora?

VALINDIN. Al Mediodía. ¡A llevarme todo el dinero
que haya por allá!

DUBOIS. ¿Con los ciegos?

VALINDIN. Claro.

(Se tambalea.)

DUBOIS. *(Le sostiene.)* Parece que hoy se ha carga-
do bien.

VALINDIN. Poco más o menos.

DUBOIS. Volveos a casa. Yo estoy aquí para vigilar
toda esta hilera.

VALINDIN. *(Deniega.)* Quiero sentirme entre lo mío.

DUBOIS. ¡Nada hay más propio que la cama propia! ¡En la mía quisiera yo verme ahora!

VALINDIN. [Esto es más mío que mi cama.] ¡Ya
puede arder mi cama y el piso entero! Aquí es donde
yo celebro mis alegrías... y donde paso mis penas. No
hay nada como estar solo, amigo.

DUBOIS. *(Ríe.)* Entonces os dejo, señor Valindin.

VALINDIN. *(Le pone una moneda en la mano.)* To-
maos en el retén una copa a mi salud.

DUBOIS. Muchas gracias, caballero. Si en algo puedo serviros..., ya sabéis dónde estoy.

(Se inclina. Valindin le dedica un desvaído ade-
mán amistoso y sale con paso inseguro por la
izquierda, mientras se saca una llave del bolsillo.
Dubois levanta el farol para verle marchar. Luego
menea la cabeza y sale por la derecha, al tiempo
que se descorren las cortinas negras. En el segundo
término se oye el ruido de una cerradura. A poco,
la amarilla claridad del farol comienza a iluminar
el interior de la barraca. El telón de la Galga está
recogido y la tribuna con su gran pavo real se
perfila en la penumbra. Óyese un portazo y de
nuevo el ruido de la cerradura. Valindin aparece
por la izquierda, y en el centro levanta el farol y
mira a su alrededor. Luego va a la derecha y sale
de escena. Se le oye abrir y cerrar otra puerta. El
resplandor de la linterna pasea su enorme sombra
por las paredes. Reaparece con una botella y va
a la tribuna, que acaricia mientras la rodea, sa-
liendo por su izquierda para volver al centro. Allí
suspira, deja el farol y la botella sobre la mesa
de la izquierda y empieza a quitarse la casaca.
A medio sacar ésta, se detiene absorto.)

VALINDIN.   ¡Al diablo todas las perras del mundo!
(Termina de quitarse la casaca, que deja en una silla;
aparta otra y se sienta pesadamente. Atrapa la botella,
destapona y bebe un largo trago. Se pasa la mano por
los ojos.) No te vas a enternecer, Valindin. Tienes vino
y ya no eres joven. ¡Al diablo!

(Bebe otro trago, deja la botella en la mesa y
esconde la cabeza entre las manos. Una pausa.
Algo se mueve confusamente en la penumbra:
tras los atriles emerge una figura cuyas manos
palpan levemente el borde de la madera. Desde
allí, suave y nítida en el silencio reinante, llega la
voz de David.)

DAVID.   Señor Valindin. *(Una pausa. Valindin levan-*
ta la cabeza de pronto, sin creer a sus oídos.) Señor
Valindin, soy yo, David.

(Valindin se levanta súbitamente, con una ex-
clamación, y mira a la tribuna. De pronto toma
el farol y se acerca. La figura de David se distingue

*ahora mejor: en su rostro hay una leve sonrisa,
acaso humilde.)*

VALINDIN.   ¿Qué haces aquí? ¿Cómo has entrado?

DAVID.   Con la llave.

VALINDIN.   ¿Qué llave?

DAVID.   La otra llave. Ahora os la devolveré.

VALINDIN.   ¡Ah! ¿Conque te la ha dado Adriana?

DAVID.   *(Ríe suavemente.)* Ella no sabe nada... todavía. Yo estaba en el corredor el día en que se la
disteis y oí dónde la guardó.

VALINDIN.   *(Que lucha contra las nieblas del vino.)*
¿Y has venido a robar?

DAVID.   Si hubiese venido a robar no os habría llamado.

VALINDIN.   ¿Qué quieres? ¿Tu violín?

DAVID.   Para eso tampoco os habría llamado.

VALINDIN.   De todos modos has hecho mal en venir.
¡A mi barraca no se entra así, y lo vas a pagar!

(Va hacia la izquierda.)

DAVID.   ¿Dónde vais?

VALINDIN.   A llamar al vigilante.

DAVID.   Está muy lejos. Lo habéis mandado al retén.
¿No queréis saber a qué he venido?

VALINDIN.   No tengo nada que hablar contigo. ¡Baja
y vete! Por esta vez lo dejaremos así.

DAVID.   [Señor Valindin,] he venido a deciros que
acepto vuestra propuesta.

VALINDIN.   *(Se acerca a la tribuna.)* ¿Qué propuesta?

DAVID.   La de separarme de vos.

VALINDIN.   ¿Y para eso has venido a estas horas y
has robado una llave?

DAVID.   Es que además he de contaros un secreto.
Algo que os atañe a vos... y a Adriana.

(Un silencio.)

VALINDIN.   ¡Baja de ahí!

DAVID.   *(Desplazándose hacia la escalera.)* Os agradezco que queráis oírme.

> *(Tantea el arranque de los peldaños con su garrote y comienza a bajar.)*

Sería una lástima que nos separásemos... para siempre sin hablar.

> *(Valindin lo ve bajar, asombrado. Él llega al suelo y se encamina al primer término.)*

¿No es aquí donde estabais sentado?

> *(Palpa la botella sobre la mesa.)*

Así estaremos mejor.

> *(Se sienta con calma en una silla. Valindin se acerca despacio y deja el farol sobre la mesa. David, como asustado por el golpe, tiende sus manos y lo palpa.)*

¿Qué es eso? ¡Ah!... Vuestro farol. *(Retira sus manos.)*

VALINDIN.   *(Apoya sus manos en la mesa.)* ¡Di lo que tengas que decir!

> *(Un silencio.)*

DAVID.   Me habéis dado una gran lección y quiero agradecérosla. Cuando la priora nos habló de vos me dije: ¡Al fin! Yo ayudaré a ese hombre y lo veneraré toda mi vida. Después... comprendí que se trataba de hacer reír. Pero todos somos payasos, a fin de cuentas. *(Ríe.)* Gracias por haberme convertido en un payaso. Ha sido una experiencia inolvidable.

VALINDIN.   *(Sonríe.)* Me diviertes, loco.

> *(Y va a sentarse de nuevo, tomando la botella.)*

DAVID.   ¡Me alegro! *(Ríe.)* Divertir es lo mejor. *(Imita grotescamente los ademanes de un violinista.)* "Los corderitos balan: bee, bee, bee..."

VALINDIN.   ¡Eso, loco, eso!

(Subraya sus palabras con palmadas sobre la mesa; ríe con él. Luego bebe.)

DAVID.   Es la única manera de librarse del miedo. Bueno, hay otra, pero es para pocos. Los más tienen que saltar como animalitos de feria para aplacarlo. O ponerse a soñar...

VALINDIN.   Oye, ¿y ese secreto?

DAVID.   Pronto os lo cuento. Os decía que yo antes soñaba para olvidar mi miedo. Soñaba con la música, y que amaba a una mujer a quien ni siquiera conozco... Y también soñé que nadie me causaría ningún mal, ni yo a nadie... ¡Qué iluso! ¿Verdad? Atreverse a soñar tales cosas en un mundo donde nos pueden matar de hambre, o convertirnos en peleles de circo, o golpearnos... O encerrarnos para toda la vida con una carta secreta. *(Valindin lo mira, serio.)* Era como dar palos de ciego.

VALINDIN.   ¿Por qué dices eso?

DAVID.   Por nada..., por nada. A mí siempre me irritó eso de que los palos de los ciegos hiciesen reir. Porque soy un iluso, señor Valindin; pero no soy un necio. ¿Recordáis aquella vez, en vuestra casa, que os di en el pie con mi garrote?

VALINDIN.   *(Sin quitarle ojo.)* Sí.

DAVID.   Me he adiestrado mucho en eso... Puedo poner mi garrote donde quiera.

VALINDIN.   ¡Oye, truhán!...

DAVID.   *(Extiende su mano.)* [¡Un momento!] Pensad que si os lo confieso será por algo.

VALINDIN.   *(Golpea la mesa con sus nudillos.)* ¡Suelta ya el secreto y lárgate!

DAVID.   *(Suspira.)* Es una lástima que la plaza Luis XV sea tan grande y tan oscura. Cuando no hay luna no se ve ni gota.

VALINDIN.   Y eso, ¿qué puede importarte a ti?

DAVID.   A mí no; pero a vos, sí.

VALINDIN.   ¿A mí?

DAVID.   Esta tarde me dijisteis que nunca intentara nada contra un hombre con los ojos en su sitio. Fue un buen consejo y os lo voy a pagar con otro.

VALINDIN.   *(Ríe.)* ¿Tuyo? ¿Y cuál es, loco?

(Toma la botella. Cuando va a beber, David comienza a hablar y él se detiene y lo escucha.)

DAVID.   Nunca golpeéis a ciegos... ni a mujeres.

VALINDIN.   *(Calla un instante. Luego estalla en una carcajada.)* ¿Me amenazas? *(Ríe y comienza a beber. En ese momento David lanza sus rápidas manos al farol, lo abre y apaga la candela con dos dedos. Oscuridad absoluta en el escenario.)* ¿Qué haces? *(Se oyen las manos de Valindin palpando sobre la mesa.)* ¿Y el farol?

DAVID.   *(Su voz llega ahora de otro lugar.)* Ya no está en la mesa.

(Valindin se levanta con ruido de tropezones.)

VALINDIN.   ¡Tráelo, imbécil!

DAVID.   Os diré ahora el secreto. Ya no volveréis a ver a Adriana.

VALINDIN.   ¿Qué dices, necio? ¡Será mía mientras yo viva!

DAVID.   Es que tú, Valindin..., no vas a vivir.

(Un silencio.)

VALINDIN.   *(Con la voz velada.)* ¿Qué?

DAVID.   Ya no ultrajarás más a los ciegos.

VALINDIN.   ¡Bribón! ¡Deja que te atrape y verás!

(Se le oye caminar, tropezando con otras sillas.)

DAVID.   *(Desde otro lugar.)* ¡Cuanto más te muevas, más tropezarás!

VALINDIN.   *(Se detiene.)* ¿Me... quieres matar?

DAVID.   [No te muevas.] No hables. Cada vez que lo haces, mi garrote sabe dónde está tu nuca. *(Un silencio.)* Te oigo. No vayas a la puerta. *(Un silencio.)* ¿A qué sabe el miedo, Valindin? *(Un silencio.)* Los ciegos han rezado ya bastante por tu alma sucia. Reza tú ahora, si sabes rezar.

VALINDIN.   ¡Hijo de perra!

> *(Se abalanza furioso hacia donde sonó la voz. Tropieza.)*

DAVID.   *(Ríe.)* Es inútil... Yo nunca estaré donde tú vayas. Pero siempre sabré dónde estás tú. Eres pesado, tu aliento es ruidoso... ¡Y hueles! ¡Ya no diré una sola palabra más, Valindin!

> *(Un silencio.)*

VALINDIN.   *(Con la voz temblona.)* ¡David!... *(Vuelve el silencio. Con la voz comida de las lágrimas.)* No has comprendido... Yo quería ayudaros... Yo no soy malo... Todos sois unos ingratos... (Vuelve el silencio. De pronto, Valindin corre sollozando hacia la puerta.)* ¡No!... ¡No!... ¡Socorro!... ¡Adriana!... [48]

> *(Un golpe seco lo derriba. Uno, dos golpes más se oyen tal vez. En medio de un silencio total, las cortinas negras se corren, al tiempo que el primer término se va iluminando, hasta llegar a la plena claridad de un día soleado. Adriana y Catalina, a la izquierda, atienden a Latouche y a Dubois, que están a la derecha.)*

LATOUCHE.   Lamento tener que informaros de tan triste nueva, señora Adriana.

ADRIANA.   ¿Cómo pudo sucederle?

---

[48] Esta escena a oscuras tiene un precedente en el teatro del propio autor: *En la ardiente oscuridad*, acto III.

DUBOIS. Parece que anoche... bebió más de la cuenta. Ni siquiera echó la llave al entrar; se limitó a encajar la puerta. En su manía de mirarlo todo, debió de subir a la tribuna, y ya arriba, perdería el equilibrio y se daría en la cabeza con los peldaños al caer.

LATOUCHE. Le hemos hallado sobre la escalera, con el farol roto al lado.

DUBOIS. Se había quitado la casaca para estar más cómodo. En los bolsillos le hemos encontrado las dos llaves de la barraca y bastante dinero.

ADRIANA. ¿Las dos llaves?

(Mira instintivamente al fondo.)

LATOUCHE. ¿No eran dos? ¿O había más?

ADRIANA. No, no. Eran dos. Sólo que... él siempre me dejaba aquí una... En el joyero... La cogería sin decírmelo. Habíamos disputado... por cosas nuestras... Se la llevaría por eso.

LATOUCHE. Por eso sería. ¿Podéis decirme dónde guardaba el señor Valindin sus ganancias?

ADRIANA. En la casa Legrand.

LATOUCHE. ¿Guardáis vos en la barraca algo de vuestra propiedad?

ADRIANA. Nada.

LATOUCHE. *(A Catalina.)* ¿Y vos?

CATALINA. No, señor.

LATOUCHE. Por consiguiente, ¿todo lo que hay allí pertenece al señor Valindin?

ADRIANA. Sí. Es decir, no... Los instrumentos son de los ciegos.

LATOUCHE. ¿Se siguen recogiendo en su Hospicio?

ADRIANA. Sí, señor. En los Quince Veintes.

LATOUCHE. Todo esto os lo pregunto, señora, porque... hemos llamado al hermano del fallecido. ¿Sabíais que tenía un hermano?

ADRIANA. Sí, señor.

LATOUCHE. A él le pertenece todo cuanto el señor Valindin haya dejado, incluso este piso..., en el que ya no podréis seguir. Presumo que lo comprendéis.

ADRIANA. Sí, señor.

LATOUCHE. Deberéis permanecer en él hasta la llegada del hermano, con quien os pondréis de acuerdo para llevaros lo que resulte ser vuestro, y a quien podréis reclamar vuestros salarios atrasados, si los hubiere... En el portal dejo un hombre... [por si necesitáis algo.] Os reitero mi sentimiento, señora Adriana.

ADRIANA. Gracias, señor.

LATOUCHE. Quedad con Dios, señoras.

(Se inclinan él y Dubois. Ellas devuelven la reverencia. Los policías se calan los sombreros y cruzan, saliendo por la izquierda. Una pausa.)

CATALINA. Otra vez a los caminos...

ADRIANA. Poco importa.

(Un silencio. Suena la campanilla.)

CATALINA. ¡Vuelven a llamar!

ADRIANA. Id a abrir.

(Las cortinas negras se descorren y muestran la salita. Catalina sube los peldaños, va al fondo, abre la puerta y sale. Adriana sube a su vez, va al joyero, lo abre y mira su interior con aprensión, volviendo a cerrarlo. Catalina reaparece en la puerta.)

CATALINA. Es David, el ciego.

ADRIANA. *(Sin mirarla.)* Catalina, hemos de tomar algo al mediodía. Comprad abajo lo que os plazca y arregladlo en la cocina.

CATALINA. Bueno. ¿Qué le digo al ciego?

ADRIANA. Pasadlo aquí. *(Catalina se va. Momentos después aparece David en la puerta. Portazo lejano.)* Entra, David. Estoy sola. *(David entra. Ella va a la puerta, atisba y cierra.)* ¿Vienes del Hospicio?

DAVID. Sí.

ADRIANA. *(Que espía su rostro.)* Ha sucedido algo espantoso, David... El comisario de Policía acaba de estar aquí... ¿Tú... no sabes nada?

DAVID. *(Después de un momento.)* Adriana, me voy de París.

ADRIANA. ¡Contéstame a una sola pregunta! [¡A una sola!] ¿Fuiste tú quien cogió de aquí la otra llave de la barraca?

DAVID. Sí.

ADRIANA. ¡David!

(Se arroja sollozando en sus brazos.)

DAVID. Venía a decírtelo, Adriana. Lo que tú decidas yo lo aceptaré. Si quieres denunciarme, hazlo. Pero tú, tú sola. Yo no me entrego a la justicia de los videntes.

ADRIANA. [Nos iremos...] Nadie sabrá nunca nada... Me tendrás a tu lado mientras viva, si tú lo quieres.

DAVID. *(Se desprende suavemente.)* No lo decidas aún.

ADRIANA. *(Bañada en lágrimas.)* ¡Te quiero desde el primer día!

DAVID. La última palabra que él dijo fue tu nombre. *(Ella solloza de nuevo y va a sentarse junto a la mesa.)* Te quería, Adriana. Y [te golpeó, y] nos golpeó a todos, porque te quería. Ahora debes denunciarme.

ADRIANA. ¡No!...

DAVID. *(Estalla.)* ¡He matado, Adriana! ¡Yo quería ser músico! Y no era más que un asesino.

ADRIANA. [Él era el asesino.] Él nos mataba poco a poco.

DAVID. ¡Te quería!

ADRIANA. *(Levanta la cabeza.)* Quizá. Que Dios le perdone. ¡Pero a mí no me hará fuerza, aunque me llame al morir! *(Con desprecio.)* Hace tiempo que aprendí a desconfiar de sus palabras y de sus lágrimas. Ya no quiero saber si eran sinceras. *(Se levanta y se acerca.)* Ni él mismo lo habrá sabido al morir, David. *(Se reclina en su pecho.)* David, lo olvidaremos juntos...

DAVID. Nunca podré olvidar.

ADRIANA. Entonces, déjame ayudarte a llevar esa carga.

DAVID. ¿Vendrías conmigo?

ADRIANA. Sí.

DAVID. ¡Pero yo no puedo darte nada! ¡Nada! ¡Sólo hambre, frío, tristeza!

ADRIANA. Te necesito.

DAVID. ¡Estoy ciego y soy un mendigo!

ADRIANA. Yo soy una perdida.

DAVID. *(La abraza apasionadamente.)* ¡Adriana, Donato va a sufrir!

ADRIANA. [Los dos] le hemos dado cuanto hemos podido. ¡Ahora hemos de pensar en nosotros, David! No tenemos más que esta pobre vida.

DAVID. Que no es nada...

> *(Quedan un momento abrazados. De pronto, levanta ella sus ojos espantados.)*

ADRIANA. ¡Dios mío!

DAVID. ¿Qué?

ADRIANA. *(Se separa, retorciéndose las manos.)* ¡Creo que he cometido un error espantoso!

DAVID. ¿Cuál?

ADRIANA. Me hablaron de las dos llaves que le encontraron en la casaca... y yo... ¡Ay, David!

DAVID. ¡Habla!

ADRIANA. ¡Yo les dije que era muy extraño, que una de ellas me la dejaba él siempre en este joyero! *(Pasea, descompuesta.)* ¡Cómo he podido ser tan torpe!

DAVID. La puse yo en el bolsillo. Sabiéndose que había dos, no podía [arriesgarme a] hacer desaparecer una, y menos aún [a] volverla a traer aquí, donde se podía haber echado ya en falta.

ADRIANA. *(Nerviosa.)* Sí, yo les he dicho algo que va bien con eso. Pero...

DAVID. ¿Qué les has dicho?

ADRIANA. Lo que yo misma creía: que se la llevaría él, enfadado por una disputa que tuvimos... Me ha parecido que lo creían...

DAVID. No sospecharán. [Y de mí menos.] ¿Cómo va un ciego a poder matar a un vidente?

ADRIANA. ¡Es cierto! ¿Cómo pudiste...?

DAVID. Le apagué el farol y él no podía verme. Pero yo le oía. Estaba todo muy pensado, Adriana... Los ciegos también somos capaces de pensar.

(Va a sentarse, lento, junto a la mesa. Adriana lo mira, conmovida. Por la derecha de la calle aparece Catalina, que trae una bolsa de compras, seguida de Latouche y Dubois, quien conduce del brazo a Donato. Cuando van a salir por la izquierda, Donato se detiene.)

DONATO. ¡No, por caridad!

LATOUCHE. *(Sonríe.)* ¿No quieres subir?

DONATO. ¡No, no!

DAVID. Todo muy pensado...

(Adriana se le va acercando.)

LATOUCHE. Soltadlo, Dubois. *(A Catalina.)* Y vos ya sabéis: en cuanto entremos, a la cocina y sin chistar.

CATALINA. Sí, señor.

LATOUCHE. Vamos.

(Salen. Donato se deja caer sobre los peldaños y reclina su cabeza en la mano.)

DAVID. *(Suspira.)* Pensar ha sido mi placer desde niño... Desde que espiaba a los hijos de mi señor para oírles hablar de los libros que estudiaban. Y luego, por la noche, cavilaba y cavilaba... *(Adriana le acaricia el hombro.)* Mi madre me preguntaba: "¿Duermes, David?" Y yo me callaba... [Un día le pregunté: "¿Quién fue mi padre?" Y entonces calló ella... Ya ves:] ni siquiera puedo contar mi vida. Sólo recuerdo que el

maestro de música me enseñó un poco de violín, y que
yo fui tan feliz, tan feliz..., que cuando perdí la vista
no me importó demasiado, porque los señores me regalaron el violín para consolarme.

ADRIANA. ¿Cómo la perdiste?

DAVID. Me quemé los ojos prendiéndoles los fuegos
de artificio durante una fiesta en el castillo. Mi madre
era lavandera... Después... [nos fuimos del castillo, no
sé por qué.] Ella y yo hemos cantado y tocado por las
aldeas durante años... hasta que me quedé huérfano
en un pajar.

ADRIANA. Yo sé cantar, David.

DAVID. Estoy cansado, Adriana. Me siento vacío.
Todo ha sido un sueño... Una pesadilla. Y ya no comprendo nada. Sólo sé que no veo, que nunca veré... y
que moriré.

ADRIANA. Nuestros hijos verán...

DAVID. (Oprime, exaltado, la mano de ella sobre su
hombro.) ¡Pero lo que yo quería puede hacerse, Adriana! [¡Yo sé que puede hacerse!] ¡Los ciegos leerán,
los ciegos aprenderán a tocar los más bellos conciertos!

ADRIANA. (Llorando.) Otros lo harán.

DAVID. (Muy triste.) Sí. Otros lo harán.

> (Calla. De repente la puerta del fondo se abre.
> Latouche y Dubois irrumpen en la sala; Adriana
> grita. David se levanta rápido y crispa su mano
> sobre el mango del garrote.)

LATOUCHE. ¡No te muevas! ¿Eres tú el llamado
David?

DAVID. Yo soy.

LATOUCHE. ¿A qué hora volviste anoche al Hospicio?

DAVID. No recuerdo...

LATOUCHE. Yo te lo diré. A las tres. Hasta entonces tu cama estuvo vacía. ¿Dónde estuviste?

DAVID. Por las calles.

LATOUCHE. *(Ríe.)* Y por la plaza Luis XV, ¿no asomaste la nariz?

DAVID. ¿Para qué?

LATOUCHE. Para asesinar al señor Valindin.

ADRIANA. ¡Si ha sido un accidente!

LATOUCHE. [¡Callad vos!] *(Se acerca a la mesita, abre el joyero y lo cierra con un seco golpe.)* Ayer [por la tarde] robaste de este joyero la segunda llave de la barraca y la dejaste con la otra, después de matarlo.

ADRIANA. ¡Si se la llevó Luis!

LATOUCHE. [No, señora.] La cogió él. Lo sé muy de cierto.

DUBOIS. *(Sacude por un brazo a Adriana.)* [¿Lo estáis encubriendo?] ¿Erais su cómplice?

LATOUCHE. ¡Soltadla! Si fuese su cómplice no nos habría hablado de la llave. *(Dubois la suelta, rezongando. A David:)* ¡Confiesa, bribón! Será lo mejor.

DAVID. ¿Cómo podría haberle matado yo, si no veo?

ADRIANA. ¡Eso es cierto, señor Latouche! ¡Él no ve! Y Luis era fuerte... Habría acabado con él de un solo golpe, a la menor amenaza. *(Ríe heroicamente.)* Ya veis que no ha podido ser él...

LATOUCHE. Ha sido él.

DAVID. *(Ríe.)* ¿De qué modo?

LATOUCHE. *(Con una siniestra sonrisa.)* Descuida... Ya nos lo dirás tú mismo.

(A David se le ensombrece el rostro.)

ADRIANA. *(Mirando a Latouche.)* No...

LATOUCHE. ¡Vamos!

(Dubois se acerca a David y con un rápido movimiento le arrebata el garrote. Luego lo toma de un brazo y lo empuja hacia la puerta.)

ADRIANA. ¡No os lo llevéis! ¡Él no lo ha hecho!

DUBOIS. ¡Apartaos!

ADRIANA.   ¡No quiero que os lo llevéis!

(Se cuelga del cuello de David.)

[LATOUCHE.   ¡Hola, hola! ¿Os entendíais?
ADRIANA.]   ¡Dejadle!...
[DUBOIS.   Ese pudo ser el motivo del crimen...
LATOUCHE.   *(Desprende bruscamente a Adriana, que se resiste.)* No os mováis de París mientras no se os dé licencia, muchacha. ¿Entendido?] *(La empuja, pues ella sigue forcejeando, y casi la arroja al suelo.)* Vamos, Dubois.

(Salen los dos con David.)

ADRIANA.   ¡No!... *(Corre a la puerta y sale tras ellos. Se siguen oyendo sus voces.)* ¡No!... ¡Tened piedad de él, está ciego!... ¡No le torturéis!... [¡Por caridad!... ¡Es el mejor hombre del mundo!... ¡Por Dios os lo pido, piedad!...]* ¡Él no ha sido! *(A sus gritos, Donato se levanta, trémulo, e intenta disimularse. Latouche, Dubois y David reaparecen por la izquierda de la calle, seguidos de Adriana, que cruza ante Donato sin advertirlo.)* [¡Piedad!...] *(Exhala todo su dolor en una anhelante llamada.)* ¡David!...

> *(Súbitamente, David se revuelve y logra soltarse. Antes de que consigan sujetarlo, corre hacia Adriana y los dos se abrazan y besan desesperadamente. Latouche y Dubois tiran de ellos para separarlos.)*

DUBOIS.   ¡Vamos!
LATOUCHE.   ¡Soltadlo!

> *(Entre convulsas negativas de Adriana, a quien Latouche aferra, logran separarlos. Aún quedan por un instante duramente soldadas las manos de ambos, que Latouche separa de un postrer tirón. Dubois arrastra a David.)*

ADRIANA.   *(Llorando.)* ¡David!...

ELLA: Quizá fueron numerosas las personas que, en aquellos siglos atroces, guardaban ya en su corazón la gran pregunta. Pero debieron de ser hombres oscuros, habitantes más o menos alucinados de semisótanos o de otros lugares parecidos.

El tragaluz, Parte Segunda

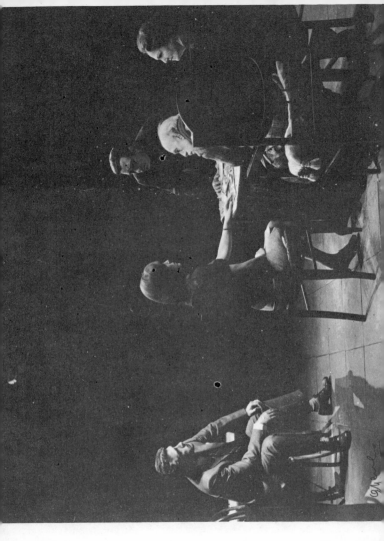

ÉL: Si no os habéis sentido en algún instante verdaderos seres del siglo XX, pero observados y juzgados por una especie de conciencia futura, el
experimento ha fracasado.

El tragaluz, Parte Segunda

(Latouche toma a David del otro brazo y ayuda a Dubois.)

DAVID.   ¡Dile al pequeño que le perdono!

(Donato se estremece. Latouche, Dubois y David salen por la derecha. Adriana cae de rodillas, sollozando desgarradoramente. Una pausa. A sus espaldas, Donato aventura unos pasos. Se detiene indeciso. Avanza de nuevo y llega a su lado.)

DONATO.   No tiene nada que perdonarme... Yo... no he hecho lo que él cree. *(Adriana deja de gemir. Levanta la cabeza y, sin volverse, escucha.)* Yo rondaba por aquí y ellos me cogieron y me preguntaron... Tuve que decirles que volvió muy tarde al Hospicio... No pensé causarle ningún mal...

ADRIANA.   *(Se levanta con los ojos llameantes y se enfrenta con él.)* ¡Tú les dijiste que él cogió ayer algo de la mesa!

DONATO.   *(Temblando.)* ¡No sé! Quizá... Me acosaban a preguntas...

ADRIANA.   ¡Mientes!

(Encendida de ira da unos pasos a la izquierda para salir. Él lo advierte y la sujeta por el vestido.)

DONATO.   ¡Tenéis que creerme!

(Adriana se desprende iracunda.)

ADRIANA.   ¡Judas!

DONATO.   ¡Tenéis que creerme! ¡No podré vivir si no me creéis! ¡No me abandonéis, os necesito!... *(Adriana le escupe en la cara. Él se estremece violentamente. Ella le vuelve la espalda y sale rápida. Donato, con su brazo extendido, que la busca, la sigue sin esperanza, mientras se hace el oscuro.)* ¡Adriana!... ¡Adriana!...

(Las cortinas negras caen sobre la casa. Una luz muy blanca va naciendo a la derecha mientras se

*hace el oscuro en el resto de la escena y empieza
a iluminar la figura de Valentín Haüy, que sostiene unos papeles. Cuando la luz gana toda su fuerza, advertimos que ya no es aquel juvenil visi-
tante del café de los ciegos. Ahora tiene cincuenta
y cinco años, el pelo casi blanco y viste a la moda
de 1800. Una melancólica sonrisa distiende su rostro. Su palabra es sencilla y serena.)*

VALENTÍN HAÜY. *(Lee.)* "Pronto hará treinta años
que un ultraje a la humanidad, públicamente cometido
en la persona de los ciegos de los Quince Veintes, y re-
petido cada día durante cerca de dos meses, provocaba
las risotadas de aquellos que, sin duda, nunca han sentido las dulces emociones de la sensibilidad. En septiembre de mil setecientos setenta y uno, un café de la
feria de San Ovidio presentó algunos ciegos, elegidos
entre aquellos que sólo disponían del triste y humillante
recurso de mendigar su pan por la calle con la ayuda
de algún instrumento musical..." *(Levanta la vista)* A
veces pienso que nadie reconocería hoy en mí a aquel
mozo exaltado de entonces, porque los años y las gentes me han fatigado. Pero todo partió de allí. Ante el
insulto inferido a aquellos desdichados, comprendí que
mi vida tenía un sentido. Yo era un desconocido sin
relieve: Valentín Haüy, intérprete de lenguas y amante
de la música. Nadie. Pero el hombre más oscuro puede
mover montañas si lo quiere. Sucedió en la plaza de
la Concordia; allí se han purgado muchas otras torpezas. Yo he visto caer en ella la cabeza de un monarca
más débil que malvado, [49] y después, las de sus jueces:
Danton, Robespierre... Era el tiempo de la sangre;
pero a mí no me espantó más que el otro, el que le
había causado: el tiempo en que Francia entera no
era más que hambre y ferias... *(Lee.)* "Sí, me dije, em-
bargado de noble entusiasmo: convertiré en verdad

---

[49] Luis XVI, llamado "Luis Capeto", condenado a muerte el 16
de enero de 1793, y ejecutado cinco días más tarde. En cuanto a
Danton y Robespierre, fueron condenados y ejecutados al año siguiente.

esta ridícula farsa. Yo haré leer a los ciegos; pondré en sus manos libros que ellos mismos habrán impreso. Trazarán los signos y leerán su propia escritura. Finalmente, les haré ejecutar conciertos armoniosos." [50] *(Levanta la vista; da unos pasos hacia la izquierda.)* No es fácil, pero lo estamos logrando. Si se les da tiempo, ellos lo conseguirán, aunque yo haya muerto; ellos lo quieren, y lo lograrán... algún día. *(Baja la voz.)* Y, sin embargo, no estoy tranquilo. No quise volver a la feria, ni saber ya nada de aquellos pobres ciegos. Fue con otros con los que empecé mi obra. Pero oí decir que, poco después, ahorcaron a uno de ellos... ¿Será cierto? Lo he preguntado alguna vez a otro ciego, ya viejo, que toca desde hace años el violín por las esquinas. Él tendría que saberlo, por su edad. Incluso pudo ser uno de los de aquella horrenda orquestina. Pero nunca responde. Tiene la cara destrozada por la viruela; parece medio imbécil y ya es mayor para entrar en mi colegio... *(Comienza a oírse, interpretado por un violín, el adagio de Corelli. Haüy vuelve la cabeza y escucha.)* Él es. Nunca toca otra cosa que ese adagio de Corelli. Y siempre va solo. *(Suspira.)* Es cierto que les estoy abriendo la vida a los niños ciegos que enseño; pero si ahorcaron a uno de aquellos ciegos, ¿quién asume ya esa muerte? ¿Quién la rescata?

---

[50] Los fragmentos entre comillas corresponden a un célebre texto de Haüy, recogido por Maurice de la Sizeranne, *Les aveugles par un aveugle*, Paris, 1912, Librairie Hachette, pp. 65-68. Inicialmente, Haüy empezó a trabajar con 12 alumnos, en 1784; a los dos años, contaba en su escuela con 125. Haüy orientó la formación profesional del ciego hacia los trabajos manuales. "Les enseñaba el torno y la construcción de asientos para sillas, la cestería, la cordelería, etc. En su escuela se daban al mismo tiempo las nociones generales que todo hombre debe poseer y se enseñaba también un poco de música" (Villey, *op. cit.*, p. 291). En ese aspecto humanístico, y puesto que de teatro hablamos, es oportuno recordar que, a instancias de Haüy, el escritor Fabre d'Olivet compuso sobre el tema de la ceguera un "drame philosophique en un acte et en vers", titulado *Le Sage de l'Indostan*, representado en 1796, en el entonces llamado Institute national des Aveugles-Travailleurs, siendo interpretado por los propios ciegos, y esto por idea de Haüy (*Vid.* Fabre d'Olivet, *Le Sage de l'Indostan*, París, 1894, Dorbon Libraire).

(Escucha unos instantes.) Ya soy viejo. Cuando no me ve nadie, como ahora, gusto de imaginar a veces si no será... la música... la única respuesta posible para algunas preguntas...

(Levanta la cabeza para escuchar el adagio.)

TELÓN LENTO

LA PASTORA CORINA

LETRA DE
A. BUERO VALLEJO

MÚSICA DE
R. RODRIGUEZ ALBERT

- I -

Co - ri - na la pas - to - ra en - fer - maestá dea -

- mor.   El mé - di - co le di - ce que bus - quea su pas -

-tor. Los cor-de-ri-tos ba-lan   be - e

be-a —   be - e, tris- can-do-al-re-de - dor   Co-

-ri - na sus-pi - ran-te   Ay —   Ay —

A - y,   se-en-cien-de de pu - dor. —

- II -

- III -

Be-e   Be — e   pre-gun-ta con ar-
arco.

-dor..   ya po-co muy jun-ti — tos   Be-e,
cresc.   Coro.
Pizz.

Be-e,   Be — e,   cor-de-ros son los
Solo.   dim. poco rit.
arco.

dos. — — —
a tpo..
4ª Cda.

Enrique Pregatto

NOTA PREVIA

E L *tragaluz* se estrenó el 7 de octubre de 1967, en el teatro Bellas Artes de Madrid, que dirige José Tamayo. Los estrenos de Buero han provocado siempre una gran expectación, pero aquél, quizá, más que los anteriores. Dejando aparte el estreno de *Aventura en lo gris* en 1963, obra muy anterior y publicada ya en 1954, y dejando al margen también la versión de *Madre Coraje* en 1966, Buero no había dado a conocer ninguna obra original desde *El Concierto de San Ovidio*. Al mismo tiempo, se sabía que este silencio era involuntario; que había escrito un libro para una ópera —*Mito*— y, sobre todo, un drama acerca de la tortura —*La doble historia del doctor Valmy*—, cuyo estreno estuvo previsto en la temporada 1963-64, pero que, por razones nada claras, no llegó a realizarse. ¿Presiones administrativas? ¿Temor del empresario a dar a conocer dicha obra en un momento en que la vida intelectual española se encontraba especialmente enrarecida? ¿Ambas causas a la vez? Circularon todas las conjeturas posibles. Al fin, el hecho cierto ha sido que *La doble historia del doctor Valmy* se ha estrenado fuera de España: en el Gateway Theater de Chester, el 22 de noviembre de 1968, con asistencia personal del autor. Pero volvamos a la noche de *El tragaluz*. Cinco años

de silencio, una gran expectación... Y, al fin, uno de
los más completos éxitos del dramaturgo, en el que no
faltaron todos los ingredientes habituales: subidas de
telón, "bravos", aplausos, unas palabras de Buero dando las gracias, etc.

Nuevamente, los nombres de José Osuna, como director de escena, y de José María Rodero, como destacado
actor, van unidos al de Buero Vallejo. Rodero encarnó
el personaje de Mario, con no menor comprensión profunda que había demostrado en Ignacio (*En la ardiente
oscuridad*) o David (*El Concierto de San Ovidio*). Pero
la gran revelación esta vez fue la de un actor veterano,
Francisco Pierrá, intérprete de El padre. Su trabajo fue
considerado por muchos —y creemos recordar que también por él mismo— como el mejor de su dilatada carrera de actor. Jesús Puente, en la figura de Vicente;
Amparo Martí, en la de La madre y Lola Cardona
—deliciosa actriz— en la de Encarna, desempeñaron
con buen arte sus respectivos papeles. Los decorados,
muy funcionales, fueron de Sigfrido Burman. Como en
El Concierto de San Ovidio, hubo unanimidad crítica
respecto a la importancia de la obra. Fueron mucho
más contradictorios, en cambio, los motivos por los
cuales se estimaba esa importancia, aparte el hecho
básico de la excelente factura estética de *El tragaluz.*
Hubo quien veía en este drama el conflicto trágico de
una familia; hubo quien le encontraba valores religio-
sos; hubo quien la señaló como el anuncio de un
nuevo teatro político... Aspecto que quizá merece aña-
dirse también es la prontitud con que aparecieron algunos trabajos críticos que, por su extensión y propósitos,
sobrepasaban el marco de una mera crítica y adquirían
las características de un ensayo. Fueron los de Ángel
Fernández-Santos, en *Primer Acto* (núm. 90, noviembre
1967); Ricardo Doménech, en *Cuadernos Hispanoame-*

ricanos (núm. 217, enero 1968) e Isaac Montero, en *Nuevos Horizontes* (núm. 3-4, enero-abril 1968).

Pero quizá lo más notable fue el interés profundo que *El tragaluz* despertó en sectores muy diversos de público. Se convirtió en seguida en una obra que "había que ir a ver". Por todas partes se hablaba de ella, se discutía sobre ella. A título anecdótico, recordaré que, en el plazo de unos quince días escasos, recibí dos invitaciones para dar sendas conferencias sobre *El tragaluz*. Esta curiosidad era —sigue siendo— inhabitual cuando se trata de un autor español, inclusive un autor como Buero Vallejo. No faltó, en ese clima de apasionado interés, alguna voz destemplada de la extrema derecha... que, paradójicamente, vino a convertirse en el mejor reclamo publicitario del espectáculo del Bellas Artes, cuya duración en cartel se extendió a lo largo de toda la temporada. Ha sido, sin duda, una de las obras de Buero que más han impresionado al público en el momento de su aparición. Probablemente, ello se debió en parte al hecho de que, por primera vez en más de veinticinco años, en un escenario español se hablaba de la guerra civil en los términos en que Buero lo hacía. Lo que en *Historia de una escalera* (1949) estaba *latente,* en *El tragaluz* aparecía con bastante claridad. Como en *Historia de una escalera* en su día, el dramaturgo había encontrado un modo "posibilista" para plantear en escena temas y cuestiones de imposible formulación explícita. Como en *Historia de una escalera,* había encontrado un lenguaje secreto, un lenguaje de sobreentendidos, tácitamente aceptado y comprendido por el espectador de 1967. Pero sería inexacto reducir a esta sola dimensión, a su condición de testimonio político-social, lo que *El tragaluz* es. Al mismo tiempo, *El tragaluz* es otras muchas cosas, como hemos señalado en la Introducción, y, por serlo, se sitúa entre esas tres, cuatro o cinco mejores obras de Buero Vallejo.

Esta edición no difiere de las ya existentes en castellano, aun cuando hemos procedido a una detenida revisión del texto. Contiene pocas notas, ya que *El tragaluz* apenas las necesita. El lenguaje es, literariamente, transparente y diáfano; el tema y los personajes, actuales. No parece que la lectura pueda plantear problemas de inteligibilidad.

R. D.

EL TRAGALUZ

EXPERIMENTO EN DOS PARTES
ORIGINAL DE
ANTONIO BUERO VALLEJO

Esta obra se estrenó la noche del 7 de octubre de 1967, en el teatro Bellas Artes, de Madrid, con el siguiente

REPARTO

(Por orden de intervención)

Ella	Carmen Fortuny.
Él	Sergio Vidal.
Encarna	Lola Cardona.
Vicente	Jesús Puente.
El padre	Francisco Pierrá.
Mario	José María Rodero.
La madre	Amparo Martí.
Esquinera (no habla)	Mari Merche Abreu.
Camarero (no habla)	Norberto Minuesa.

Voces y sombras de la calle.
Derecha e izquierda, las del espectador.

Dirección: José Osuna.
Decorado: Sigfrido Burman.

NOTA.—Los fragmentos encerrados entre corchetes fueron suprimidos en las representaciones.

PARTE PRIMERA

E L experimento suscita sobre el espacio escénico la impresión, a veces vaga, de los lugares que a continuación se describen. [1]

El cuarto de estar de una modesta vivienda instalada en un semisótano ocupa la escena en sus dos tercios derechos. En su pared derecha hay una puerta. En el fondo, corto pasillo que conduce a la puerta de entrada a la vivienda. Cuando ésta se abre, se divisa la claridad del zaguán. En la pared derecha de este pasillo está la puerta del dormitorio de los padres. En la de la izquierda, la puerta de la cocina.

La pared izquierda del cuarto de estar no se ve completa: sólo sube hasta el borde superior de la del fondo, en el ángulo que forma con ella, mediante una estrecha faja, y en su parte inferior se extiende hacia el frente formando un rectángulo de metro y medio de alto.

Los muebles son escasos, baratos y viejos. Hacia la izquierda hay una mesa camilla pequeña, rodeada de dos o tres sillas. En el primer término de la derecha, silla contra la pared y, ante ella, una mesita baja. En

---

[1] Es muy peculiar en los textos dramáticos de Buero Vallejo la descripción minuciosa del escenario, como también el elevado número de acotaciones sobre los personajes: vestuario, acción, etc. Se diría que la representación está *vista*, o mejor, pre-vista, por el autor, incluso en detalles muy menudos.

el rectángulo inferior de la pared izquierda, un vetusto
sofá. Algunas sillas más por los rincones. En el paño
derecho del fondo, una cómoda. La jarra de agua, los
vasos, el frutero y el cestillo del pan que sobre ella
descansan muestran que también sirve de aparador. Sobre la mesita de la derecha hay papeles, un cenicero
y algún libro. Por las paredes, clavados con chinchetas,
retratos de artistas y escritores recortados de revistas,
postales de obras de arte y reproducciones de cuadros
famosos arrancadas asimismo de revistas, alternan con
algunos viejos retratos de familia.

El amplio tragaluz que, al nivel de la calle, ilumina
al semisótano, es invisible: se encuentra en la cuarta
pared y, cuando los personajes miman el ademán de
abrirlo, proyecta sobre la estancia la sombra de su
reja. [2]

El tercio izquierdo de la escena lo ocupa un bloque
cuyo lado derecho está formado por el rectángulo inferior de la pared izquierda del cuarto de estar. Sobre
este bloque se halla una oficina. La única pared que
de ella se ve con claridad es la del fondo, que forma
ángulo recto con la estrecha faja de pared que, en el
cuarto de estar, sube hasta su completa altura. En la
derecha de esta pared y en posición frontal, mesa de
despacho y sillón. En la izquierda y contra el fondo,
un archivador. Entre ambos muebles, la puerta de entrada. En el primer término izquierdo de la oficina y
de perfil, mesita con máquina de escribir y silla. En la
pared del fondo y sobre el sillón, un cartel de propaganda editorial en el que se lee claramente "Nueva
Literatura" y donde se advierten textos más confusos
entre fotografías de libros y de escritores; algunas de

---

[2] "Muchos otros problemas hubo que afrontar desde un punto
de vista puramente técnico, de los que el mayor fue la proyección
del tragaluz (...) Como simple anécdota contaré que sólo para el
efecto del tragaluz pasamos más de dieciocho horas, sin podernos
ocupar de otra cosa, antes de darlo por definitivamente resuelto"
(José Osuna, "Las dificultades de mi puesta en escena", *Primer Acto*,
núm. 90, noviembre 1967, pp. 18-19).

estas cabezas son idénticas a otras de las que adornan el cuarto de estar.

Ante la cara frontal del bloque que sostiene la oficina, el velador de un cafetín con dos sillas de terraza. Al otro lado de la escena y formando ángulo con la pared derecha del cuarto de estar, la faja frontal, roñosa y desconchada, de un muro callejero. [3]

Por la derecha e izquierda del primer término, espacio para entradas y salidas.

En la estructura general no se advierten las techumbres; una extraña degradación de la luz [4] o de la materia misma vuelve imprecisa la intersección de los lugares descritos; sus formas se presentan, a menudo, borrosas y vibrátiles.

La luz que ilumina a la pareja de investigadores es siempre blanca y normal. Las sucesivas iluminaciones

---

3 "Como elemento fundamental del mismo (del decorado) se construyó un plano inclinado con un veinte por ciento de desnivel, sobre el que se movieran los personajes (el desnivel normal de un escenario no pasa nunca de un cinco por ciento). Este plano inclinado debería, además, estar rodeado de otros más altos que acentuaran esa sensación de pozo a la que tan insistentemente se refiere el texto. Siguiendo este criterio, se montaron el bar y la oficina en plataformas superiores, modificando un tanto la estructura del complejo escénico que pide Buero en la acotación. De este modo, y montando esas plataformas sobre carros móviles, podía también disponer de un mayor espacio escénico en la habitación central, lo que era bien importante, ya que me interesaba sobremanera que los personajes, en determinadas situaciones, estuvieran ampliamente separados. Y todo ello ante un fondo de material transparente que permitiera insinuar su condición conformada por la luz, sin necesidad de pretender un rigor absoluto de ciencia-ficción. Efecto éste que también se procuró en algunos momentos con determinados muebles" (J. Osuna, art. cit., pp. 17-18).

4 La iluminación fue el problema fundamental de la puesta en escena y a lo que se confirió una mayor importancia en el montaje. Siempre había imaginado a los personajes como elementos espaciales, y no tenía otro instrumento más apropiado para configurarlos como tales que la luz(...) No podía pretender un verismo de proyectores espaciales que crean formas, pero no podía tampoco olvidar que en el desarrollo de la obra se habla a menudo de ellos (...) Además, tenía que conjugar todo esto con un funcionalismo natural para todo tipo de espectáculo: dos horas seguidas de iluminación extraña podían llegar a ser realmente abrumadoras (...) El resultado de todo este planteamiento fue colocar todos los focos dentro del escenario, algunos de ellos visibles, la mayor parte detrás de los personajes y ninguno en la sala, salvo para los dos experimentadores" (J. Osuna, art. cit., p. 18).

de las diversas escenas y lugares crean, por el contrario, constantes efectos de lividez e irrealidad.

> *(Apagadas las luces de la sala, entran por el fondo de la misma Ella y Él; una joven pareja vestida con extrañas ropas, propias del siglo a que pertenecen.[5] Un foco los ilumina. Sus movimientos son pausados y elásticos. Se acercan a la escena, se detienen, se vuelven y miran a los espectadores durante unos segundos. Luego hablan, con altas y tranquilas voces.)*

ELLA. Bien venidos. Gracias por haber querido presenciar nuestro experimento.

ÉL. Ignoramos si el que nos ha correspondido [realizar] a nosotros dos os parecerá interesante.

ELLA. Para nosotros lo ha sido en alto grado. *(Mira, sonriente, a su pareja.)* ¿Se decía entonces "en alto grado"?

ÉL. Sí. *(A los espectadores.)* La pregunta de mi compañera tiene su motivo. Os extrañará nuestro tosco modo de hablar, nuevo en estas experiencias. El Consejo ha dispuesto que los experimentadores usemos el léxico del tiempo que se revive. Os hablamos, por ello, al modo del siglo veinte y, en concreto, conforme al lenguaje de la segunda mitad de aquel siglo, ya tan remoto. *(Suben los dos a la escena por una escalerilla y se vuelven de nuevo hacia los espectadores.)* Mi compañera y yo creemos haber sido muy afortunados al realizar este experimento, [por una razón excepcional]: la historia que hemos logrado rescatar del pasado[6] nos da, explícita ya en aquel [lejano] tiempo, *la pregunta.*

---

[5] "Estos dos personajes representaban unas conciencias mucho más claras y puras que las nuestras; había que encontrar la exacta correspondencia entre estas conciencias y el aspecto exterior de sus personas. José Tamayo marcó el camino a seguir al insinuar que fueran vestidos de oscuro, para no destacar más que lo que realmente era lo más importante en ellos: sus palabras" (J. Osuna, art. cit., p. 19).

[6] Esta idea de *recobrar* el pasado es un antiguo sueño de la humanidad y uno de los más apasionantes temas de la literatura de ficción científica. Científicamente no se ha descartado la hipótesis de que, en un futuro lejano, sea posible recuperar imágenes

ELLA. Como sabéis, *la pregunta* casi nunca se encuentra en las historias de las más diversas épocas que han reconstruido nuestros detectores. En la presente historia la encontraréis formulada del modo más sorprendente.

ÉL. Quien la formula no es una personalidad notable, [nadie de quien guardemos memoria.] Es un ser oscuro y enfermo.

ELLA. La historia es, como tantas otras, oscura y singular, pues hace siglos que comprendimos de nuevo la importancia... *(A su pareja.)* ¿Infinita?

ÉL. Infinita.

ELLA. La importancia infinita del caso singular. Cuando estos fantasmas vivieron solía decirse que la mirada a los árboles impedía ver el bosque. Y durante largas etapas llegó a olvidarse que también debemos mirar a un árbol tras otro para que nuestra visión del bosque [..., como entonces se decía...,] no se deshumanice. Finalmente, los hombres hubieron de aprenderlo para no sucumbir y ya no lo olvidaron.

> *(Él levanta una mano, mirando al fondo y a los lados de la sala. Oscilantes ráfagas de luz iluminan a la pareja y al telón.)*

ÉL. Como los sonidos son irrecuperables, los diálogos se han restablecido mediante el movimiento de los labios y añadido artificialmente. Cuando las figuras se presentan de espaldas [o su visualidad no era clara], los calculadores electrónicos... *(A su pareja.)* ¿Se llamaban así [entonces]?

---

que, en forma de ondas, han quedado de algún modo contenidas en el espacio. Hoy por hoy, se trata de una hipótesis, incluso de una utopía... Pero estamos siendo testigos, en nuestro tiempo, de conquistas científicas que, hace unos siglos, habrían parecido mucho más utópicas. Sea como sea, Buero incorpora en este drama, como importante recurso, ese tema, cuya finalidad advertirá el lector más adelante. En *Mito* ha procedido a una incorporación de un tema de la literatura de ficción científica que es, todavía, más audaz, si bien de un modo muy personal y original, como en este caso.

ELLA. Y también computadores, o cerebros.

ÉL. Los calculadores electrónicos han deducido las palabras no observables. Los ruidos naturales han sido agregados asimismo.

ELLA. Algunas palabras procedentes del tragaluz se han inferido igualmente mediante los cerebros electrónicos.

ÉL. Pero su condición de fenómeno real es, ya lo comprenderéis, más dudosa.

ELLA. *(Su mano recomienda paciencia.)* Ya lo comprenderéis...

ÉL. Oiréis además, en algunos momentos, un ruido extraño. [No pertenece al experimento y] es el único sonido que nos hemos permitido incluir por cuenta propia.

ELLA. Es el ruido de aquella desaparecida forma de locomoción llamada ferrocarril [y lo hemos recogido de una grabación antigua.] Lo utilizamos para expresar escondidas inquietudes que, a nuestro juicio, debían destacarse. Oiréis, pues, un tren; o sea, un pensamiento.

> *(El telón se alza. En la oficina, sentada a la máquina, Encarna. Vicente la mira, con un papel en la mano, sentado tras la mesa de despacho. En el cuarto de estar, El padre se encuentra sentado a la mesa, con unas tijeras en la mano y una vieja revista ante él; sentado a la mesita de la derecha, con un bolígrafo en la mano y pruebas de imprenta ante sí, Mario. Los cuatro están inmóviles. Ráfagas de luz oscilan sobre ambos lugares.)*

ÉL. Como base de la experiencia, unos pocos lugares que los proyectores espaciales mantendrán simultáneamente visibles [aunque no siempre con igual nitidez.] *(Señala a la escena:)* En este momento trabajan a rendimiento mínimo y las figuras parecen inmóviles; actuarán a ritmo normal cuando les llegue su turno. [Os rogamos atención: el primer grupo de proyectores está llegando al punto idóneo...] *(Las ráfagas de luz fueron desapareciendo. En la oficina se amortigua la vibración luminosa y crece una viva luz diurna. El resto de la escena permanece en penumbra. Encarna empieza, muy despacio, a teclear sobre la máquina.)* La historia sucedió en Madrid, capital que fue de una antigua nación llamada España.

ELLA. Es la historia de unos pocos árboles, ya muertos, en un bosque inmenso. [7]

(Él y Ella salen por ambos laterales. El ritmo del tecleo se vuelve normal, pero la mecanógrafa no parece muy rápida ni muy segura. En la penumbra del cuarto de estar, El padre y Mario se mueven de tanto en tanto muy lentamente. Encarna copia un papel que tiene al lado. Cuenta unos veinticinco años y su físico es vulgar, aunque no carece de encanto. Sus ropas, sencillas y pobres. Vicente parece tener unos cuarenta o cuarenta y un años. Es hombre apuesto y de risueña fisonomía. Viste cuidada y buena ropa de diario. En su izquierda, un grueso anillo de oro. Encarna se detiene, mira perpleja a Vicente, que la sonríe, y vuelve a teclear.)

ENCARNA. Creo que ya me ha salido bien.
VICENTE. Me alegro.

(Encarna teclea con ardor unos segundos. Suena el teléfono.)

ENCARNA. ¿Lo tomo?
VICENTE. Yo lo haré. *(Descuelga.)* Diga... Hola, Juan. *(Tapa el micrófono.)* Sigue, Encarnita. No me molestas. *(Encarna vuelve a teclear.)* ¿Los membretes? Mientras no se firme la escritura no debemos alterar el

---

[7] "Buero me llamó un día y me contó la obra de cabo a rabo, pero sin experimentadores. Al finalizar, me dijo: 'Hay algo que falta, hay algo que tengo que meter ahí y que no veo claro, pero deseo desarrollar todo mi pensamiento; así que no se si voy a crear un coro o si voy a transformar el juego de los personajes, porque noto que hay cosas que se me han quedado dentro y que tengo que decir en esta obra'. A los cinco o seis días me llamó para decirme: 'Ya he encontrado la solución'. La solución era los dos experimentadores o narradores". (José Osuna, "Coloquios en *ABC. El tragaluz* de Buero Vallejo", *ABC*, 2-VI-1968.)

Beltran = Buero.

nombre de la Editora… ¿Cómo? Creí que aún teníamos
una semana [por delante… Claro que asistiré.] *(Encarna saca los papeles del carro.)* ¡No he de alegrarme,
[hombre!] ¡Ahora sí que vamos a navegar con viento
de popa!… No. De la nueva colección, el de más venta
es el de Eugenio Beltrán, y ya hemos contratado para
él tres traducciones… Naturalmente: la otra novela de
Beltrán pasa a la imprenta en seguida. Pasado mañana
nos firma el contrato. Aún no la he mandado porque
la estaba leyendo Encarnita. [*(Sonríe.)* Es un escritor
a quien también ella admira mucho…] *(Se lleva una
sorpresa mayúscula.)* ¿Qué dices?… ¡Te atiendo, te
atiendo! *(Frunce las cejas, disgustado.)* Sí, sí. Comprendo
do… Pero escucha… ¡Escucha, hombre!… ¡Que me
escuches, te digo! Hay una serie de problemas que…
Espera. *(Tapa el micrófono.)* Oye, Encarnita: ¿me has
reunido las revistas y las postales?

ENCARNA. Es cosa de un momento.

VICENTE. Hazlo ya, ¿quieres? *(Mira su reloj.)* Nos
vamos en seguida; ya es la hora.

ENCARNA. Bueno.

(Sale por el fondo.)

Tachear

VICENTE. *(Al teléfono.)* Escucha, Juan. Una cosa es
que el grupo entrante intervenga en el negocio y otra
[muy distinta] que trate de imponernos sus fobias literarias
rarias, o políticas, o lo que sean. [No creo que debamos
bamos permitir… ¡Sabes muy bien a qué me refiero!…
¿Cómo que no lo sabes?] ¡Sabes de sobra que se la
tienen jurada a Eugenio Beltrán, [8] [que lo han atacado

---

[8] Algunos críticos han visto en Eugenio Beltrán —personaje que
no llega a aparecer en escena— un trasunto autobiográfico. Hipótesis
que se reforzaría al considerar que, más adelante, se nos habla de
una obra de Beltrán titulada "Historia secreta", que inevitablemente
haría pensar en *Historia de una escalera*, si bien se nos dice que
"Historia secreta" es la tercera obra publicada por Beltrán, y no
hemos de recordar que *Historia de una escalera* es la primera publicada
blicada por Buero… Sea como sea, la ambigüedad subsiste, y con
toda probabilidad es premeditada, aunque no sabemos que Buero
haya sido víctima de una maquinación editorial como ésta que se
organiza contra Beltrán.

OPPORTUNIST

por escrito, que...] *(Se exalta.)* ¡Juan, hay contratos
vigentes, y otros en puertas!... ¡Atiende, hombre!...
(De mala gana.) Sí, sí, te oigo... *(Su cara se demuda;
su tono se vuelve suave.)* No comprendo por qué llevas
la cuestión a ese terreno... Ya sé que no hay nadie
insustituible, y yo no pretendo serlo... Por supuesto:
la entrada del nuevo grupo me interesa tanto como
a ti... *(Escucha, sombrío.)* Conforme... *(Da una iracunda palmada sobre la mesa.)* ¡Pues tú dirás lo que
hacemos!... [¡A ver! ¡Tú mandas!...] Está bien: ya
pensaré lo que le digo a Beltrán. [Pero, ¿qué hacemos
si hay nuevas peticiones de traducción?... Pues también torearé ese toro, sí, señor...] *(Amargo.)* Comprendido, Juan. ¡Ha muerto Beltrán, viva la Editora!...
¡Ah, no! En eso te equivocas. Beltrán me gusta, pero
admito que se está anquilosando... Una lástima. *(Encarna vuelve con un rimero [9] de revistas ilustradas, postales y un sobre. Lo pone todo sobre la mesa. Se miran.
El tono de Vicente se vuelve firme y terminante.)* Com-
parto tu criterio; puedes estar seguro. No estamos sólo
para ganar cuartos [como tenderos], sino para velar
por la nueva literatura... Pues siempre a tus órdenes...
Hasta mañana. *(Cuelga y se queda pensativo.)* Mañana
se firma la nueva escritura, Encarna. El grupo que entra aporta buenos dineros. Todo va a mejorar, y mucho.

ENCARNA.   ¿Cambiaréis personal?

VICENTE.   De aquí no te mueves, ya te lo he dicho.

ENCARNA.   Ahora van a mandar otros tanto como
tú... [Y no les gustará mi trabajo.]

[VICENTE.   Yo lo defenderé.]

[ENCARNA.] Suponte que te ordenan echarme...

[VICENTE.   No lo harán.

ENCARNA.   ¿Y si lo hacen?]

VICENTE.   Ya te encontraría yo otro agujero.

ENCARNA.   *(Con tono de decepción.)* ¿Otra... oficina?

9 *Rimero:* montón.

VICENTE.   ¿Por qué no?

ENCARNA.   *(Después de un momento.)* ¿Para que me acueste con otro jefe? ~ So 2 can sleep with other boss

VICENTE.   *(Seco.)* Puedo colocarte sin necesidad de eso. Tengo amigos.

ENCARNA.   Que también me echarán. ~So

VICENTE.   *(Suspira y examina sus papeles.)* Tonterías. No vas a salir de aquí. *(Consulta su reloj.)* ¿Terminaste la carta?

ENCARNA.   *(Suspira.)* Sí.

> *(Va a la máquina, recoge la carta y se la lleva. Él la repasa.)*

VICENTE.   ¡Mujer!

> *(Toma un lápiz rojo.)*

ENCARNA.   *(Asustada.)* ¡"Espléndido" es con "ese"! ¡Estoy segura!

VICENTE.   Y "espontáneo" también.

ENCARNA.   ¿Expontáneo?

VICENTE.   Como tú lo dices es con equis, pero lo dices mal.

ENCARNA - lack of ed cos of GC.

> *(Tacha con el lápiz.)*

[ENCARNA.   *(Cabizbaja.)* No valgo.

VICENTE.   Sí que vales. *(Se levanta y le toma la barbilla.)* A pesar de todo, progresas.]

ENCARNA.   *(Humilde.)* ¿La vuelvo a escribir?

VICENTE.   [Déjalo para] mañana. ¿Terminaste la novela de Beltrán?

ENCARNA.   Te la dejé aquí.

> *(Va al archivador y recoge un libreto que hay encima, llevándoselo.)*

VICENTE.   *(Lo hojea.)* Te habrá parecido... espléndida.

ENCARNA. Sí... Con "ese".

[VICENTE. Te has emocionado, has llorado...

ENCARNA. Sí.]

VICENTE. No me sorprende. Peca de ternurista.

ENCARNA. Pero..., si te gustaba...

VICENTE. [Y me gusta.] El es de lo mejor que tenemos. Pero en esta última se ha excedido. *(Se sienta y guarda el libreto en un cajón de la mesa.)* La literatura es faena difícil, Encarnita. Hay que pintar la vida, pero sin su trivialidad. [Y la vida es trivial. ¡Afortunadamente!] *(Se dispone a tomar el rimero de revistas.)* [Las postales, las revistas...] *(Toma el sobre.)* Esto ¿qué es?

ENCARNA. Pruebas para tu hermano.

VICENTE. ¡Ah, sí! Espera un minuto. Quiero repasar uno de los artículos del próximo número. *(Saca las pruebas.)* [Aquí está.] *(Encarna se sienta en su silla.)* Sí, Encarnita. La literatura es difícil. Beltrán, por ejemplo, escribe a menudo: "Fulana piensa esto, o lo otro..." Un recurso muy gastado. [10] *(Por la prueba.)* Pero este idiota lo elogia... Sólo puede justificarse cuando un personaje le pregunta a otro: "¿En qué piensas?"... *(Ella lo mira, cavilosa. Él se concentra en la lectura. Ella deja de mirarlo y se abstrae. El primer término se iluminó poco a poco. Entra por la derecha una golfa, cruza y se acerca al velador del cafetín. Tiene el inequívoco aspecto de una prostituta barata y ronda ya los cuarenta años. Se sienta al velador, saca de su bolso una cajetilla y extrae un pitillo. Un camarero flaco*

---

[10]   Alusión a uno de los principios del objetivismo o *escuela de la mirada*, tendencia de origen francés y muy de moda en el ámbito narrativo español a fines de la década 1950-1960. Según tal principio, el autor no es el dios de sus personajes y, por lo tanto, resulta inadecuada la forma tradicional de que éste indique lo que los personajes piensan. En la escuela objetivista, los personajes "no piensan": hablan, actúan, y a través de sus actos y de sus palabras el lector tiene que adivinar o entrever sus pensamientos. Aunque hoy parece en desuso esta tendencia, su aparición fue en parte beneficiosa, con independencia de los excesos de su preceptiva, ya que sirvió como un replanteamiento a fondo de los medios de narrar y como "limpieza" de no pocos lastres decimonónicos. Entre nosotros ha dado, además, algunas novelas estimables.

*y entrado en años aparece por el lateral izquierdo y,
con gesto cansado, deniega con la cabeza y con un
dedo, indicando a la esquinera que se vaya. Ella lo
mira con zumba y extiende las manos hacia la mesa,
como si dijese: "¡Quiero tomar algo!" El Camarero
vuelve a denegar y torna a indicar, calmoso, que se
vaya. Ella suspira, guarda el pitillo que no encendió
y se levanta. Cruza luego hacia la derecha, se detiene y,
aburrida, se recuesta en la desconchada pared. Vicente
levanta la vista y mira a Encarna.)* Y tú, ¿en qué
piensas? *(Abstraída, Encarna no responde.)* ¿Eh?...
*(Encarna no le oye. Con risueña curiosidad, Vicente
enciende un cigarrillo sin dejar de observarla. Con un
mudo "¡Hale!" y un ademán más enérgico, el Camarero
conmina a la prostituta a que se aleje. Con un mudo
"¡Ah!" de desprecio, sale ella por el lateral derecho.
El Camarero pasa el paño por el velador y sale por el
lateral izquierdo. La luz del primer término se amortigua un tanto. Irónico, Vicente interpela a Encarna.)*
¿En qué piensas..., Fulana? [11]

ENCARNA.   *(Se sobresalta.)* ¿Fulana?

VICENTE.   Ahora sí eras un personaje de novela. Algo pensabas.

ENCARNA.   Nada...

VICENTE.   ¿Cenamos juntos?

(Vuelve a leer en la prueba.)

ENCARNA.   Ya sabes que los jueves y viernes ceno
con esa amiga de mi pueblo.

VICENTE.   Cierto. Hoy es jueves. Recuérdame mañana que llame a Moreno. Urge pedirle un artículo
para el próximo número.

---

11 Nótese el contraste. El autor reivindica la necesidad de que
los personajes "piensen". Y, en el plano dramático, encuentra una
puesta al día de este antiguo recurso: la objetivación o visualización
de tales pensamientos en una acción dramática concreta, pero lo
hace de un modo muy nuevo, realmente original. Nótese también
el doble sentido de "¿En qué piensas:.. Fulana?": réplica a la
objeción de "Fulana piensa esto o lo otro", en página anterior, y
quizá también el sombrío porvenir que Encarna teme y "piensa".

[ENCARNA. ¿No estaba ya completo?]
[VICENTE.] Éste no sirve.

(Separa la prueba que leía y se la guarda.)

ENCARNA. *(Mientras cubre la máquina.)* ¿Cuál es?
VICENTE. El de Torres.
ENCARNA. ¿Sobre Eugenio Beltrán?
VICENTE. Sí. *(Se levanta.)* ¿Te acerco?
ENCARNA. No. ¿Vas a casa de tus padres?
VICENTE. Con toda esta broza. *(Golpea sobre el montón de revistas y toma, risueño, las postales.)* Esta postal
le gustará a mi padre. Se ve a la gente andando por
la calle y eso le encanta. *(Examina las postales. El
cuarto de estar se iluminó poco a poco con luz diurna.
Los movimientos de sus ocupantes se han normaliza-
do. El padre, sentado a la mesa, recorta algo de una
vieja revista. Es un anciano de blancos cabellos que
representa más de setenta y cinco años. Su hijo Mario,
de unos treinta y cinco años, corrige pruebas. Ambos
visten con desaliño y pobreza. El padre, un traje muy
usado y una vieja bata; el hijo, pantalones oscuros
y jersey. Vicente se recuesta en el borde de la mesa.)*
[Debería ir más a menudo a visitarlos, pero estoy tan
ocupado... Ellos, en cambio, tienen poco que hacer.
No han sabido salir de aquel pozo...] Menos mal que
el viejo se ha vuelto divertido. *(Ríe, mientras mira las
postales.)* ¿Te conté lo del cura?
ENCARNA. No.
VICENTE. Se encontró un día con el cura de la pa-
rroquia, que iba acompañado de una feligresa. Y le
pregunta mi padre, muy cumplido: ¿Esta mujer es
su señora? *(Ríen.)* Iba con el señor Anselmo, que le
da mucha compañía, pero que nunca le discute nada.
ENCARNA. Pero... ¿está loco?
VICENTE. No es locura, es vejez. [Una cosa muy corriente:] arterioesclerosis. Ahora estará más sujeto en
casa: les regalé la televisión el mes pasado. *(Ríe.)* [Ha-
brá que oír las cosas que dirá el viejo.] *(Tira una postal*

sobre la mesa.) Esta postal no le gustará. No se ve gente.

> *(Se abstrae. Se oye el ruido de un tren remoto, que arranca, pita y gana rápidamente velocidad. Su fragor crece y suena con fuerza durante unos segundos. Cuando se amortigua, El padre habla en el cuarto de estar. Poco después se extingue el ruido en una ilusoria lejanía.)*

EL PADRE. *(Exhibe un monigote que acaba de recortar.)* Éste también puede subir.

> *(Mario interrumpe su trabajo y lo mira.)*

MARIO. ¿A dónde?
EL PADRE. Al tren.
MARIO. ¿A qué tren?
EL PADRE. *(Señala al frente.)* A ése.
MARIO. Eso es un tragaluz.
EL PADRE. Tú que sabes...

> *(Hojea la revista.)*

ENCARNA. *(Desconcertada por el silencio de Vicente.)* ¿No nos vamos?

> *(Abstraído, Vicente no contesta. Ella lo mira con curiosidad.)*

MARIO. *(Que no ha dejado de mirar a su padre.)* Hoy vendrá Vicente.
EL PADRE. ¿Qué Vicente?
MARIO. ¿No tiene usted un hijo que se llama Vicente?
EL PADRE. Sí. El mayor. No sé si vive.
MARIO. Viene todos los meses.
EL PADRE. Y tú, ¿quién eres?
MARIO. Mario.
EL PADRE. ¿Tú te llamas como mi hijo?
MARIO. Soy su hijo.

EL PADRE. Mario era más pequeño.

MARIO. He crecido.

EL PADRE. Entonces subirás mejor.

MARIO. ¿A dónde?

EL PADRE. Al tren.

(Comienza a recortar otra figura. Mario lo mira, intrigado, y luego vuelve a su trabajo.)

VICENTE. *(Reacciona y coge el mazo de revistas.)* ¿Nos vamos? [12]

ENCARNA. Eso te preguntaba.

VICENTE. *(Ríe.)* Y yo estaba pensando en las Batuecas, como cualquier personaje de Beltrán. *(Mete en su cartera las revistas, las postales y el sobre. Encarna recoge su bolso y va a la mesa, de donde toma la postal abandonada. Vicente va a la puerta, se vuelve y la mira.)* ¿Vamos?

ENCARNA. *(Mirando la postal.)* Me gustaría conocer a tus padres.

VICENTE. *(Frío.)* Ya me lo has dicho otras veces.

ENCARNA. No te estoy proponiendo nada. Puede que no vuelva a decírtelo. *(Con dificultad.)* Pero... si tuviéramos un hijo, ¿lo protegerías?

VICENTE. *(Se acerca a ella con ojos duros.)* ¿Vamos a tenerlo?

ENCARNA. *(Desvía la mirada.)* No.

VICENTE. *(Le vuelve la cabeza y la mira a los ojos.)* ¿No?

ENCARNA. *(Quiere ser persuasiva.)* ¡No!...

VICENTE. Descuidarse ahora sería una estupidez mayúscula...

[ENCARNA. Pero si naciera, ¿lo protegerías?

VICENTE. Te conozco, pequeña, y sé a dónde apuntas.]

---

12 El diálogo inmediatamente anterior entre Mario y El Padre ¿es sólo una visualización del pensamiento de Vicente, o, por el contrario, es real y acontece al mismo tiempo que Vicente está abstraído? La ambigüedad, en esta y otras escenas, es premeditada. Más adelante, los investigadores nos explican el sentido que tiene.

ENCARNA.   ¡Aunque no nos casásemos! ¿Lo protegerías?

VICENTE.   *(Seco.)* Si no vamos a tenerlo es inútil la
pregunta. Vámonos.

(Vuelve a la puerta.)

ENCARNA.   *(Suspira y comenta, anodina.)* Pensé que
a tu padre le gustaría esta postal. Es un tren muy curioso, como los de hace treinta años.

VICENTE.   No se ve gente.

*(Encarna deja la postal y sale por el fondo se-
guida de Vicente, que cierra. Vuelve el ruido del
tren. La luz se extingue en la oficina. Mario in-
terrumpió su trabajo y miraba fijamente a su padre, que ahora alza la vista y lo mira a su vez.
El ruido del tren se apaga. El padre se levanta y
lleva sus dos monigotes de papel a la cómoda
del fondo.)*

EL PADRE.   *(Musita, mientras abre un cajón.)* Estos
tienen que aguardar en la sala de espera. *(Deja los monigotes y revuelve el contenido del cajón, sacando un
par de postales.)* Recortaré a esta linda señorita. *(Canturrea, mientras vuelve a la mesa.)*

La Rosenda está estupenda.
La Vicenta está opulenta...

(Se sienta y se dispone a recortar.)

MARIO.   [¿Por qué la recorta?] ¿No está mejor en
la postal?

EL PADRE.   *(Sin mirarlo.)* Sólo cuando hay mucha
gente. Si los recortas entonces, los partes, [porque se
tapan unos a otros.] Pero yo tengo que velar por todos,
y, al que puedo, lo salvo.

MARIO.   ¿De qué?

EL PADRE.   De la postal. *(Recorta. Se abre la puerta
de la casa y entra La madre con un paquete. Es una
mujer agradable y de aire animoso. Aparenta unos se-*

senta y cinco años. El padre se interrumpe.) ¿Quién anda en la puerta?

MARIO.   Es madre.

(La madre entra en la cocina.)

EL PADRE.   *(Vuelve a recortar y canturrea.)*

            La Pepica está muy rica...

MARIO.   Padre.

EL PADRE.   *(Lo mira.)* ¿Eh?

MARIO.   ¿De qué tren habla? ¿De qué sala de espera? Nunca ha hablado de ningún tren...

EL PADRE.   De ése.

(Señala al frente.)

MARIO.   No hay ningún tren ahí.

EL PADRE.   Es usted bobo, señorito. ¿No ve la ventanilla?

        (El hijo lo mira y vuelve a su trabajo. La madre sale de la cocina con el paquete y entra en el cuarto de estar.)

LA MADRE.   Ya he puesto a calentar la leche; Vicente no tardará.

(Va a la cómoda y abre el paquete.)

EL PADRE.   *(Se levanta y se inclina.)* Señora...

LA MADRE.   *(Se inclina, burlona.)* Caballero...

EL PADRE.   [Sírvase considerarse] como en su propia casa.

LA MADRE.   *(Contiene la risa.)* Muy amable, caballero.

EL PADRE.   Con su permiso, seguiré trabajando.

LA MADRE.   Usted lo tiene. *(Vuelven a saludarse. El padre se sienta y recorta. Mario, que no se ha reído, enciende un cigarrillo.)* Las ensaimadas ya no son como

las de antes, pero a tu hermano le siguen gustando.
Si quisiera quedarse a cenar...

[MARIO.   No lo hará.

LA MADRE.   Está muy ocupado. Bastante hace ahora
con venir él a traernos el sobre cada mes.]

*(Ha ido poniendo las ensaimadas en una ban-
deja.)*

MARIO.   [Habrán despedido al botones. *(Ella lo mira,
molesta.)*] ¿Sabes que ya tiene coche?

LA MADRE.   *(Alegre.)* ¿Sí? ¿Se lo has visto?

MARIO.   Me lo han dicho.

LA MADRE.   ¿Es grande?

MARIO.   No lo sé.

LA MADRE.   ¡A lo mejor lo trae hoy!

MARIO.   No creo que llegue con él hasta aquí.

LA MADRE.   Tienes razón. Es delicado. *(Mario la mira
con leve sorpresa y vuelve a su trabajo. Ella se le acerca
y baja la voz.)* Oye... ¿Le dirás tú lo que hizo tu
padre?

MARIO.   Quizá no pregunte.

LA MADRE.   Notará la falta.

MARIO.   Si la nota, se lo diré.

EL PADRE.   *(Se levanta y va hacia la cómoda.)* La
linda señorita ya está lista. Pero no sé quién es.

LA MADRE.   *(Ríe.)* Pues una linda señorita. ¿No te
basta?

EL PADRE.   *(Súbitamente irritado.)* ¡No, no basta!

*(Y abre el cajón bruscamente para dejar el
muñeco.)*

LA MADRE.   *(A media voz.)* Lleva unos días imposible.

EL PADRE.   ¡Caramba! ¡Pasteles!

(Va a tomar una ensaimada.)

LA MADRE.   ¡Déjalas hasta que venga Vicente!

EL PADRE.   ¡Si Vicente soy yo!

LA MADRE.   Ya comerás luego. *(Lo aparta.)* [Anda, vuelve a tus postales, que eres como un niño.

EL PADRE.   *(Se resiste.)* Espera...

LA MADRE.   ¡Anda, te digo!

EL PADRE.   Quiero darte un beso.

LA MADRE.   *(Ríe.)* ¡Huy! ¡Mira por dónde sale ahora el vejestorio!

EL PADRE.   *(Le toma la cara.)* Beso...

LA MADRE.   *(Muerta de risa.)* ¡Quita, baboso!

EL PADRE.   ¡Bonita!

> *(La besa.)*

LA MADRE.   ¡Asqueroso! ¿No te da vergüenza, a tus años?

> *(Lo aparta, pero él reclina la cabeza sobre el pecho de ella, que mira a su hijo con un gesto de impotencia.)*

EL PADRE.   Cántame la canción, bonita...

LA MADRE.   ¿Qué canción? ¿Cuándo te he cantado yo a ti nada?

EL PADRE.   De pequeño.

LA MADRE.   Sería tu madre. *(Lo empuja.)* ¡Y aparta, que me ahogas!

EL PADRE.   ¿No eres tú mi madre?

LA MADRE.   *(Ríe.)* Sí, hijo. A la fuerza.] Anda, siéntate y recorta.

EL PADRE.   *(Dócil.)* Bueno.

> *(Se sienta y husmea en sus revistas.)*

LA MADRE.   ¡Y cuidado con las tijeras, que hacen pupa!

EL PADRE.   Sí, mamá.

> *(Arranca una hoja y se dispone a recortar.)*

LA MADRE. ¡Hum!... Mamá. Puede que dentro de un minuto sea la Infanta Isabel. *(Suena el timbre de la casa.)* ¡Vicente!

(Corre al fondo. Mario se levanta y se acerca a su padre.)

MARIO. Es Vicente, padre. *(El Padre no le atiende. La madre abre la puerta y se arroja en brazos de su hijo.)* Vicentito.

(Mario se incorpora y aguarda junto al sillón de su padre.)

LA MADRE. ¡Vicente! ¡Hijo!
VICENTE. Hola, madre.

(Se besan.)

LA MADRE. *(Cierra la puerta y vuelve a abrazar a su hijo.)* ¡Vicentito!
VICENTE. *(Riendo.)* ¡Vamos, madre! ¡Ni que volviese de la Luna!
LA MADRE. Es que no me acostumbro a no verte todos los días, hijo.

(Le toma del brazo y entran los dos en el cuarto de estar.)

VICENTE. ¡Hola, Mario!
MARIO. ¿Qué hay?

(Se palmean, familiares.)

LA MADRE. *(Al Padre.)* ¡Mira quién ha venido!
VICENTE. ¿Qué tal le va, padre?
EL PADRE. ¿Por qué me llama padre? No soy cura.
VICENTE. *(Ríe a carcajadas.)* ¡Ya veo que sigue sin novedad! Pues ha de saber que le he traído cosas muy lindas. *(Abre su cartera.)* Revistas y postales.

(Se las pone en la mesa.)

EL PADRE. Muy amable, caballero. Empezaba a quedarme sin gente y no es bueno estar solo.

(Hojea una revista.)

VICENTE. *(Risueño.)* ¡Pues ya tiene compañía! *(Se acerca a la cómoda.)* ¡Caramba! ¡Ensaimadas!

LA MADRE. *(Feliz.)* Ahora mismo traigo el café. ¿Te quedas a cenar?

VICENTE. ¡Ni dos minutos! Tengo mil cosas que hacer.

(Se sienta en el sofá.)

LA MADRE. *(Decepcionada.)* ¿Hoy tampoco?

VICENTE. De veras que lo siento, madre.

LA MADRE. [Si, al menos, vinieses más a menudo...

VICENTE. Ahora vengo todos los meses.

LA MADRE. Sí, claro.] Voy por el café.

(Inicia la marcha.)

VICENTE. *(Se levanta y saca un sobre azul.)* Toma, antes de que se me olvide.

LA MADRE. Gracias, hijo. Viene a tiempo, ¿sabes? Mañana hay que pagar el plazo de la lavadora.

VICENTE. Pues ve encargando la nevera.

LA MADRE. ¡No! Eso, todavía...

VICENTE. ¡Si no hay problema! Me tenéis a mí. *(La madre lo mira, conmovida. De pronto le da otro beso y corre rápida a refugiarse en la cocina.)* A ti te he traído pruebas.

(Saca el sobre de su cartera. Mario lo toma en silencio y va a dejarlo en su mesita. Entre tanto, El padre se ha levantado y los mira, caviloso. Da unos pasos y señala a la mesa.)

EL PADRE. ¿Quién es ése?

VICENTE. ¿Cómo?

EL PADRE. Ese... que lleva un hongo.
VICENTE. ¿Qué dice?

> *(Mario ha comprendido. El padre tira de él,
> lo lleva a la mesa y pone el dedo sobre una
> postal.)*

EL PADRE. Aquí.
VICENTE. *(Se acerca.)* Es la plaza de la Ópera, en
París. Todos llevan hongo; es una foto antigua.
EL PADRE. Éste.
VICENTE. [¡Si apenas se ve!] Uno que pasó enton-
ces, [como todos éstos.] Uno cualquiera.
EL PADRE. *(Enérgico.)* ¡No!
[VICENTE. ¿Cómo quiere que sepamos quién es? ¡No
es nadie!
EL PADRE. ¡Sí!]
MARIO. *(Suave.)* Ya habrá muerto.
EL PADRE. *(Lo mira asustado.)* ¿Qué dices?

> *(Busca entre las revistas y toma una lupa.)*

VICENTE. ¿Una lupa?
MARIO. Tuve que comprársela. No es la primera
vez que hace esa pregunta.

> *(El padre se ha sentado y está mirando la pos-
> tal con la lupa.)*

VICENTE. *(A media voz.)* ¿Empeora?
MARIO. No sé.
EL PADRE. No está muerto. Y esta mujer que cruza,
¿quién es? *(Los mira.)* Claro. Vosotros no lo sabéis.
Yo, sí.
VICENTE. ¿Sí? ¿Y el señor del hongo?
EL PADRE. *(Grave.)* También.
VICENTE. Y si lo sabía, ¿por qué nos lo pregunta?
EL PADRE. Para probaros.
VICENTE. *(Le vuelve la espalda y contiene la risa.)*
Se cree Dios...

(El padre lo mira un segundo y se concentra en la postal. Mario esboza un leve gesto de aquiescencia. La madre sale de la cocina con una bandeja repleta de tazones.)

LA MADRE. *(Mientras avanza por el pasillo.)* ¿Cuándo te vas a casar, Vicente?

EL PADRE. *(Mirando su postal.)* Ya me casé una vez.

LA MADRE. *(Mientras el hijo mayor ríe.)* Claro. Y yo otra. *(El padre la mira.)* ¡No te hablo a ti, tonto! *(Deposita la bandeja y va poniendo tazones sobre la mesa.)* ¡Y deja ya tus muñecos, que hay que merendar! Toma. Para ti una pizca, que la leche te perjudica. *(Le pone un tazón delante. Le quita la lupa y la postal. Él la mira, pero no se opone. Ella recoge postales y revistas, y las lleva a la cómoda.)* Siéntate, hijo. *(Vicente se sienta a la mesa.)* Y yo junto al niño, porque si no se pone perdido. *(Lleva las ensaimadas a la mesa.)* ¡Coge una ensaimada, hijo!

VICENTE. Gracias.

(Toma una ensaimada y empieza a merendar. Mario toma otra.)

LA MADRE. *(Sentada junto a su marido, le da una ensaimada.)* ¡Toma! ¿No querías una? *(El padre la toma.)* ¡Moja! *(El padre la moja.)* No me has contestado, hijo. ¿No te gusta alguna chica?

VICENTE. Demasiadas.

LA MADRE. ¡Asqueroso!

EL PADRE. ¿Por dónde como esto?

LA MADRE. ¡Muerde por donde has mojado!

[EL PADRE. ¿Con qué lo muerdo?

LA MADRE. ¡Con la boca!] *(El padre se lleva la ensaimada a los ojos.)* ¡La boca, la boca! No hay quien pueda contigo. *(Le quita la ensaimada y se la va dando como a un niño, tocándole los labios a cada bocado para que los abra.)* ¡Toma!

VICENTE. ¿Así está?

MARIO. Unas veces lo sabe y otras se le olvida.

LA MADRE.   Toma otra, Vicente.

EL PADRE.   ¿Tú te llamas Vicente?

VICENTE.   Sí.

EL PADRE.   ¡Qué casualidad! Tocayo mío.

(Vicente ríe.)

LA MADRE.   *(Al Padre.)* Tú come y calla.

(Le brinda otro bocado.)

EL PADRE.   No quiero más. ¿Quién va a pagar la cuenta?

LA MADRE.   *(Mientras Vicente ríe de nuevo.)* Ya está pagada. Y toma...

EL PADRE.   *(Rechaza el bocado y se levanta, irritado.)* [¡No quiero más!] ¡Me voy a mi casa!

LA MADRE.   *(Se levanta e intenta retenerlo.)* ¡Si estás en tu casa!

EL PADRE.   ¡Esto es un restaurante!

(Intenta apartar a su mujer. Vicente se levanta.)

LA MADRE.   Escucha...

EL PADRE.   ¡Tengo que volver con mis padres!

(Va hacia el fondo.)

LA MADRE.   *(Tras él, le dice a Vicente.)* Disculpa, hijo. No se le puede dejar solo.

EL PADRE.   *(En el pasillo.)* ¿Dónde está la puerta?

(Abre la de su dormitorio y se mete. La madre entra tras él, cerrando. Vicente da unos pasos hacia el pasillo y luego se vuelve hacia su hermano, que no se ha levantado.)

VICENTE.   Antes no se enfadaba tanto...

MARIO.   *(Trivial.)* Se le pasa pronto. *(Apura su tazón y se limpia la boca.)* ¿Qué tal va tu coche?

Vicente. ¡Ah! ¿Ya lo sabes? Es poca cosa, aunque parece algo. Pero en estos tiempos resulta imprescindible...

Mario. *(Muy serio.)* Claro. El desarrollo económico.

Vicente. Eso. *(Se acerca.)* Y a ti, ¿qué tal te va?

Mario. También prospero. Ahora me han encargado la corrección de estilo de varios libros.

Vicente. ¿Tienes novia?

Mario. No.

(Encarna entra por el primer término izquierdo. Vicente toma otra ensaimada y, mientras la muerde, vuelve al pasillo a escuchar. Encarna consulta su reloj y se sienta al velador del cafetín, mirando hacia la derecha como si esperase a alguien.)

Vicente. Parece que está más tranquilo.

Mario. Ya te lo dije.

Vicente. *(Mira su reloj, vuelve al cuarto y cierra su cartera.)* Se me ha hecho tarde... *(El Camarero entra por la izquierda. Encarna y él cambian en voz baja algunas palabras. El Camarero se retira.)* Tendré que despedirme...

(Vicente inicia la marcha hacia el pasillo.)

Mario. ¿Cómo encuentras a nuestro padre?

Vicente. *(Se vuelve, sonriente.)* Muy divertido. [Lo del restaurante ha tenido gracia...] *(Se acerca.)* ¿No se le ha ocurrido ninguna broma con la televisión?

Mario. Verás...

(Vicente mira a todos lados.)

Vicente. ¿Dónde la habéis puesto? La instalaron aquí...

(Encarna consulta la hora, saca un libro de su bolso y se pone a leer.)

Mario. ¿Has visto cómo se ha irritado?

[VICENTE. ¿Qué quieres decir?]

[MARIO.] Últimamente se irrita con frecuencia...

VICENTE. ¿Sí?

MARIO. Los primeros días [no dijo nada.] Se sentaba ante el aparato y de vez en cuando miraba a nuestra madre, que comentaba todos los programas contentísima, figúrate. A veces, él parecía inquieto y se iba a su cuarto sin decir palabra... Una noche transmitieron *El Misterio de Elche* y aquello pareció interesarle. A la mitad lo interrumpieron bruscamente para trufarlo con todos esos anuncios de lavadoras, bebidas, detergentes... Cuando nos quisimos dar cuenta se había levantado y destrozaba a silletazos el aparato.

VICENTE. ¿Qué?

MARIO. Hubo una explosión tremenda. A él no le pasó nada, pero el aparato quedó hecho añicos... [Nuestra madre no se atrevía a decírtelo.]

(Un silencio. El Camarero vuelve al velador y sirve a Encarna un café con leche.)

VICENTE. *(Pensativo.)* Él no era muy creyente...

MARIO. No.

(Un silencio. Encarna echa dos terrones, bebe un sorbo y vuelve a su lectura.)

VICENTE. *(Reacciona.)* Al fin y al cabo, no sabe lo que hace.

MARIO. Reconocerás que lo que hizo tiene sentido.

VICENTE. Lo tendría en otra persona, no en él.

MARIO. ¿Por qué no en él?

[VICENTE. Sufre una esclerosis avanzada; algo fisiológico. Sus reacciones son disparatadas, y no pueden ser otra cosa.

MARIO. A veces parecen otra cosa. *(Movimiento de incredulidad de Vicente.)*] Tú mismo has dicho que se creía Dios...

VICENTE. ¡Bromeaba!

MARIO. Tú no le observas tanto como yo.

VICENTE. ¿También tú vas a desquiciarte, Mario? ¡Es una esclerosis senil!

MARIO. No tan senil.

VICENTE. No te entiendo.

MARIO. El médico habló últimamente de un posible factor desencadenante...

VICENTE. Eso es nuevo... ¿Qué factor?

MARIO. No sé... Por su buen estado general, le extrañó lo avanzado del proceso. Nuestro padre tiene ahora setenta y seis años, y ya hace cuatro que está así...

VICENTE. A otros les pasa con menos edad.

MARIO. Es que a él le sucedió por primera vez mucho antes.

[VICENTE. ¿Cómo?

MARIO. El médico nos preguntó y entonces yo recordé algo... Pasó poco después de terminar] tú [el servicio militar, cuando] ya te habías ido de casa.

VICENTE. ¿Qué sucedió?

MARIO. Se levantó una noche y anduvo por aquí diciendo incoherencias... Y sólo tenía cincuenta y siete años. Madre dormía, pero yo estaba desvelado.

VICENTE. Nunca lo dijiste.

MARIO. Como no volvió a suceder en tantos años, lo había olvidado.

(Un silencio.)

VICENTE. *(Pasea.)* [Quizás algo hereditario; quién sabe.] De todos modos, no encuentro que sus reacciones signifiquen nada... Es como un niño que dice bobadas.

MARIO. No sé... Ahora ha inventado nuevas manías... Ya has visto una de ellas: preguntar quién es cualquier hombrecillo de cualquier postal.

(Se levanta y va al frente, situándose ante el invisible tragaluz.)

VICENTE. *(Ríe.)* Según él, para probarnos. Es gracioso.

MARIO. Sí. Es curioso. ¿Te acuerdas de nuestro juego de muchachos?

VICENTE. ¿Qué juego?

MARIO. Abríamos este tragaluz para mirar las piernas que pasaban y para imaginar cómo eran las personas.

VICENTE. *(Riendo.)* ¡El juego de las adivinanzas! Ni me acordaba.

MARIO. Desde que rompió la televisión, le gusta que se lo abramos y ver pasar la gente... [Es casi como entonces, porque yo le acompaño.]

VICENTE. *(Paseando.)* Como un cine.

MARIO. *(Sin volverse.)* Él lo llama de otro modo. Hoy ha dicho que es un tren.

> *(Vicente se detiene en seco y lo mira. Breve silencio. La madre sale del dormitorio y vuelve al cuarto de estar.)*

LA MADRE. Perdona, hijo. Ahora ya está tranquilo.

VICENTE. Me voy ya, madre.

LA MADRE. ¿Tan pronto?

VICENTE. ¡Tan tarde! Llevo retraso.

MARIO. *(Que se volvió al oír a su madre.)* Yo también salgo.

VICENTE. ¿Te acerco a algún lado?

MARIO. Te acompaño hasta la esquina solamente. [Voy cerca de aquí.]

LA MADRE. También a mí me gustaría, por ver tu coche, que todo se sabe... [¿Lo has dejado en la esquina?]

VICENTE. [Sí.] No es gran cosa.

LA MADRE. Eso dirás tú. Otro día páralo aquí delante. No seas tan mirado... Pocas ensaimadas te has comido...

VICENTE. Otro día me tomaré la bandeja entera. [13] *(Señala al pasillo.)* ¿Me despido de él?

LA MADRE. Déjalo, no vaya a querer irse otra vez. *(Ríe.)* ¿Sabes por dónde se empeñaba en salir de casa? ¡Por el armario!

VICENTE. *(Riendo, a su hermano.)* ¿No te lo dije? ¡Igual que un niño!

> *(Recoge su cartera y se encamina a la salida. Mario recoge de la mesita su cajetilla y va tras ellos.)*

LA MADRE. ¡Que vuelvas pronto, hijo!

VICENTE. *(En el pasillo.)* ¡Prometido!

> *(Vicente abre la puerta de la casa, barbillea a su madre con afecto y sale.)*

MARIO. *(Sale tras él.)* Hasta luego, madre.

LA MADRE. *(Desde el quicio.)* Adiós...

> *(Cierra con un suspiro, vuelve al cuarto de estar y va recogiendo los restos de la merienda, para desaparecer con ellos en la cocina. La luz se amortigua en el cuarto de estar; mientras La madre termina sus paseos, la joven pareja de investigadores reaparece. Encarna, impaciente, consulta su reloj y bebe otro sorbo.)*

ÉL. El fantasma de la persona a quien esperaba esta mujer tardará un minuto.

ELLA. Lo aprovecharemos para comentar lo que habéis visto.

ÉL. ¿Habéis visto [sólamente] realidades, o también pensamientos?

---

[13] Adviértase la excesiva —y hemos de suponer que, por lo tanto, voluntaria— importancia que en la escena se da a unas simples ensaimadas. Escena de fuerte calor familiar, como tantas y tantas que esta familia habrá vivido en tiempo de postguerra, en que una ensaimada podía ser un manjar. A pesar de la nevera, el televisor, el automóvil del hijo, etc., la madre vive aún en aquel tiempo.

ELLA. Sabéis todos que los detectores lograron hace tiempo captar pensamientos que, al visualizarse intensamente, pudieron ser recogidos como imágenes. La presente experiencia parece ser uno de esos casos; pero algunas de las escenas que habéis visto pudieron suceder realmente, aunque Encarna y Vicente las imaginasen al mismo tiempo en su oficina. [Recordad que algunas de ellas continúa desarrollándose cuando los que parecían imaginarlas dejaron de pensar en ellas.

ÉL. ¿Dejaron de pensar en ellas? Lo ignoramos. Nunca podremos establecer, ni ellos podrían, hasta dónde alcanzó su más honda actividad mental.]

[ELLA.] ¿Las pensaron con tanta energía que nos parecen reales sin serlo?

ÉL. ¿Las percibieron cuando se desarrollaban, creyendo imaginarlas?

ELLA. ¿Dónde está la barrera entre las cosas y la mente?

ÉL. Estáis presenciando una experiencia de realidad total: sucesos y pensamientos en mezcla inseparable. [14]

ELLA. Sucesos y pensamientos extinguidos hace siglos.

ÉL. No del todo, puesto que los hemos descubierto. *(Por Encarna.)* Mirad a ese fantasma. ¡Cuán vivo nos parece!

ELLA. *(Con el dedo en los labios.)* ¡Chist! Ya se proyecta la otra imagen. *(Mario aparece tras ellos por la derecha y avanza unos pasos mirando a Encarna.)* ¿No parece realmente viva?

(La pareja sale. La luz del primer término crece. Encarna levanta la vista y sonríe ∩ Mario. Mario llega a su lado y se dan la mano. Sin desenlazarlas, se sienta él al lado de ella.)

ENCARNA. *(Con dulzura.)* Has tardado...
MARIO. Mi hermano estuvo en casa.
ENCARNA. Lo sé.

[14] *Vid.* nota 12.

(Ella retira suavemente su mano. Él sonríe, turbado.)

MARIO. Perdona.

ENCARNA. ¿Por qué hemos tardado tanto en conocernos? Las pocas veces que ibas por la Editora no mirabas a nadie y te marchabas en seguida... Apenas sabemos nada el uno del otro.

MARIO. *(Venciendo la resistencia de ella, vuelve a tomarle la mano.)* Pero hemos quedado en contárnoslo.

ENCARNA. Nunca se cuenta todo.

(El Camarero reaparece. Ella retira vivamente su mano.)

MARIO. Cerveza, por favor. *(El Camarero asiente y se retira. Mario sonríe, pero le tiembla la voz.)* Habrá pensado que somos novios.

ENCARNA. Pero no lo somos.

MARIO. *(La mira con curiosidad.)* Sólo confidentes..., por ahora. Cuéntame.

ENCARNA. Si no hay otro remedio...

MARIO. *(La sonríe.)* No hay otro remedio.

ENCARNA. Yo... soy de pueblo. Me quedé sin madre de muy niña. [Teníamos una tierruca muy pequeña;] mi padre se alquilaba de bracero cuando podía. Pero ya no había trabajo para nadie, [y cogimos cuatro cuartos por la tierra] y nos vinimos hace seis años.

MARIO. Como tantos otros...

ENCARNA. Mi padre siempre decía: tú saldrás adelante. Se colocó de albañil y ni dormía por aceptar chapuzas. Y me compró una máquina, y un método, y libros... Y cuando me veía encendiendo la lumbre, o barriendo, o acarreando agua —porque vivíamos en las chabolas—, me decía: "Yo lo haré. Tú, estudia". Y quería que me vistiese lo mejor posible, y que leyese mucho, y que...

(Se le quiebra la voz.)

MARIO. Y lo consiguió.

ENCARNA. Pero se mató. Iba a las obras cansado, medio dormido, y se cayó hace tres años del andamio. *(Calla un momento.)* Y yo me quedé sola. ¡Y tan asustada! Un año entero buscando trabajo, [haciendo copias,] de pensión en pensión... ¡Pero entonces supe defenderme, te lo aseguro!... *(A media voz.)* Hasta que entré en la Editora.

(Lo mira a hurtadillas.)

MARIO. No sólo has sabido defenderte. Has sabido luchar limpiamente, y formarte... Puedes estar orgullosa.

ENCARNA. *(De pronto, seca.)* No quisiera seguir hablando de esto.

(Él la mira, intrigado. El Camarero vuelve con una caña de cerveza, la deposita ante Mario va a retirarse.)

MARIO. Cobre todo.

(Le tiende un billete. El Camarero le da las vueltas y se retira. Mario bebe un sorbo.)

ENCARNA. Y tú, ¿por qué no has estudiado? [Los dos hermanos sois muy cultos, pero tú... podrías haber hecho tantas cosas...]

MARIO. *(Con ironía.)* [¿Cultos? Mi hermano aún pudo aprobar parte del bachillerato; yo, ni empezarlo.] La guerra civil terminó cuando yo tenía diez años. Mi padre estaba empleado en un Ministerio y lo depuraron... Cuando volvimos a Madrid hubo que meterse en el primer rincón que encontramos: en ese sótano... de donde ya no hemos salido. Y años después, cuando pudo pedir el reingreso, mi padre ya no quiso hacerlo. Yo seguí leyendo y leyendo, pero... hubo que sacar adelante la casa.

ENCARNA. ¿Y tú hermano?

MARIO. *(Frío.)* Estuvo con nosotros hasta que lo llamaron a filas. Luego, decidió vivir por su cuenta.

[ENCARNA. Ahora os ayuda...

MARIO. Sí.

(Bebe.)]

ENCARNA. Podrías haber prosperado como él... Quizá entrando en la Editora...

MARIO. *(Seco.)* No quiero entrar en la Editora.

ENCARNA. Pero... hay que vivir...

MARIO. Ésa es nuestra miseria: que hay que vivir.

ENCARNA. *(Asiente, después de un momento.)* Hoy mismo, por ejemplo...

MARIO. ¿Qué?

ENCARNA. No estoy segura... Ya sabes que ahora entra un grupo nuevo.

MARIO. Sí.

ENCARNA. Yo creo que a Beltrán no le editan la segunda novela [que entregó.] ¡Y es buenísima! ¡La acabo de leer!] ¡Y a tu hermano también le gustaba!

MARIO. *(Con vivo interés.)* ¿Qué ha pasado?

ENCARNA. Tu hermano hablaba con Juan por teléfono y me hizo salir. Después dijo que, en esa novela, Beltrán se había equivocado. Y de las pruebas que te ha llevado hoy, quitó un artículo que hablaba bien de él.

MARIO. El nuevo grupo está detrás de eso. Lo tienen sentenciado.

ENCARNA. Alguna vez lo han elogiado.

MARIO. Para probar su coartada... Y mi hermano, metido en esas bajezas. *(Reflexiona.)* Escucha, Encarna. Vas a vigilar y a decirme todo lo que averigües de esa maniobra. ¡Tenemos que ayudar a Beltrán!

ENCARNA. Tú eres como él.

MARIO. *(Incrédulo.)* ¿Como Beltrán?

ENCARNA. Esa manera suya de no pedir nada, allí, donde he visto suplicar a todo el mundo...

MARIO. Él sí ha salido adelante sin mancharse. Alguna vez sucede... *(Sonríe.)* Pero yo no tengo su talento. *(Grave.)* Ni quizá su bondad. Escucha lo que he soñado esta noche. Había un precipicio... Yo estaba en uno de los lados, sentado ante mis pruebas... Por la otra ladera corría un desconocido, con una cuerda atada a la cintura. Y la cuerda pasaba sobre el abismo, y llegaba hasta mi muñeca. Sin dejar de trabajar, yo daba tironcitos... y lo iba acercando al borde. Cuando corría ya junto al borde mismo, di un tirón repentino y lo despeñé.

(Un silencio.)

ENCARNA. Tú eres el mejor hombre que he conocido. Por eso me lo has contado.

MARIO. Te lo he contado porque quiero preguntarte algo. *(Se miran, turbados. Él se decide.)* ¿Quieres ser mi mujer? *(Ella desvía la vista.)* ¿Lo esperabas? *(Ella asiente. Él sonríe.)* Nunca ganaré gran cosa. Si me caso contigo, haré un matrimonio ventajoso.

ENCARNA. *(Triste.)* No bromees.

MARIO. *(Grave.)* Encarna, soy un hombre quebrado. [Hundido, desde el final de nuestra guerra, en aquel pozo de mi casa.] Pero si tu tristeza y la mía se unen, tal vez logremos una extraña felicidad.

ENCARNA. *(A punto de llorar.)* ¿De qué tristeza hablas?

MARIO. No finjas.

ENCARNA. ¿Qué sabes tú?...

MARIO. Nada. Pero lo sé. *(Ella lo mira, turbada.)* ¿Quieres venir ahora a casa de mis padres? *(Ella lo mira con alegría y angustia.)* Antes de que decidas, debes conocerlos.

ENCARNA. Los conozco ya. Soy yo quien reúne para tu padre revistas y postales... Cuanta más gente ve en ellas, más contento se pone, ¿verdad?

(Sonríe.)

MARIO. *(Asiente, pensativo.)* Y a menudo pregunta: ¿Quién es éste?... ¿O éste?...

ENCARNA. Tu hermano apartó hoy una postal porque en ella no se veía gente. Así voy aprendiendo cosas de tus padres.

MARIO. ¡También le gustan sin gente! ¿Era algún monumento?

ENCARNA. No. Un tren antiguo. *(Mario se yergue, mirándola fijamente. Ella, sin mirarlo, continúa después de un momento.)* Mario, iremos a tu casa si quieres. ¡Pero no como novios!

MARIO. *(Frío, distante.)* Déjame pensar. *(Ella lo mira, desconcertada. La Esquinera entra por la derecha y se detiene un momento, atisbando por todos lados la posible llegada de un cliente. Encarna se inmuta al verla. Mario se levanta.)* ¿Vamos?

ENCARNA. No como novios, Mario.

[MARIO. ¿Por qué no?

ENCARNA. Puedes arrepentirte... O puede que me arrepienta yo.]

MARIO. *(Frío.)* Te presentaré como amiga. *(Encarna llega a su lado. La prostituta sonríe con cansada ironía y cruza despacio. Encarna se coge del brazo de Mario al verla acercarse. Mario va a caminar, pero ella no se mueve.)* ¿Qué te pasa?

> *(La prostituta se aleja y sale, contoneándose, por la izquierda.)*

ENCARNA. Tú no quieres jugar conmigo, ¿verdad?

MARIO. *(Molesto.)* ¿A qué viene eso?

ENCARNA. *(Baja la cabeza.)* Vamos.

> *(Salen por la derecha. El Camarero entró poco antes a recoger los servicios y pasa un paño por el velador mientras la luz se extingue. Los investigadores reaparecen por ambos laterales. Sendos focos los iluminan. El Camarero sale y ellos hablan.)*

ELLA. La escena que vais a presenciar sucedió siete días después.

ÉL. Imposible reconstruir lo sucedido en ellos. Los detectores soportaron campos radiantes muy intensos y sólo se recogían apariciones fragmentarias.

ELLA. Los investigadores conocemos bien ese relampagueo de imágenes que, [si a veces proporciona inesperados hallazgos,] a muchos de nosotros les llevó a abandonar su labor, desalentados por tanta inmensidad...

ÉL. Los aparatos espacializan las más extrañas visiones: luchas de pájaros, manos que saludan, [un gran reptil,] el incendio de una ciudad, hormigas sobre un cadáver, llanuras heladas...

ELLA. Yo vi antropoides en marcha, y niños ateridos tras una alambrada...

ÉL. Y vimos otras imágenes incomprensibles, de algún astro muy lejano o de civilizaciones ya olvidadas. Presencias innumerables cuya podre forma hoy nuestros cuerpos y que hemos de devolver a la nada para no perder la historia que se busca y que acaso no sea tan valiosa.

ELLA. La acción más oculta o insignificante puede ser descubierta un día. [Hoy descubrimos antiquísimos saberes visualizando a quienes leían, tal vez con desgana, los libros destruidos.] El misterioso espacio todo lo preserva.

ÉL. Cada suceso puede ser percibido desde algún lugar.

ELLA. Y a veces, sin aparatos, desde alguna mente lúcida.

ÉL. El experimento continúa.

(*Las oscilaciones luminosas comienzan a vibrar sobre la oficina. Él y Ella salen por los laterales. La luz se estabiliza. La máquina de escribir está descubierta y tiene papeles en el carro. Encarna, a la máquina. La puerta se abre y entra Mario. Encarna se vuelve, ahogando un suspiro.*)

MARIO. He venido a dejar pruebas y, antes de irme, se me ocurrió visitar..∴. a mi hermano.

ENCARNA. *(Temblorosa.)* Lleva tres horas con los nuevos consejeros.

MARIO. Y su secretaria, ¿está visible?

ENCARNA. *(Seria.)* Ya ves que sí.

[MARIO. *(Cierra y avanza.)* ¿Te molesto?

ENCARNA. Tengo trabajo.]

MARIO. ¿Estás nerviosa?

ENCARNA. [Los consejeros nuevos traen sus candidatos...] No sé si continuaré en la casa.

MARIO. ¡Bah! Puedes estar tranquila.

ENCARNA. Pues no lo estoy. Y te agradecería que... no te quedases mucho tiempo.

MARIO. *(Frunce las cejas, toma una silla y se sienta junto a Encarna, mirándola fijamente. Ella no lo mira.)* Tres días sin verte.

ENCARNA. Con la reorganización hemos tenido mucho trabajo.

MARIO. Siempre se encuentra un momento. *(Breve pausa.)* Si se quiere.

ENCARNA. Yo... tenía que pensar.

MARIO. *(Le toma una mano.)* Encarna...

ENCARNA. ¡Por favor, Mario!

MARIO. ¡Tú sabes ya que me quieres!

ENCARNA. ¡No! ¡No lo sé!

MARIO. ¡Lo sabes!

ENCARNA. *(Se levanta, trémula.)* ¡No!

MARIO. *(Se levanta casi al tiempo y la abraza.)* ¿Por qué mientes?

ENCARNA. ¡Suelta!

> *(Él la besa vorazmente. Ella logra desasirse, denegando obsesivamente, mientras mira a la puerta. Mario llega a su lado y la toma de los brazos.)*

MARIO. *(Suave.)* ¿Qué te sucede?

ENCARNA. Tenemos que hablar.

> *(Va a la mesa de despacho, donde se apoya, trémula.)*

Mario. Quizá no te gustaron mis padres.

Encarna. [No es eso...] Te aseguro que los quiero ya.

Mario. Y ellos a ti.

Encarna. *(Se aparta, buscando de qué hablar.)* Tu padre me llamó Elvirita una vez... ¿Por qué?

Mario. Era una hermanita que se nos murió. Tenía dos años cuando terminó la guerra.

Encarna. ¿Me confundió con ella?

Mario. Si ella viviese, tendría tu edad, más o menos.

Encarna. ¿De qué murió?

Mario. Tardamos seis días en volver a Madrid. Era muy difícil tomar los trenes, que iban repletos de soldados ansiosos de llegar a sus pueblos... Y era aún más difícil encontrar comida. Leche, sobre todo. Viajamos en camiones, en tartanas, qué sé yo... La nena apenas tomaba nada... Ni nosotros... Murió al cuarto día. De hambre. *(Un silencio.)* [La enterramos en un pueblecito. Mi padre fue al Ayuntamiento y logró en seguida el certificado de defunción y el permiso. Años después le he oído comentar que fue fácil: que entonces era fácil enterrar.

(Un silencio.)]

Encarna. *(Le oprime con ternura un hombro.)* Hay que olvidar, Mario.

Mario. *(Cierra los ojos.)* Ayúdame tú, Encarna... ¿Te espero luego en el café?

Encarna. *(Casi llorosa.)* Sí, porque tengo que hablarte.

Mario. *(Su tono y su expresión cambian. La mira, curioso.)* ¿De mi hermano?

Encarna. Y de otras cosas.

Mario. ¿Averiguaste algo? *(Ella lo mira, turbada.)* ¿Sí?

Encarna. *(Corre a la puerta del fondo, la abre y espía un momento. Tranquilizada, cierra y toma su bol-*

so.) Mira lo que he encontrado en el cesto. (Saca los trozos de papel de una carta rota y los compone sobre la mesa. Mario se inclina para leer.) ¿Entiendes el francés?

MARIO. Un poco.

ENCARNA. ¿Verdad que hablan de Beltrán?

MARIO. Piden los derechos de traducción de "Historia secreta", el tercer libro que él publicó. Y como la Editora ya no existe, se dirigen a vosotros por si los tuviérais..., con el ruego, en caso contrario, de trasladar la petición al interesado. *(Un silencio. Se miran.)* [Y es al cesto de los papeles a donde ha llegado. [15]

ENCARNA. Si tu hermano la hubiese contestado la habría archivado, no roto.]

(Recoge aprisa los trozos de papel.)

MARIO. No tires esos pedazos, Encarna.

ENCARNA. No.

(Los vuelve a meter en el bolso.)

MARIO. Esperaré a Vicente y le hablaremos de esto.

ENCARNA. ¡No!

MARIO. ¡No podemos callar! ¡Se trata de Beltrán!

[ENCARNA. Podríamos avisarle...

MARIO. Lo haremos si es necesario, pero a Vicente le daremos su oportunidad.]

ENCARNA. *(Se sienta, desalentada, en su silla.)* La carta la he encontrado yo. Déjame intentarlo a mí sola.

MARIO. ¡Conmigo al lado te será más fácil!

ENCARNA. ¡Por favor!

MARIO. *(La mira con insistencia unos instantes.)* No te pregunto si te atreverás, porque tú sabes que debes hacerlo...

ENCARNA. Dame unos días...

---

15 *Vid.* nota 8. No se nos acaba de explicar en la obra el porqué de toda esta maquinación contra Beltrán, lo que no obsta para que, en cualquier caso, la conducta de Vicente sea recusable.

MARIO. ¡No, Encarna! Si tú no me prometes hacerlo ahora, me quedo yo para decírselo a Vicente.

ENCARNA. *(Rápida.)* ¡Te lo prometo! *(Baja la cabeza. Él le acaricia el cabello con súbita ternura.)* Me echará.

MARIO. No tienes que reprocharle nada. Atribúyelo a un descuido suyo.

ENCARNA. ¿Puedo hacer eso?

MARIO. *(Duro.)* Cuando haya que hablarle claro, lo haré yo. Ánimo, Encarna. En el café te espero.

ENCARNA. *(Lo mira, sombría.)* Sí. Allí hablaremos.

(La puerta se abre y entra Vicente con una carpeta en la mano. Viene muy satisfecho. Encarna se levanta.)

VICENTE. ¿Tú por aquí?

MARIO. Pasé un momento a saludarte. Ya me iba.

VICENTE. ¡No te vayas todavía! *(Mientras deja la carpeta sobre la mesa y se sienta.)* Vamos a ver, Mario. Te voy a hacer una proposición muy seria.

ENCARNA. ¿Me... retiro?

VICENTE. ¡No hace falta! *(A Mario.)* Encarnita debe saberlo. ¡Escúchame bien! Si tú quieres, ahora mismo quedas nombrado mi secretario. [Para trabajar aquí, conmigo. Y con ella.] *(Encarna y Mario se miran.)* Para ti también hay buenas noticias, Encarna: quinientas pesetas más al mes. Seguirás con tu máquina y tu archivo. Pero necesito otro ayudante con buena formación literaria. Tú lo comprendes...

ENCARNA. Claro.

(Se sienta en su silla.)

VICENTE. Tú, Mario. Es un puesto de gran porvenir. Para empezar, calcula algo así como el triple de lo que ahora ganas. ¿Hace?

MARIO. Verás, Vicente...

VICENTE. Un momento... *(Con afecto.)* Lo puedo hacer hoy; más adelante ya no podría. Figúrate la alegría que le íbamos a dar a nuestra madre... Ahora puedo decirte que me lo pidió varias veces.

MARIO. Lo suponía.

VICENTE. También a mí me darías una gran alegría, te lo aseguro...

MARIO. *(Suave.)* No, Vicente. Gracias.

VICENTE. *(Reprime un movimiento de irritación.)* ¿Por qué no?

MARIO. Yo no valgo para esto...

VICENTE. *(Se levanta.)* ¡Yo sé mejor que tú lo que vales! ¡Y ésta es una oportunidad única! [¡No puedes,] no tienes el derecho de rehusarla! ¡Por tu mujer, por tus hijos, cuando los tengas! *(Encarna y Mario se miran.)* ¡Encarna, tú eres mujer y lo entiendes! ¡Dile tú algo!

ENCARNA. *(Muy turbada.)* Sí... Realmente...

[VICENTE. *(A Mario.)* ¡Me parece que no puedo hacer por ti más de lo que hago!]

MARIO. Te lo agradezco de corazón, créeme... Pero no.

VICENTE. *(Rojo.)* Esto empieza a ser humillante... Cualquier otro lo aceptaría encantado... y agradecido.

MARIO. Lo sé, Vicente, lo sé... Discúlpame.

VICENTE. ¿Qué quiere decir ese "discúlpame"? ¿Que sí o que no?

MARIO. *(Terminante.)* Que no.

(Encarna suspira, decepcionada.)

VICENTE. *(Después de un momento, muy seco.)* Como quieras.

(Se sienta.)

MARIO. Adiós, Vicente. Y gracias.

(Sale y cierra. Una pausa.)

VICENTE. Hace años que me he resignado a no entenderle. Sólo puedo decir: es un orgulloso y un imbécil. *(Suspira.)* Nos meterán aquí a otro; [aún no sé quién será.] Pero tú no te preocupes: sigues conmigo, y con aumento de sueldo.

ENCARNA. Yo también te doy las gracias.

VICENTE. *(Con un movimiento de contrariedad.)* No sabe él lo generosa que era mi oferta. Porque le he mentido: no me agradaría tenerle aquí. Con sus rarezas resultaría bastante incómodo... [Y se enteraría de lo nuestro, y puede que también le pareciera censurable, porque es un estúpido que no sabe nada de la vida.] ¡Ea! No quiero pensarlo más. ¿Algo que firmar?

ENCARNA. No.

VICENTE. ¿Ningún asunto pendiente? *(Un silencio.)* ¿Eh?

ENCARNA. *(Con dificultad.)* No.

(Y rompe a llorar.)

VICENTE. ¿Qué te pasa?

ENCARNA. Nada.

VICENTE. Nervios... Tu continuidad garantizada...

(Se levanta y va a su lado.)

ENCARNA. Eso será.

VICENTE. *(Ríe.)* ¡Pues no hay que llorarlo, sino celebrarlo! *(Íntimo.)* ¿Tienes algo que hacer?

ENCARNA. Es jueves...

VICENTE. *(Contrariado.)* Tu amiga.

ENCARNA. Sí.

VICENTE. Pensé que hoy me dedicarías la tarde.

ENCARNA. Ahora ya no puedo avisarla.

VICENTE. Vamos a donde sea, te disculpas y te espero en el coche.

ENCARNA. No estaría bien... Mañana, si quieres...

(Un silencio.)

VICENTE. *(Molesto.)* A tu gusto. Puedes marcharte.

(Encarna se levanta, recoge su bolso y se vuelve, indecisa, desde la puerta.)

ENCARNA. Hasta mañana…
VICENTE. Hasta mañana.
ENCARNA. Y gracias otra vez…
VICENTE. *(Irónico.)* ¡De nada! De nada.

(Encarna sale. Vicente se pasa la mano por los ojos, cansado. Repasa unos papeles, enciende un cigarrillo y se recuesta en el sillón. Fuma, abstraído. Comienza a oírse, muy lejano, el ruido del tren, al tiempo que la luz crece y se precisa en el cuarto de estar. La puerta de la casa se abre y entran Los padres.)

LA MADRE. ¿A dónde vas, hombre?
EL PADRE. Está aquí.

(Entra en el cuarto de estar y mira a todos lados.)

LA MADRE. ¿A quién buscas?
EL PADRE. Al recién nacido.
LA MADRE. Recorta tus postales, anda.
EL PADRE. ¡Tengo que buscar a mi hijo!

(La puerta de la casa se abre y entra Mario, que avanza.)

LA MADRE. Siéntate…
EL PADRE. ¡Me quejaré a la autoridad! ¡Diré que no queréis disponer el bautizo!
MARIO. ¿El bautizo de quién, padre?
EL PADRE. ¡De mi hijo Vicente! *(Se vuelve súbitamente, escuchando. Mario se recuesta en la pared y lo observa. El ruido del tren se ha extinguido.)* ¡Calla! Ahora llora.
LA MADRE. ¡Nadie llora!
EL PADRE. Estará en la cocina.

(Va hacia el pasillo.)

MARIO. Estará en el tren, padre.

LA MADRE. *(Molesta.)* ¿Tú también?

EL PADRE. *(Se vuelve.)* ¡Claro! *(Va hacia el invisible tragaluz.)* Vámonos al tren, antes de que el niño crezca. ¿Por dónde se sube?

LA MADRE. *(Se encoge de hombros y sigue el juego.)* ¡Si ya hemos montado, tonto!

EL PADRE. *(Desconcertado.)* No.

LA MADRE. ¡Sí, hombre! ¿No oyes la locomotora? Piii... Piii... *(Comienza a arrastrar los pies, como un niño que juega.)* Chaca-chaca, chaca-chaca, chaca-chaca... *(Riendo, El padre se coloca tras ella y la imita. Salen los dos al pasillo murmurando, entre risas, su "chaca-chaca" y se meten en el dormitorio, cuya puerta se cierra. Una pausa. Mario se acerca al tragaluz y mira hacia fuera, pensativo. Vicente reacciona en su oficina, apaga el cigarrillo y se levanta con un largo suspiro. Mira su reloj, y, con rápido paso, sale, cerrando. La luz vibra y se extingue en la oficina. La madre abre con sigilo la puerta del dormitorio, sale al pasillo, la cierra y vuelve al cuarto de estar sofocando la risa.)* Este hombre me mata. *(Dispone unos tazones en una bandeja, sobre la cómoda.)* Al pasar ante el armario se ha puesto a mirarse en la luna, [muy serio.] Yo le digo: ¿Qué haces? Y me dice, muy bajito: Aquí, que me he encontrado con este hombre. Pues háblale. [¿Por qué no le hablas?] Y me contesta: ¡Bah! Él tampoco me dice nada. *(Muerta de risa.)* ¡Ay, qué viejo pellejo!... ¡Quieres algo para mojar?

MARIO. *(Sin volverse.)* No, gracias. *(La madre alza la bandeja y va a irse.)* ¿De qué tren habla?

LA MADRE. *(Se detiene.)* De alguno de las revistas...

(Inicia la marcha.)

MARIO. O de alguno real.

LA MADRE. *(Lo mira, curiosa.)* Puede ser. Hemos tomado tantos en esta vida...

MARIO. *(Se vuelve hacia ella.)* Y también hemos perdido alguno.

LA MADRE. También, claro.

MARIO. No tan claro. No se pierde el tren todos los días. Nosotros lo perdimos sólo una vez.

LA MADRE. *(Inmóvil, con la bandeja en las manos.)* Creí que no te acordabas.

MARIO. ¿No se estará refiriendo a aquél?

LA MADRE. Él no se acuerda de nada...

MARIO. Tú sí te acuerdas.

LA MADRE. Claro, hijo. No por el tren, sino por aquellos días tremendos... *(Deja la bandeja sobre la mesa.)* El tren es lo de menos. Bueno: se nos llevó a Vicentito, porque él logró meterse por una ventanilla y luego ya no pudo bajar. No tuvo importancia, porque yo le grité [que nos esperase en casa de mi prima cuando llegase a Madrid. ¿Te acuerdas?

MARIO. No muy bien.

LA MADRE. Al ver que no podía bajar, le dije:] Vete a casa de la tía Asunción... Ya llegaremos nosotros... Y allí nos esperó, el pobre, sin saber que, entre tanto..., se había quedado sin hermanita.

MARIO. [El otro día,] cuando traje a aquella amiga mía, mi padre la llamó Elvirita.

LA MADRE. ¿Qué me dices?

MARIO. No lo oíste porque estabas en la cocina.

LA MADRE. *(Lo piensa.)* Palabras que le vienen de pronto... Pero no se acuerda de nada.

MARIO. ¿Te acuerdas tú mucho de Elvirita, madre?

LA MADRE. *(Baja la voz.)* Todos los días.

MARIO. Los niños no deberían morir.

LA MADRE. *(Suspira.)* Pero mueren.

MARIO. De dos maneras.

LA MADRE. ¿De dos maneras?

MARIO. La otra es cuando crecen. Todos estamos muertos.

*(La madre lo mira, triste, y recoge su bandeja.
El padre salió de su habitación y vuelve al cuarto
de estar.)*

EL PADRE.   Buenas tardes, señora. ¿Quién es usted?

LA MADRE.   *(Grave.)* Tu mujer.

EL PADRE.   *(Muy serio.)* Qué risa, tía Felisa.

LA MADRE.   ¡Calla, viejo pellejo! *(El padre revuelve
postales y revistas sobre la mesa. Elige una postal, se
sienta y se pone a recortarla. La madre vuelve a dejar
la bandeja y se acerca a Mario.)* Esa amiga tuya parece
buena chica. ¿Es tu novia?

MARIO.   No...

LA MADRE.   Pero te gusta.

MARIO.   Sí.

LA MADRE.   [No es ninguna señorita relamida, ¡qué
va! Y nosotros le hemos caído bien...] Yo que tú, me
casaba con ella.

MARIO.   ¿Y si no quiere?

LA MADRE.   ¡Huy, hijo! A veces pareces tonto.

[MARIO.   ¿Crees que podría ella vivir aquí, estando
padre como está?

LA MADRE.   Si ella quiere, ¿por qué no? ¿La vas a
ver hoy?

MARIO.   Es posible.

LA MADRE.   ¡Díselo!]

MARIO.   *(Sonríe.)* Suponte que ya se lo he dicho y
que no se decide.

LA MADRE.   Será que quiere hacerse valer.

MARIO.   ¿Tú crees?

LA MADRE.   *(Dulce.)* Seguro, hijo.

EL PADRE.   *(A Mario, por alguien de una postal.)*
¿Quién es éste?...

MARIO.   *(Se abraza de pronto a su madre.)* Me gustaría que ella viniese con nosotros.

LA MADRE.   Vendrá... y traerá alegría a la casa, y
niños...

MARIO.   No hables a mi hermano de ella. Todavía
no.

LA MADRE. Se alegraría...

MARIO. Ya lo entenderás. Es una sorpresa.

LA MADRE. Como quieras, hijo. *(Baja la voz.)* Y tú no le hables a tu padre de ningún tren. No hay que complicar las cosas... ¡y hay que vivir! *(Se miran fijamente. Suena el timbre de la casa.)* ¿Quién será?

MARIO. Yo iré.

LA MADRE. ¿La has citado aquí?

MARIO. No...

LA MADRE. Como ya es visita de la casa...

MARIO. *(Alegre.)* Es cierto. ¡Si fuera ella...!

(Va a salir, al pasillo.)

EL PADRE. ¿Quién es éste?...

(Mario lo mira un instante y sale a abrir.)

LA MADRE. *(Al tiempo, a su marido.)* ¡El hombre del saco! ¡Uuuh! *(Y se acerca al pasillo para atisbar. Mario abre. Es Vicente.)* ¡Vicente, hijo! *(Mario cierra en silencio. Vicente avanza. Su madre lo abraza.)* ¿Te sucede algo?

VICENTE. *(Sonríe.)* Te prometí venir más a menudo.

LA MADRE. ¡Pues hoy no te suelto en toda la tarde!

VICENTE. No puedo quedarme mucho rato.

LA MADRE. ¡Ni te escucho! *(Han llegado al cuarto de estar. La madre corre a la cómoda y saca un bolsillito de un cajón.)* ¡Y hazme el favor de esperar aquí tranquilito hasta que yo vuelva! *(Corre por el pasillo.)* ¡No tardo nada!

(Abre la puerta del piso y sale presurosa, cerrando.)

MARIO. *(Que avanzó a su vez y se ha recostado en la entrada del pasillo.)* ¿A que trae ensaimadas?

VICENTE. *(Ríe.)* ¿A que sí? Hola, padre. ¿Como sigue usted?

(El padre lo mira y vuelve a sus postales.)

MARIO. Igual, ya lo ves. Supongo que has venido a hablarme...

VICENTE. Sí.

MARIO. Tú dirás.

(Cruza y se sienta tras su mesita.)

VICENTE. *(Con afecto.)* ¿Por qué no quieres trabajar en la Editora?

MARIO. *(Lo mira, sorprendido.)* ¿De eso querías hablarme?

[VICENTE. Sería una lástima perder esta oportunidad; quizá no tengas otra igual en años.

MARIO. ¿Estás seguro de que no quieres hablarme de ninguna otra cosa?]

VICENTE. ¡Claro! ¿De qué, si no? *(Contrariado, Mario se golpea con el puño la palma de la mano, se levanta y pasea. Vicente se acerca.)* Para la Editora ya trabajas, Mario. ¿Qué diferencia hay?

MARIO. *(Duro.)* Siéntate.

VICENTE. Con mucho gusto, si es que por fin vas a decir algo sensato.

(Se sienta.)

MARIO. Quizá no. *(Sonríe.)* Yo vivo aquí, con nuestro padre... Una atmósfera no muy sensata, ya lo sabes. *(Indica al Padre.)* Míralo. Este pobre demente era un hombre recto, ¿te acuerdas? Y nos inculcó la religión de la rectitud. Una enseñanza peligrosa, porque [luego, cuando te enfrentas con el mundo, comprendes que es tu peor enemiga.] *(Acusador.)* No se vive de la rectitud en nuestro tiempo. ¡Se vive del engaño, de la zancadilla, de la componenda...! Se vive pisoteando a los demás. ¿Qué hacer, entonces? O aceptas ese juego siniestro... y sales de este pozo..., o te quedas en el pozo.

VICENTE. *(Frío.)* ¿Por qué no salir?

MARIO. Te lo estoy explicando... Me repugna nuestro mundo. [Todos piensan que] en él no cabe sino comerte a los demás o ser comido. Y encima, todos te dicen: ¡devora antes de que te devoren! Te daremos bellas teorías para tu tranquilidad. La lucha por la vida... El mal inevitable para llegar al bien necesario... La caridad bien entendida... Pero yo, en mi rincón, intento comprobar si puedo salvarme de ser devorado..., aunque no devore.

VICENTE. No siempre te estás en tu rincón, supongo.

MARIO. No siempre. Salgo a desempeñar mil trabajillos fugaces...

VICENTE. Algo pisotearás también al. hacerlos.

MARIO. Tan poca cosa... Me limito a defenderme. Y hasta me dejo pisotear un poco, por no discutir... Pero, por ejemplo, no me enriquezco.

VICENTE. Es toda una acusación. ¿Me equivoco?

EL PADRE. ¿Quién es éste?

(Mario va junto a su padre.)

MARIO. Usted nos dijo que lo sabía.

EL PADRE. Y lo sé.

(Se les queda mirando, socarrón.)

MARIO. *(A su hermano.)* Es curioso. La plaza de la Ópera, en París, el señor del hongo. Y la misma afirmación.

VICENTE. Tú mismo has dicho que era un pobre demente.

MARIO. Pero un hombre capaz de preguntar lo que él pregunta... tiene que ser mucho más que un viejo imbécil.

VICENTE. ¿Qué pregunta?

MARIO. ¿Quién es éste? ¿Y aquél? ¿No te parece una pregunta tremenda?

VICENTE. ¿Por qué?

MARIO. ¡Ah! Si no lo entiendes...

(Se encoge de hombros y pasea.)

EL PADRE. ¿Tú tienes hijos, señorito?

VICENTE. ¿Qué?

MARIO. Te habla a ti.

VICENTE. Sabe usted que no.

EL PADRE. *(Sonríe.)* Luego te daré una sorpresa, señorito.

(Y se pone a recortar algo de una revista.)

VICENTE. [No me has contestado.] *(Mario se detiene.)* ¿Te referías a mí cuando hablabas de pisotear y enriquecerse?

MARIO. Sólo he querido decir que tal vez yo no sería capaz de entrar en el juego sin hacerlo.

VICENTE. *(Se levanta.)* ¡Pero no se puede uno quedar en el pozo!

MARIO. ¡Alguien tenía que quedarse aquí!

VICENTE. *(Se le enfrenta, airado.)* ¡Si yo no me hubiera marchado, ahora no podría ayudaros!

MARIO. ¡Pero, en aquellos años, había que mantener a los padres..., y los mantuve yo! Aunque mal, lo reconozco.

VICENTE. ¡Los mantuviste: enhorabuena! ¡Ahora puedes venirte conmigo y los mantendremos entre los dos!

MARIO. *(Sincero.)* De verdad que no puedo.

VICENTE. *(Procura serenarse.)* Mario, toda acción es impura. Pero [no todas son tan egoístas como crees.] ¡No harás nada útil si no actúas! Y no conocerás a los hombres sin tratarlos, ni a ti mismo, si no te mezclas con ellos.

MARIO. Prefiero mirarlos.

VICENTE. ¡Pero es absurdo, es delirante! ¡Estás consumiendo tu vida aquí, mientras observas a un alienado o atisbas por el tragaluz piernas de gente insignificante!... ¡Estás soñando! ¡Despierta!

MARIO. ¿Quién debe despertar? ¡Veo a mi alrededor muchos activos, pero están dormidos! ¡Llegan a creerse tanto más irreprochables cuanto más se encanallan!

VICENTE. ¡No he venido a que me insultes!

MARIO. Pero vienes. Estás volviendo al pozo, cada vez con más frecuencia..., y eso es lo que prefiero de ti.

EL PADRE. *(Interrumpe su recortar y señala a una postal.)* ¿Quién es éste, señorito? ¿A que no lo sabes?

MARIO. La pregunta tremenda.

VICENTE. ¿Tremenda?

MARIO. Naturalmente. Porque no basta con responder "Fulano de Tal", ni con averiguar lo que hizo y lo que le pasó. Cuando supieras todo eso, tendrías que seguir preguntando... Es una pregunta insondable.

VICENTE. Pero, ¿de qué hablas?

EL PADRE. *(Que los miraba, señala otra vez a la postal.)* Habla de éste.

(Y recorta de nuevo.)

MARIO. ¿Nunca te lo has preguntado tú, ante una postal vieja? ¿Quién fue éste? Pasó en aquel momento por allí... ¿Quién era? A los activos como tú no les importa. Pero yo me lo tropiezo ahí, en la postal, inmóvil...

VICENTE. O sea, muerto.

MARIO. Sólo inmóvil. Como una pintura muy viva; como la fotografía de una célula muy viva. Lo retrataron; ni siquiera se dio cuenta. Y yo pienso... Te vas a reír...

VICENTE. *(Seco.)* Puede ser.

MARIO. Pienso si no fue retratado para que yo, muchos años después, me preguntase quién era. *(Vicente lo mira con asombro.)* Sí, sí; y también pienso a veces si se podría...

(Calla.)

VICENTE. ¿El qué?

MARIO. Emprender la investigación.

VICENTE. No entiendo.

MARIO. Averiguar quién fue esa sombra, [por ejemplo.] Ir a París, publicar anuncios, seguir el hilo... ¿Encontraríamos su recuerdo? ¿O acaso a él mismo, ya anciano, al final del hilo? Y así, con todos.

VICENTE. (Estupefacto.) ¿Con todos?

MARIO. Tonterías. Figúrate. Es como querer saber el comportamiento de un electrón en una galaxia lejanísima.

VICENTE. (Riendo.) ¡El punto de vista de Dios!

(El padre los mira gravemente.)

MARIO. Que nunca tendremos, pero que anhelamos.

VICENTE. (Se sienta, aburrido.) Estás loco.

MARIO. Sé que es un punto de vista inalcanzable. Me conformo por eso con observar las cosas, (Lo mira.) y a las personas, desde ángulos inesperados...

VICENTE. (Despectivo, irritado.) Y te las inventas, como hacíamos ante el tragaluz cuando éramos muchachos.

MARIO. ¿No nos darán esas invenciones algo muy verdadero que las mismas personas observadas ignoran?

VICENTE. ¿El qué?

MARIO. Es difícil explicarte... Y además, tú ya no juegas a eso... Los activos casi nunca sabéis mirar. Sólo véis los tópicos en que previamente creíais. Yo procuro evitar el tópico. Cuando me trato con ellos me pasa lo que a todos: [la experiencia es amarga.] Noto que son unos pobres diablos, que son hipócritas, que son enemigos, que son deleznables... Una tropa de culpables y de imbéciles. Así que observo... esas piernas que pasan. Y entonces creo entender que también son otras cosas... inesperadamente hermosas. O sorprendentes.

VICENTE. (Burlón.) ¿Por ejemplo?

MARIO. *(Titubea.)* No es fácil dar ejemplos. Un ademán, una palabra perdida... No sé. Y, muy de tarde en tarde, alguna verdadera revelación.

EL PADRE. *(Mirándose las manos.)* ¡Cuántos dedos!

VICENTE. *(A su hermano.)* ¿Qué ha dicho?

EL PADRE. *(Levanta una mano.)* Demasiados dedos. Yo creo que estos dos sobran.

(Aproxima las tijeras a su meñique izquierdo.)

VICENTE. *(Se levanta en el acto.)* ¡Cuidado! *(Mario, que se acercó a su padre, le indica a su hermano con un rápido ademán que se detenga.)* ¡Se va a hacer daño!

(Mario deniega y observa a su padre muy atento, pronto a intervenir. El padre intenta cortarse el meñique y afloja al sentir dolor.)

EL PADRE. *(Ríe.)* ¡Duele, caramba!

(Y vuelve a recortar en sus revistas. Mario sonríe.)

VICENTE. ¡Pudo cortarse!

MARIO. Lo habríamos impedido a tiempo. Ahora sabemos que sus reflejos de autodefensa le responden.

[VICENTE. Una imprudencia, de todos modos.

MARIO. Ha habido que coserle los bolsillos porque se cortaba los forros. Pero no conviene contrariarle. Si tú te precipitas, quizá se habría cortado.] *(Sonríe.)* Y es que hay que observar, hermano. Observar y no actuar tanto. ¿Abrimos el tragaluz?

VICENTE. *(Burlón.)* ¿Me quieres brindar una de esas grandes revelaciones?

MARIO. Sólo intento volver un poco a nuestro tiempo de muchachos.

VICENTE. *(Se encoge de hombros y se apoya en el borde de la camilla.)* Haz lo que gustes.

(Mario se acerca a la pared invisible y mima el ademán de abrir el tragaluz. [16] *Se oye el ruido de la falleba y acaso la luz de la habitación se amortigua un tanto. Sobre la pared del fondo se proyecta la luminosa mancha ampliada del tragaluz, cruzada por la sombra de los barrotes. El padre abandona las tijeras y mira, muy interesado. No tarda en pasar la sombra de las piernas de un viandante cualquiera.)*

EL PADRE.   ¡Siéntense!

VICENTE.   *(Ríe.)* ¡Como en el cine!

(Y ocupa una silla.)

MARIO.   Como entonces.

(Se sienta. Los tres observan el tragaluz. Ahora son unas piernas femeninas las que pasan, rápidas. Poco después, las piernas de dos hombres cruzan despacio en dirección contraria. Tal vez se oye el confuso murmullo de su charla.)

VICENTE.   *(Irónico.)* Todo vulgar, insignificante...

[MARIO.   ¿Te parece?] *(Una pareja cruza: piernas de hombre junto a piernas de mujer. Se oyen sus risas. Cruzan las piernas de otro hombre, que se detiene un momento y se vuelve, al tiempo que se oye decir a alguien: "¡No tengas tanta prisa!" Las piernas del que habló arrojan su sombra: venía presuroso y se reúne con el anterior. Siguen los dos su camino y sus sombras*

---

16 "En el momento que las sombras se proyectan sobre la pared, se unifican cinco acciones distintas, y, por tanto, el verismo y emoción dramática de la situación. Estas cinco acciones son: a) un foco que se enciende y proyecta luz; b) dos batientes que se abren delante del mismo foco; c) el actor que mima el gesto de abrir el tragaluz; d) el ruido ambiente de la calle, y e) los viandantes que pasan entre el foco y la pared. A esto hay que añadir las voces y gestos coincidentes de los que pasan y hablan. Un último problema a resolver: los actores tienen detrás de ellos la pared sobre la que se proyecta, ¿cómo hacer para que encajen en su texto, entre los movimientos de las sombras proyectadas, si no pueden volverse a mirarlas? Pasé días de terrible preocupación antes de empezar a comprobar que todo lo que estaba pensado podía dar los resultados deseados" (J. Osuna, art. cit., pp. 18-19).

desaparecen.) Eso digo yo: no tengas tanta prisa. *(Entre risas y gritos de "¡Maricón el último!", pasan corriendo las sombras de tres chiquillos.)* Chicos del barrio. Quizá van a comprar su primer pitillo en la esquina: por eso hablan ya como hombrecitos. Alguna vez se paran, golpean en los cristales y salen corriendo...

VICENTE. Los conocías ya.

MARIO. *(Sonríe y concede.)* Sí. *(Al tiempo que cruzan las piernas de un joven.)* ¿Y ése?

VICENTE. ¡No has podido ver nada!

MARIO. Llevaba en la mano un papelito, y tenía prisa. ¿Una receta? La farmacia está cerca. Hay un enfermo en casa. Tal vez su padre... *(Vicente deniega con energía, escéptico.)* [Cruza la sombra de una vieja que se detiene, jadeante, y continúa.)* ¿Te has fijado?

VICENTE. ¿En qué?

MARIO. Ésta llevaba un bote, con una cuchara. Las sobras de alguna casa donde friega. Es el fracaso... Tenía varices en las pantorrillas. Es vieja, pero tiene que fregar suelos...

VICENTE. *(Burlón.)* Poeta.

(Pasan dos sombras más.)

MARIO. No tanto.] *(Cruza lentamente la sombra de unas piernas femeninas y una maleta.)* ¿Y ésta?

VICENTE. ¡Si ya ha pasado!

MARIO. Y tú no has visto nada.

VICENTE. Una maleta.

MARIO. De cartón. Y la falda, verde manzana. Y el andar, inseguro. Acaso otra chica de pueblo que viene a la ciudad... La pierna era vigorosa, de campesina.

VICENTE. *(Con desdén.)* ¡Estás inventando!

MARIO. *(Con repentina y desconcertante risa.)* ¡Claro, claro! Todo puede ser mentira.

VICENTE. ¿Entonces?

MARIO. Es un juego. Lo más auténtico de esas gentes se puede captar, pero no es tan explicable.

VICENTE. *(Con sorna.)* Un "no sé qué".

MARIO. Justo.

VICENTE. Si no es explicable no es nada.

MARIO. No es lo mismo "nada" que "no sé qué"

(Cruzan dos o tres sombras más.)

VICENTE. ¡Todo esto es un disparate!

MARIO. *(Comenta, anodino y sin hacerle caso, otra sombra que cruza.)* Una madre joven, con el cochecito de su hijo. El niño podría morir hoy mismo, pero ella, ahora, no lo piensa... *(Ante el gesto de fastidio de su hermano.)* Por supuesto, puede ser otra mentira. *(Ante otra sombra, que se detiene.)* ¿Y éste? No tiene mucho que hacer. Pasea.

(De pronto, la sombra se agacha y mira por el tragaluz. Un momento de silencio.)

EL PADRE. ¿Quién es ése?

(La sombra se incorpora y desaparece.)

VICENTE. *(Incómodo.)* Un curioso...

MARIO. *(Domina con dificultad su emoción.)* Como nosotros. Pero ¿quién es? Él también se pregunta: ¿quiénes son ésos? Ésa sí era una mirada... sobrecogedora. Yo me siento... él...

VICENTE. ¿Era éste el prodigio que esperabas?

MARIO. *(Lo considera con ojos enigmáticos.)* Para ti no es nada, ya lo veo. Habrá que probar por otro lado.

VICENTE. ¿Probar?

Los chiquillos vuelven a pasar en dirección contraria. Se detienen y se oyen sus voces: "Aquí nos pueden ver. Vamos a la glorieta y allí la empezamos." "Eso, eso. A la glorieta." "¡Maricón el último!" Corren y desaparecen sus sombras.)

MARIO. Los de antes. Hablan de una cajetilla.

[VICENTE. *(Intrigado a su pesar.)* ¿Tú crees?]

[MARIO.] Ya ves que he acertado.

VICENTE. Una casualidad.

MARIO. Desde luego tampoco éste es el prodigio. Sin embargo, yo diría que hoy...

VICENTE. ¿Qué?

MARIO. *(Lo mira fijamente.)* Nada. *(Cruzan dos o tres sombras. Vicente va a hablar.)* Calla.

(Miran al tragaluz. No pasa nadie.)

VICENTE. *(Musita.)* No pasa nadie...

MARIO. No.

VICENTE. Ahí hay otro.

(Aparece la sombra de unas piernas. Pertenecen a un hombre que deambula sin prisa. Se detiene justamente ante el tragaluz y se vuelve poco a poco, con las manos en la espalda, como si contemplase la calle. Da un par de pasos más y vuelve a detenerse. Mario espía a su hermano.)

MARIO. ¡No puede ser!

VICENTE. ¿Qué?

MARIO. ¿No te parece que es...?

VICENTE. ¿Quién? *(Un silencio.)* ¿Alguien del barrio?

MARIO. Si es él, me pregunto qué le ha traído por aquí. Puede que venga a observar... [Estos ambientes le interesan...]

VICENTE. ¿De quién hablas?

MARIO. Juraría que es él. ¿No crees? Fíjate bien. El pantalón oscuro, la chaqueta de mezclilla... Y esa manera de llevar las manos a la espalda... Y esa cachaza...

VICENTE. *(Muy asombrado.)* ¿Eugenio Beltrán? *(Se levanta y corre al tragaluz. La sombra desaparece. Mario no pierde de vista a su hermano. Vicente mira en vano desde un ángulo.)* No le he visto la cara. *(Se vuelve.)* ¡Qué tontería! *(Mario guarda silencio.)* ¡No era él, Mario! *(Mario no contesta.)* ¿O te referías a otra persona? *(Mario se levanta sin responder. La voz de Vicente se vuelve áspera.)* ¿Ves cómo son figuraciones, engaños? *(Mario va al tragaluz.)* ¡Si éstos son los prodigios que se ven desde aquí, me río de tus prodigios! ¡Si es ésta tu manera de conocer a la gente, estás aviado! *(Al tiempo que pasa otra sombra, Mario cierra el tragaluz y gira la invisible falleba. La enrejada mancha luminosa desaparece.)* ¿O vas a sostener que era él? ¡No lo era!

MARIO. *(Se vuelve hacia su hermano.)* Puede que no fuera él. Y puede que en eso, precisamente, esté el prodigio.

> *(Torna a su mesita y recoge de allí un pitillo, que enciende. Vicente se ha inmutado; ahora no lo pierde de vista. Va a hablar, pero se arrepiente. La luz vibra y crece en el primer término. Encarna entra por la izquierda, mira hacia la derecha, consulta su reloj y se sienta junto al velador. El padre se levanta llevando en la mano un muñeco que ha recortado.)*

EL PADRE. Toma, señorito. *(Vicente lo mira, desconcertado.)* Hay que tener hijos y velar por ellos. Toma uno. *(Vicente toma un muñeco. El padre va a volver a su sillón y se detiene.)* ¿No llora otra vez? *(Vicente lo mira, asombrado.)* Lo oigo en el pasillo.

> *(Va hacia el pasillo. La puerta del fondo se abre y entra La madre con un paquetito.)*

LA MADRE. *(Mientras cierra.)* Me han hecho esperar, hijo. Ahora mismo merendamos.

EL PADRE. Ya no llora.

> *(Vuelve a sentarse para mirar revistas.)*

LA MADRE. Te he traído ensaimadas. *(Exhibe el paquetito y lo deja sobre la cómoda.)* ¡En un momento caliento la leche!

(Corre al pasillo y se detiene al oír a su hijo.)

VICENTE. *(Frío.)* Lo siento, madre. Tengo que irme.

LA MADRE. Pero, hijo...

VICENTE. Se me ha hecho tardísimo. *(Se acerca al padre para devolverle el muñeco de papel, que conservó en la mano. El padre lo mira. Él vacila y al fin se lo guarda en el bolsillo.)* Adiós, madre.

LA MADRE. *(Que, entre tanto, abrió aprisa el paquete.)* Tómate al menos una ensaimada...

VICENTE. No, gracias. Tengo prisa. *(La besa. Se despide de su hermano sin mirarlo.)* Adiós, Mario.

(Se encamina al pasillo.)

MARIO. Adiós.

LA MADRE. Vuelve pronto...

VICENTE. Cuando pueda, madre. Adiós.

LA MADRE. *(Vuelve a besarlo.)* Adiós... *(Sale Vicente. Mario apaga bruscamente su pitillo; con gesto extrañamente eufórico, atrapa una ensaimada y la devora. La madre lo mira, intrigada.)* Te daré a ti la leche...

MARIO. Sólo esta ensaimada. *(Recoge su tabaco y se lo guarda.)* Yo también me voy. *(Consulta su reloj.)* Hasta luego. *(Por el pasillo, su voz parece un clarín.)* ¡Está muy rica esta ensaimada, madre!

(Mario sale. La madre se vuelve hacia su marido, pensativa.)

LA MADRE. Si pudiéramos hablar como hace años, me contarías...

(Suspira y se va hacia la cocina, cuya puerta cierra. Una pausa. Se oye un frenazo próximo. Encarna mira hacia la derecha y se turba. Para ocultar su cara se vuelve un tanto. Vicente aparece por la derecha y llega a su lado.)

VICENTE. ¿Qué haces tú aquí?

ENCARNA. ¡Hola! ¡Qué sorpresa!

VICENTE. Eso digo yo.

ENCARNA. Esperaba a mi amiga. *(Consulta la hora.)* Ya no viene.

VICENTE. ¿Cómo lo sabes?

ENCARNA. Llevo aquí mucho rato...

VICENTE. *(Señala al velador.)* ¿Sin tomar nada?

ENCARNA. *(Cada vez más nerviosa.)* Bebí una cerveza... Ya se han llevado el vaso.

> *(Mira inquieta hacia el café invisible. Un silencio. Vicente lanza una ojeada suspicaz hacia la derecha.)*

VICENTE. Mis padres y mi hermano viven cerca. ¿Lo sabías?

ENCARNA. Qué casualidad...

VICENTE. *(En tono de broma.)* ¿No será a un amigo a quien esperabas?

ENCARNA. *(Roja.)* No me gustan esas bromas.

VICENTE. ¿No me invitas a quedarme? Podemos esperar a tu amiga juntos.

ENCARNA. ¡Si ya no vendrá! *(Baja la cabeza, trémula.)* Pero... como quieras.

VICENTE. *(La mira fijamente.)* Mejor será irse. Ahora sí que podrás dedicarme la noche...

ENCARNA. ¡Claro! *(Se levanta, ansiosa.)* ¿A dónde vamos?

VICENTE. A mi casa, naturalmente.

> *(La toma del brazo y salen los dos por la derecha. El coche arranca. Una pausa. Se oyen unos golpecitos en un cristal. El padre levanta la vista de sus revistas y, absorto, mira al tragaluz. Mario entra por el primer término derecho y, al ver el velador solitario, frunce las cejas. Mira su reloj; esboza un gesto de desesperanza. Se acerca al velador, vacila. Al fin se sienta, con expresión sombría. Una pausa. Los golpecitos sobre el cristal se repiten. El padre, que los aguardaba, se levanta; mira hacia el fondo para cerciorarse de que nadie lo ve y corre a abrir el tragaluz. La claridad del primer término se amortiguó notable-*

mente. Mario es casi una sombra inmóvil. Sobre el cuarto de estar vuelve a proyectarse la luminosa mancha del tragaluz. Agachados para mirar, se dibujan las sombras de dos niños y una niña.)

VOZ DE NIÑO. *(Entre las risas de los otros dos.)* ¿Cómo le va, abuelo?

EL PADRE. *(Ríe con ellos.)* ¡Hola!

VOZ DEL OTRO NIÑO. ¿Nos da una postal, abuelo?

VOZ DE NIÑO. Mejor un pitillo.

EL PADRE. *(Feliz.)* ¡No se fuma, granujas!

VOZ DE NIÑA. ¿Se viene a la glorieta, abuelo?

EL PADRE. ¡Ten tú cuidado en la glorieta, Elvirita! ¡Eres tan pequeña! *(Risas de los niños.)* ¡Mario! ¡Vicente! ¡Cuidad de Elvirita!

VOZ DEL OTRO NIÑO. *(Entre las risas de todos.)* ¡Véngase a jugar, abuelo!

EL PADRE. *(Riendo.)* ¡Sí, sí! ¡A jugar!...

VOZ DE NIÑO. ¡Adiós, abuelo!

(Su sombra se incorpora.)

EL PADRE. ¡Vicente! ¡Mario! ¡Elvirita! *(Las sombras inician la marcha, entre risas.)* ¡Esperadme!...

VOZ DE NIÑA. Adiós...

(Las sombras desaparecen.)

EL PADRE. *(Sobre las risas que se alejan.)* ¡Elvirita!...

(Solloza inconteniblemente, en silencio. Crece una oscuridad casi total, al tiempo que dos focos iluminan a los investigadores, que aparecen por ambos laterales.)

ELLA. *(Sonriente.)* Volved a vuestro siglo... La primera parte del experimento ha terminado.

(El telón empieza a caer.)

ÉL. Gracias por vuestra atención.

TELÓN

PARTE SEGUNDA

(El telón comienza a subir lentamente. Se inician las vibraciones luminosas. Los investigadores, uno a cada lateral, están fuertemente iluminados. El escenario está en penumbra; en la oficina y en el cuarto de estar la luz crece un tanto. Inmóvil y sentada a la mesa de la oficina, Encarna. Inmóviles y abrazados en la vaga oscuridad del pasillo, La madre y Vicente.)

ELLA. Comienza la segunda parte de nuestro experimento.

ÉL. Sus primeras escenas son posteriores en ocho días a las que habéis visto. *(Señala a la escena.)* Los proyectores trabajan ya y por ello vemos presencias, si bien aún inmóviles.

ELLA. Los fragmentos rescatados de esos días no son imprescindibles. Vimos en ellos a Encarna y a Vicente trabajando en la oficina y sin hablar apenas...

ÉL. También los vimos en una alcoba, que sería quizá la de Vicente, practicando rutinariamente el amor físico.

ELLA. Captamos asimismo algunos fragmentos de la intimidad de Mario y sus padres. Muñecos recortados, pruebas corregidas, frases anodinas... Minutos vacíos.

ÉL. Pero no captamos ningún nuevo encuentro entre Encarna y Mario.

ELLA. Sin duda, no lo hubo.

ÉL. El experimento se reanuda, con visiones muy nítidas, durante una inesperada visita de Vicente a su antigua casa.

> *(La luz llega a su normal intensidad en la oficina y en el cuarto de estar. Encarna comienza a moverse lentamente.)*

ELLA. Recordaréis que su hermano se lo había dicho: "Tú vuelves cada vez con más frecuencia..."

ÉL. *(Señala al escenario.)* El resto de la historia nos revelará los motivos.

> *(Salen Él y Ella por ambos laterales. La luz crece sobre La madre y el hijo. Encarna repasa papeles; está ordenando cartas para archivar. Su expresión es marchita. La madre y Vicente deshacen el abrazo. Mientras hablan, Encarna va al archivador y mete algunas carpetas. Pensativa, se detiene. Luego vuelve a la mesa y sigue su trabajo.)*

LA MADRE. *(Dulce.)* ¡Te me estás volviendo otro! Vienes tanto ahora... *(Vicente sonríe.)* Pasa, pasa. ¿Quieres tomar algo? Leche no queda, pero te puedo dar una copita de anís.

> *(Llegan al cuarto de estar.)*

VICENTE. Nada, madre. Gracias.
LA MADRE. O un vasito de tinto...
VICENTE. De verdad que no, madre.

> *(Encarna mira al vacío, sombría.)*

LA MADRE. ¡Mala suerte la mía!
VICENTE. ¡No lo tomes tan a pecho!
LA MADRE. ¡No es eso! Yo tenía que subir a ayudar a la señora Gabriela. Quiere que le enseñe cómo se hacen los huevos a la besamel. Es más burra...
VICENTE. Pues sube.

LA MADRE. ¡Que se espere! Tu padre salió a pasear con el señor Anselmo. No tardarán en volver, pero irán arriba.

VICENTE. *(Se sienta con aire cansado.)* ¿No está Mario?

LA MADRE. Tampoco.

(Encarna deja sus papeles y oculta la cabeza entre las manos.)

VICENTE. ¿Qué tal sigue padre?

(Enciende un cigarrillo.)

LA MADRE. Bien, a su modo.

(Va a la mesita para tomar el cenicero de Mario.)

VICENTE. ¿Más irritado?

LA MADRE. *(Avergonzada.)* ¿Lo dices por lo de... la televisión?

VICENTE. Olvida eso.

LA MADRE. Él siempre ha sido irritable... Ya lo era antes de enfermar.

VICENTE. De eso hace ya mucho...

LA MADRE. Pero me acuerdo.

(Le pone el cenicero al lado.)

VICENTE. Gracias.

LA MADRE. Yo creo que tu padre y el señor Anselmo están ya arriba. Voy a ver.

(Va hacia el fondo.)

VICENTE. Y del tren, ¿te acuerdas?

(La madre se vuelve despacio y lo mira. Comienza a sonar en el mismo instante el teléfono de la oficina. Encarna se sobresalta y lo mira, sin atreverse a descolgar.)

LA MADRE. ¿De qué tren?

VICENTE. *(Ríe, con esfuerzo.)* ¡Qué mala memoria! *(El teléfono sigue sonando. Encarna se levanta, mirándolo fijamente y retorciéndose las manos.)* Sólo perdísteis uno, que yo sepa... *(La madre se acerca y se sienta a su lado. Encarna va a tomar el teléfono, pero se arrepiente.)* ¿O lo has olvidado?

LA MADRE. Y tú, ¿por qué te acuerdas? ¿Porque tu padre ha dado en esa manía de que el tragaluz es un tren? Pero no tiene ninguna relación...

(El teléfono deja de sonar. Encarna se sienta, agotada.)

VICENTE. Claro que no la tiene. Pero ¿cómo iba yo a olvidar aquello?

LA MADRE. Fue una pena que no pudieses bajar. Culpa de aquellos brutos que te sujetaron...

VICENTE. Quizá no debí apresurarme a subir.

LA MADRE. ¡Si te lo mandó tu padre! ¿No te acuerdas? Todos teníamos que intentarlo como pudiéramos. Tú eras muy ágil y pudiste escalar la ventanilla de aquel retrete, pero a nosotros no nos dejaron ni pisar el estribo...

(Mario entra por el primer término izquierdo, con un libro bajo el brazo y jugando, ceñudo, con una ficha de teléfono. La luz creció sobre el velador poco antes. Mario se sienta al velador. Encarna levanta los ojos enrojecidos y mira al vacío: acaso imagina que Mario está donde efectivamente se encuentra. Durante los momentos siguientes Mario bate de vez en cuando, caviloso, la ficha sobre el velador.)

VICENTE. *(Entre tanto.)* La pobre nena...

LA MADRE. Sí, hijo. Aquello fue fatal. *(Se queda pensativa. Encarna torna a levantarse, consulta su reloj con atormentado gesto de duda y se queda apoyada contra el mueble, luchando consigo misma. La madre termina su triste recuerdo.)* ¡Malditos sean los·hombres que arman las guerras! *(Suena el timbre de la casa.)* Puede que sea tu hermano. *(Va al fondo y abre. Es su marido, que entra sin decir nada y llega hasta el cuarto de estar. Entre tanto La madre sale al zaguán e interpela a alguien invisible.)* ¡Gracias, señor Anselmo! Dígale a la señora Gabriela que ahora mismo subo. *(Cierra y vuelve. El padre está mirando a Vicente desde el quicio de la puerta.)* ¡Mira! Ha venido Vicentito.

EL PADRE. Claro. Yo soy Vicentito.

LA MADRE. ¡Tu hijo, bobo!

(Ríe.)

EL PADRE. Buenas tardes, señorito. A usted le tengo yo por aquí...

(Va a la mesa y revuelve sus postales.)

LA MADRE. ¿No te importa que te deje un rato con él? Como he prometido subir...

EL PADRE. Quizá en la sala de espera.

(Va a la cómoda y abre el cajón, revolviendo muñecos de papel.)

VICENTE. Sube, madre. Yo cuidaré de él.

EL PADRE. Pues aquí no lo encuentro...

LA MADRE. De todos modos, si viene Mario y tienes que irte...

VICENTE. Tranquila. Esperaré a que bajes.

LA MADRE. *(Le sonríe.)* Hasta ahora, hijo. *(Sale corriendo por el fondo, mientras murmura.)* Maldita vieja de los diablos, que no hace más que dar la lata...

(Abre y sale, cerrando. Vicente mira a su padre. Encarna y Mario miran al vacío. Encarna se humedece los labios, se apresta a una dura prueba. Con rapidez casi neurótica enfunda la máquina, recoge su bolso y, con la mano en el pestillo de la puerta, alienta, medrosa. Al fin abre y sale, cerrando. Desalentado por una espera que

juzga ya inútil, Mario se levanta y cruza para salir por la derecha. El padre cierra el cajón de la cómoda y se vuelve.)

EL PADRE. Aquí tampoco está usted. *(Ríe.)* Usted no está en ninguna parte.

(Se sienta a la mesa y abre una revista.)

VICENTE. *(Saca una postal del bolsillo y la pone ante su padre.)* ¿Es aquí donde estoy, padre?

(El padre examina detenidamente la postal y luego lo mira.)

EL PADRE. Gracias, jovencito. Siempre necesito trenes. Van todos tan repletos...

(Mira otra vez la tarjeta, la aparta y vuelve a su revista.)

VICENTE. ¿Es cierto que no me recuerda?
EL PADRE. ¿Me habla usted a mí?
VICENTE. Padre, soy su hijo.
EL PADRE. ¡Je! De algún tiempo a esta parte todos quieren ser mis hijos. Con su permiso, recortaré a este señor. Creo que sé quién es.
[VICENTE. Y yo, ¿sabe quién soy?
EL PADRE. Ya le he dicho que no está en mi archivo.
VICENTE. *(Vuelve a ponerle delante la postal del tren.)* ¿Ni aquí?
EL PADRE. Tampoco.

(Se dispone a recortar.)

VICENTE. ¿Y Mario? ¿Sabe usted quién es?
EL PADRE. Mi hijo. Hace años que no lo veo.
VICENTE. Vive aquí, con usted.
EL PADRE. *(Ríe.)* Puede que esté en la sala de espera.
VICENTE. Y... ¿sabe usted quién es Elvirita? *(El padre deja de reír y lo mira. De pronto se levanta, va al*

tragaluz, lo abre y mira al exterior. Pasan sombras trun-
cadas de viandantes.) No. No subieron al tren.

EL PADRE. *(Se vuelve, irritado.)* Subieron todos. ¡Todos o ninguno!

VICENTE. *(Se levanta.)* ¡No podían subir todos! ¡No
hay que guardarle rencor al que pudo subir!...

> *(Pasan dos amigos hablando. Las sombras de
> sus piernas cruzan despacio. Apenas se distin-*
> *guen sus palabras.)*

EL PADRE.   ¡Chist! ¿No los oye?

VICENTE.   Gente que pasa. *(Cruzan otras sombras.)*
¿Lo ve? Pobres diablos a quienes no conocemos. *(Enér-*
gico.) ¡Vuelva a sentarse, padre! *(Perplejo, El padre*
vuelve despacio a su sitio. Vicente lo toma de un brazo
y lo sienta suavemente.) No pregunte tanto quiénes son
los que pasan, o los que están en esas postales... Nada
tienen que ver con usted y muchos de ellos ya han
muerto. En cambio, dos de sus hijos viven... Tiene que
aprender a reconocerlos. *(Cruzan sombras rápidas. Se*
oyen voces: "¡Corre, que no llegamos!" "¡Sí, hombre!
¡Sobra tiempo!") Ya los oye: personas corrientes, que
van a sus cosas.

EL PADRE.   No quieren perder el tren.

VICENTE. *(Se enardece.)* ¡Eso es una calle, padre!
Corren para no perder el autobús, o porque se les hace
tarde para el cine... *(Cruzan, en dirección contraria a*
las anteriores, las sombras de las piernas de dos mucha-
chas. Se oyen sus voces: "Luisa no quería, pero Vicente
se puso tan pesado, chica, que..." Se pierde el murmullo.
Vicente mira al tragaluz, sorprendido. Comenta, insegu-
ro.) Nada... Charlas de muchachas...

EL PADRE.   Han nombrado a Vicente.

VICENTE. *(Nervioso.)* ¡A otro Vicente!

EL PADRE. *(Exaltado, intenta levantarse.)* ¡Hablaban
de mi hijo!

VICENTE. *(Lo sujeta en la silla.)* ¡Yo soy su hijo!
¿Tiene usted algo que decirle a su hijo? ¿Tiene algo
que reprocharle?

EL PADRE. ¿Dónde está?

VICENTE. ¡Ante usted!

EL PADRE. *(Después de mirarle fijamente vuelve a
recortar su postal, mientras profiere, desdeñoso.)* Márchese.

> *(Cruzan sombras. Vicente suspira y se acerca
> al tragaluz.)*

VICENTE. ¿Por qué no dice "márchate" en lugar de
"márchese"? Soy su hijo.

EL PADRE. *(Mirándolo con ojos fríos.)* Pues márchate.

VICENTE. *(Se vuelve en el acto.)* ¡Ah! ¡Por fin me
reconoce! *(Se acerca.)* Déjeme entonces decirle que
me juzga mal. Yo era casi un niño...

EL PADRE. *(Pendiente del tragaluz.)* ¡Calle! Están
hablando.

VICENTE. ¡No habla nadie!

> *(Mientras lo dice, la sombra de unas piernas
> masculinas ha cruzado, seguida por la más len-
> ta de unas piernas de mujer, que se detienen. Se
> oyen sus voces.)*

VOZ FEMENINA. *(Inmediatamente después de hablar
Vicente.)* ¿Los protegerías?

VICENTE. *(Inmediatamente después de la voz.)* ¡No
hay nada ahí que nos importe!

> *(Aún no acabó de decirlo cuando se vuelve,
> asustado, hacia el tragaluz. La sombra masculina
> que casi había desaparecido, reaparece.)*

VOZ MASCULINA. ¡Vamos!

VOZ FEMENINA. ¡Contéstame antes!

VOZ MASCULINA. No estoy para hablar de tonterías.

(Las sombras denotan que el hombre aferró a la mujer y que ella se resiste a caminar.)

Voz FEMENINA. Si tuviéramos hijos, ¿los protegerías?

Voz MASCULINA. ¡Vamos, te he dicho!

(El hombre remolca a la mujer.)

Voz FEMENINA. *(Angustiada.)* ¡Di!... ¿Los protegerías?...

(Las sombras desaparecen.)

VICENTE. *(Descompuesto.)* No puede ser... Ha sido otra casualidad... *(A su padre.)* ¿O no ha pasado nadie?

EL PADRE. Dos novios.

VICENTE. ¿Hablaban? ¿O no han dicho nada?

EL PADRE. *(Después de un momento.)* No sé.

(Vicente lo mira, pálido, y luego mira al tragaluz. De pronto, lo cierra con brusquedad.)

VICENTE. *(Habla para sí, trémulo.)* No volveré aquí... No debo volver... No. *(El padre empieza a reír, suave pero largamente, sin mirarlo. Vicente se vuelve y lo mira, lívido.)* ¡No!... *(Retrocede hacia la cómoda, denegando.)* No.

(Se oyó la llave en la puerta. Entra Mario, cierra y llega hasta el cuarto de estar.)

MARIO. *(Sorprendido.)* Hola.

VICENTE. Hola.

MARIO. ¿Te sucede algo?

VICENTE. Nada.

MARIO. *(Mira a los dos.)* ¿Y madre?

VICENTE. Subió a casa de la señora Gabriela.

(Mario cruza para dejar sobre su mesita el libro que traía.)

EL PADRE. *(Canturrea.)*

> La Rosenda está estupenda,
> la Vicenta está opulenta...

MARIO. *(Se vuelve y mira a su hermano.)* Algo te pasa.

VICENTE. Sal de esta casa, Mario.

MARIO. *(Sonríe y pasea.)* ¿A jugar el juego?

EL PADRE. Ven acá, señorito. ¿A que no sabes quién es ésta?

MARIO. ¿Cuál?

EL PADRE. Ésta. *(Le da la lupa.)* Mira bien.

> *(Encarna entra por el primer término izquierdo y se detiene, vacilante, junto al velador. Consulta su reloj. No sabe si sentarse.)*

MARIO. *(A su hermano.)* Es una calle muy concurrida de Viena.

EL PADRE. ¿Quién es?

MARIO. Apenas se la distingue. Está parada junto a la terraza de un café. ¿Quién pudo ser?

EL PADRE. ¡Eso!

MARIO. ¿Qué hizo?

EL PADRE. ¡Eso! ¿Qué hizo?

MARIO. *(A su hermano.)* ¿Y qué le hicieron?

EL PADRE. Yo sé lo que le hicieron. Trae, señorito. Ella me dirá lo que falta. *(Le arrebata la postal y se levanta.)* Pero no aquí. Ella no hablará ante extraños.

> *(Se va por el pasillo, mirando la postal con la lupa, y entra en su habitación, cerrando.)*

VICENTE. Vente a la Editora, Mario. En la primera etapa puedes dormir en mi casa. *(Mario lo mira y se sienta, despatarrado, en el sillón de su padre.)* Estás en peligro: actúas como si fueses el profeta de un dios ridículo... De una religión que tiene ya sus ritos: las postales, el tragaluz, los monigotes de papel... ¡Reacciona!

(Encarna se decide y continúa su marcha, aunque lentamente, saliendo por el lateral derecho.)

MARIO. Me doy plena cuenta de lo extraños que somos. Pero yo elijo esa extrañeza.

VICENTE. ¿Eliges?

MARIO. Mucha gente no puede elegir, o no se atreve. [17] *(Se incorpora un poco; habla con gravedad.)* Tú y yo hemos podido elegir, afortunadamente. Yo elijo la pobreza.

VICENTE. *(Que paseaba, se le encara.)* Se pueden tener ambiciones y ponerlas al servicio de una causa noble.

MARIO. *(Frío.)* Por favor, nada de tópicos. El que sirve abnegadamente a una causa no piensa en prosperar y, por lo tanto, no prospera. ¡Quiá! A veces, incluso pierde la vida... Así que no me hables tú de causas, ni siquiera literarias.

VICENTE. No voy a discutir. Si es tu gusto, sigue pensando así. Pero ¿no puedes pensarlo... en la Editora?

MARIO. ¿En la Editora? *(Ríe.)* ¿A qué estáis jugando allí? Porque yo ya no lo sé...

VICENTE. Sabes que soy hombre de ideas avanzadas. Y no sólo literariamente.

MARIO. *(Se levanta y pasea.)* Y el grupo que os financia ahora, ¿también lo es?

VICENTE. ¿Qué importa eso? Usamos de su dinero y nada más.

MARIO. Y ellos, ¿no os usan a vosotros?

VICENTE. ¡No entiendes! Es un juego necesario...

MARIO. ¡Claro que entiendo el juego! Se es un poco revolucionario, luego algo conservador... No hay

17 En el texto inicial del autor, Mario decía: "Mucha gente no puede elegir, o no se atreve. Se encuentra, de pronto, convertida en un asalariado, en un cura, en una fregona, en un golfo, en una prostituta, en un guardia... *(Se incorpora un poco; habla con gravedad).* Tú y yo hemos podido elegir...Etc". (Cf. Patricia, W. O'Connor, "Censorship in the Contemporary Spanish Theater and Antonio Buero Vallejo", *Hispania*, LII, núm. 2, mayo 1969, p. 286.)

inconveniente, pues para eso se siguen ostentando ideas avanzadas... El nuevo grupo nos utiliza... Nos dejamos utilizar, puesto que los utilizamos... ¡Y a medrar todos! Porque ¿quién sabe ya hoy a lo que está jugando cada cual? Sólo los pobres saben que son pobres.

VICENTE.　Vuelves a acusarme y eso no me gusta.

MARIO.　A mí no me gusta tu Editora.

VICENTE.　*(Se acerca y le aferra por un hombro.)* ¡No quiero medias palabras!

MARIO.　¡Te estoy hablando claro! ¿Qué especie de repugnante maniobra estáis perpetrando contra Beltrán?

VICENTE.　*(Rojo.)* ¿De qué hablas?

MARIO.　¿Crees que no se nota? La novela que le íbais a editar, de pronto, no se edita. En las pruebas del nuevo número de la revista, tres alusiones contra Beltrán; una de ellas, en tu columna. Y un artículo contra él. ¿Por qué?

VICENTE.　*(Le da la espalda y pasea.)* Las colaboraciones son libres.

MARIO.　También tú, para encargar y rechazar colaboraciones. *(Irónico.)* ¿O no lo eres?

VICENTE.　¡Hay razones para todo eso!

MARIO.　Siempre hay razones para cometer una canallada.

VICENTE.　Pero ¿quién es Beltrán? ¿Crees tú que él ha elegido la oscuridad y la pobreza?

MARIO.　Casi. Por lo pronto, aún no tiene coche, y tú ya lo tienes.

VICENTE.　¡Puede comprárselo cuando quiera!

MARIO.　Pero no quiere. *(Se acerca a su hermano.)* Le interesan cosas muy distintas de las que te obsesionan a ti. No es un pobre diablo más, corriendo tras su televisión o su nevera; no es otro monicaco detrás de un volante, orgulloso de obstruir un poco más la circulación de esta ciudad insensata... Él ha elegido... la indiferencia.

VICENTE.　¡Me estás insultando!

MARIO. ¡Él es otra esperanza! Porque nos ha enseñado que también así se puede triunfar..., aunque sea en precario... *(Grave.)* Y contra ese hombre ejemplar os estáis inventando razones importantes para anularlo. Eso es tu Editora. *(Se están mirando intensamente. Suena el timbre de la casa.)* Y no quiero herirte, hermano. Soy yo quien está <u>intentando salvarte a ti</u>. *(Sale al pasillo. Abre la puerta y se encuentra ante él a Encarna, con los ojos bajos.)* ¿Tú? *(Se vuelve instintivamente hacia el cuarto de estar y baja la voz.)* Vete al café. Yo iré dentro de un rato.

(Pero Vicente se ha asomado y reconoce a Encarna.)

VICENTE. ¡Al contrario, que entre! Sin duda no es su primera visita. ¡Adelante, Encarna! *(Encarna titubea y se adelanta. Mario cierra.)* Ya sabes que lo sospeché. *(Fuerte.)* ¿Qué haces ahí parada? *(Encarna avanza con los ojos bajos. Mario la sigue.)* No me habéis engañado: sois los dos muy torpes. ¡Pero ya se acabaron todos los misterios! *(Ríe.)* ¡Incluídos los del viejo y los del tragaluz! No hay misterios. No hay más que seres humanos, cada cual con sus mezquindades. Puede que todos seamos unos redomados hipócritas, pero vosotros también lo sois. Conque ella era quien te informaba, ¿eh? Aunque no del todo, claro. También ella es hipócrita contigo. ¡Pura hipocresía, hermano! No hay otra cosa. Adobada, eso sí, con un poquito de romanticismo... ¿Sois novios? ¿Te dio ya el dulce "sí"? *(Se sienta, riendo.)* ¿A que no?

MARIO. Aciertas. Ella no ha querido.

VICENTE. *(Riendo.)* ¡Claro!

MARIO. *(A Encarna.)* ¿Le hablaste de la carta?

(Ella deniega.)

VICENTE. ¡Siéntate, Encarna! ¡Como si estuvieras en tu casa! *(Ella se sienta.)* ¡Vamos a ver! ¿De qué carta me tenías que hablar?

(Un silencio.)

MARIO.   Sabes que estoy a tu lado y que te ayudaré.

(Un silencio.)

VICENTE.   ¡Me intrigáis!
MARIO.   ¡Ahora o nunca, Encarna!
ENCARNA. *(Desolada.)* Yo... venía a decirte algo a ti. Sólo a ti. Después, le habría hablado. Pero ya...

(Se encoge de hombros, sin esperanza.)

MARIO. *(Le pone una mano en el hombro.)* Te juro que no hay nada perdido. *(Dulce.)* ¿Quieres que se lo diga yo?

(Ella desvía la vista.)

VICENTE. ¡Sí, hombre! ¡Habla tú! Veamos qué misteriosa carta es ésa.
MARIO. *(Después de mirar a Encarna, que rehuye la mirada.)* De una Editora de París, pidiéndoos los derechos de una obra de Beltrán.
VICENTE. *(Lo piensa. Se levanta.)* Sí... Llegó una carta y se ha traspapelado. *(Con tono de incredulidad.)* ¿La tenéis vosotros?
MARIO. *(Va hacia él.)* Ha sido encontrada, hecha añicos, en tu cesto.
VICENTE. *(Frío.)* ¿Te dedicas a mirar en los cestos, Encarna?
MARIO. ¡Fue casual! Al tirar un papel vio el membrete y le llamó la atención.
VICENTE. ¿Por qué no me lo dijiste? Le habríamos pasado en seguida una copia al interesado. No olvides

llevarla mañana. *(Encarna lo mira, perpleja.)* Quizá la rasgué sin darme cuenta al romper otros papeles...

MARIO. *(Tranquilo.)* Embustero.

VICENTE. ¡No te tolero insultos!

MARIO. Y toda esa campaña de la revista contra Beltrán, ¿también es involuntaria? ¡Está mintiendo, Encarna! ¡No se lo consientas! ¡Tú puedes hablarle de muchas otras cosas!

VICENTE. ¡Ella no hablará de nada! [Y tampoco me habría hablado de nada después de hablar contigo, como ha dicho, porque tampoco a ti te habría revelado nada especial... Alguna mentirilla más, para que no la obligases a plantearme esas manías tuyas.] ¿Verdad, Encarna? Porque tú no tienes nada que reprocharme... Eso se queda para los ilusos que miran por los tragaluces y ven gigantes donde deberían ver molinos. *(Sonríe.)* No, hermano. Ella no dice nada... *(Mira a Encarna, que lo mira.)* Ni yo tampoco. *(Ella baja la cabeza.)* Y ahora, Encarna, escucha bien: ¿quieres seguir a mi lado?

> *(Un silencio. Encarna se levanta y se aparta, turbada.)*

MARIO. ¡Contesta!

ENCARNA. *(Musita, con enorme cansancio.)* Sí.

MARIO. No.

> *(Ella lo mira.)*

VICENTE. ¿Cómo?

MARIO. Encarna, mañana dejas la Editora.

VICENTE. *(Riendo.)* ¡Si no puede! Eso sí lo diré. ¿Tan loco te ha vuelto el tragaluz que ni siquiera te das cuenta de cómo es la chica con quien sales? ¿No la escuchabas, no le mirabas a la cara? ¿Le mirabas sólo a las piernas, como a los que pasan por ahí arriba? ¿No sabes que escribe "espontáneo" con equis? ¿Que confunde Belgrado con Bruselas? Y como no aprendió a guisar, ni a coser, no tiene otra perspectiva que la miseria..., salvo a mi lado. Y a mi lado seguirá, si quiere, porque..., a pesar de todo, la aprecio. Ella lo sabe... Y me gusta ayudar a la gente, si puedo hacerlo. Eso también lo sabes tú.

MARIO. Has querido ofender con palabras suaves... ¡Qué torpeza! Me has descubierto el terror que le causas.

VICENTE. ¿Terror?

MARIO. ¡Ah, pequeño dictadorzuelo, con tu pequeño imperio de empleados a quienes exiges que te pongan buena cara mientras tú ahorras de sus pobres sueldos para tu hucha! ¡Ridículo aprendiz de tirano, con las palabras altruistas de todos los tiranos en la boca...!

VICENTE. ¡Te voy a cerrar la tuya!

MARIO. ¡Que se avergüence él de tu miedo, Encarna, no tú! Te pido perdón por no haberlo comprendido. Ya nunca más tendrás miedo. Porque tú sabes que aquí, desde mañana mismo, tienes tu amparo.

VICENTE. ¿Le estás haciendo una proposición de matrimonio?

MARIO. Se la estoy repitiendo.

VICENTE. Pero todavía no ha accedido. *(Lento.)* Y no creo que acceda. *(Un silencio.)* ¿Lo ves? No dice nada.

MARIO. ¿Quieres ser mi mujer, Encarna?

ENCARNA. *(Con mucha dificultad, después de un momento.)* No.

> *(Vicente resuella y sonríe, satisfecho. Mario mira a Encarna estupefacto y va a sentarse lentamente al sillón de su padre.)*

VICENTE. ¡Ea! Pues aquí no ha pasado nada. Un desengaño sentimental sin importancia. Encarna permanece fiel a la Editora y me atrevo a asegurar que más fiel que nunca. No te molestes en ir por las pruebas; te las iré enviando para ahorrarte visitas que, sin

duda, no te son gratas. Yo también te libraré de las
mías: tardaré en volver por aquí. Vámonos, Encarna.

> *(Se encamina al pasillo y se vuelve. Atrozmente
> nerviosa, Encarna mira a los dos. Mario jugue-
> tea, sombrío, con las postales.)*

ENCARNA. Pero no así...
VICENTE. *(Seco.)* No te entiendo.
ENCARNA. Así no, Vicente... *(Mario la mira.)* ¡Así
no!
VICENTE. *(Avanza un paso.)* ¡Vámonos!
ENCARNA. ¡No...! ¡No!
VICENTE. ¿Prefieres quedarte?
ENCARNA. *(Con un grito que es una súplica.)* ¡Mario!
VICENTE. ¡Cállate y vámonos!
ENCARNA. ¡Mario, yo venía a decírtelo todo! Te lo
juro. Y voy a decirte lo único que aún queda por
decir...
VICENTE. ¿Estás loca?
ENCARNA. Yo he sido la amante de tu hermano.

> *(Mario se levanta de golpe, descompuesto. Cor-
> ta pausa.)*

VICENTE. *(Avanza un paso, con fría cólera.)* Sólo
un pequeño error: no ha sido mi amante. Es mi aman-
te. Hasta ayer, por lo menos.
MARIO. ¡Canalla!
VICENTE. *(Eleva la voz.)* Porque ahora, claro, sí ha
dejado de serlo. Y también mi empleada...
MARIO. *(Aferra a su hermano y lo zarandea.)* ¡Bri-
bón!
ENCARNA. *(Grita y procura separarlos.)* ¡No!
MARIO. ¡Gusano...!

> *(Lo golpea.)*

ENCARNA. ¡No, por piedad!

VICENTE. ¡Quieto! ¡Quieto, imbécil! *(Logra repelerlo. Quedan los dos frente a frente, jadeantes. Entre los dos, ella los mira con angustia.)* ¡Ella es libre!

MARIO. ¡Ella no tenía otra salida!

VICENTE. ¡No vuelvas a inventar para consolarte! Ella me ha querido... un poco. *(Encarna retrocede hasta la cómoda, turbada.)* Y no es mala chica, Mario. Cásate con ella, si quieres. A mí ya no me interesa. Porque no es mala, pero es embustera, como todas. Además que, si no la amparas, se queda en la calle..., con un mes de sueldo. Tienes un mes para pensarlo. ¡Vámos, caballero andante! ¡Cóncedele tu mano! ¿O no te atreves? No me vas a decir que tienes prejuicios: eso ya no se estila.

MARIO. ¡Su pasado no me importa!

VICENTE. *(Con una leve risa contenida.)* Si te entiendo... De pronto, en el presente, ha dejado de interesarte. Como a mí. Pásate mañana por la Caja, muchacha. Tendrás tu sobre. Adiós.

(Va a irse. Las palabras de Mario le detienen.)

MARIO. El sobre, naturalmente. Das uno, y a olvidar... ¡Pero tú no puedes olvidar, aunque no vuelvas! Cuando cometas tu próxima trapacería recuerda que yo, desde aquí, te estaré juzgando. *(Lo mira muy frío y dice con extraño acento.)* Porque yo sé.

VICENTE. *(Después de un momento.)* ¿De qué hablas?

MARIO. *(Le vuelve la espalda.)* Vete.

VICENTE. *(Se acerca.)* ¡Estoy harto de tus insidias! ¿A qué te refieres?

MARIO. Antes de Encarna, ya has destrozado a otros... Seguro que lo has pensado.

VICENTE. ¿El qué?

MARIO. Que nuestro padre puede estar loco por tu culpa.

VICENTE. ¿Porque me fui de casa? ¡No me hagas reír!

MARIO. ¡Si no te ríes! *(Va a la mesa y recoge una postal.)* Toma. Ya es tarde para traerla. *(Vicente se inmuta. Encarna intenta atisbar la postal.)* Sí, Encarna: la misma que no quiso traer hace días, él sabrá por qué.

VICENTE. *(Le arrebata la postal.)* ¡No tienes derecho a pensar lo que piensas!

MARIO. ¡Vete! ¡Y no mandes más sobres!

VICENTE. *(Estalla.)* ¡Esto no puede quedar así!

MARIO. *(Con una risa violenta.)* ¡Eso, tú sabrás!

VICENTE. *(Manosea, nervioso, la postal.)* ¡Esto no va a quedar así!

> *(Con el ceño fruncido se vuelve, traspone el pasillo y sale de la casa dando un tremendo portazo. Mario dedica una larga, tristísima mirada a Encarna, que se la devuelve con ansiedad inmensa. Luego se acerca al tragaluz y mira, absorto, la claridad exterior.)*

ENCARNA. Mario... *(Él no responde. Ella se acerca unos pasos.)* Él quería que me callara y yo lo he dicho... *(Un silencio.)* Al principio creí que le quería... Y, sobre todo, tenía miedo... Tenía miedo, Mario. *(Baja la voz.)* También ahora lo tengo. *(Largo silencio.)* Ten piedad de mi miedo, Mario.

MARIO. *(Con la voz húmeda.)* ¡Pero tú ya no eres Encarna!...

> *(Ella parpadea, trémula. Al fin, comprende el sentido de esas palabras. Él las susurra para sí de nuevo, mientras deniega. Ella inclina la cabeza y se encamina al pasillo, desde donde se vuelve a mirarlo con los ojos arrasados. Después franquea el pasillo rápidamente y sale de la casa. La luz decrece. Ella y Él reaparecen por los laterales. Dos focos los iluminan. Él señala a Mario, que se ha quedado inmóvil.)*

ÉL. Tal vez Mario pensó en aquel momento que es preferible no preguntar por nada ni por nadie.

ELLA. Que es mejor no saber.

ÉL. Sin embargo, siempre es mejor saber, aunque sea doloroso.

ELLA. Y aunque el saber nos lleve a nuevas ignorancias.

ÉL. Pues, en efecto: ¿quién es ése? Es la pregunta que seguimos haciéndonos.

ELLA. La pregunta invadió al fin el planeta en el siglo veintidós.

ÉL. Hemos aprendido de niños la causa: las mentiras y catástrofes de los siglos precedentes la impusieron como una pregunta ineludible.

ELLA. Quizá fueron numerosas, sin embargo, las personas que, en aquellos siglos atroces, guardaban ya en su corazón... ¿Se decía así?

ÉL. Igual que decimos ahora: en su corazón.

ELLA. Las personas que guardaban ya en su corazón la gran pregunta. Pero debieron de ser hombres oscuros, habitantes más o menos alucinados de semisótanos o de otros lugares parecidos.

(La luz se extingue sobre Mario, cuyo espectro se aleja lentamente.)

ÉL. Queremos recuperar la historia de esas catacumbas; preguntarnos también quiénes fueron ellos. [Y las historias de todos los demás: de los que nunca sintieron en su corazón la pregunta.]

ELLA. Nos sabemos ya solidarios, no sólo de quienes viven, sino del pasado entero. Inocentes con quienes lo fueron; culpables con quienes lo fueron.

ÉL. Durante siglos tuvimos que olvidar, para que el pasado no nos paralizase; ahora debemos recordar incesantemente para que el pasado no nos envenene.

ELLA. Reasumir el pasado vuelve más lento nuestro avance, pero también más firme.

ÉL. Compadecer, uno por uno, a cuantos vivieron, es una tarea imposible, loca. Pero esa locura es nuestro orgullo.

ELLA. Condenados a seleccionar, nunca recuperaremos la totalidad de los tiempos y las vidas. Pero en esa tarea se esconde la respuesta a la gran pregunta, si es que la tiene.

ÉL. Quizá cada época tiene una, y quizá no hay ninguna. En el siglo diecinueve, un filósofo aventuró cierta respuesta. Para la tosca lógica del siglo siguiente resultó absurda. Hoy volvemos a hacerla nuestra, pero ignoramos si es verdadera... ¿Quién es ése?

ELLA. Ese eres tú, y tú y tú. Yo soy tú, y tú eres yo. Todos hemos vivido, y viviremos, todas las vidas.

ÉL. Si todos hubiesen pensado al herir, al atropellar, al torturar, que eran ellos mismos quienes lo padecían, no lo habrían hecho... Pensémoslo así, mientras la verdadera respuesta llega.

ELLA. Pensémoslo, por si no llega...

(Un silencio.)

ÉL. Veintiséis horas después de la escena que habéis presenciado, esta oscura historia se desenlaza en el posento del tragaluz.

(Señala al fondo, donde comienzan las vibraciones luminosas. Desaparecen los dos por los laterales. La luz se normaliza en el cuarto de estar. Mario y El padre vienen por el pasillo. El padre se detiene y escucha; Mario llega hasta su mesita y se sienta para hojear, abstraído, un libro.)

EL PADRE. ¿Quién habla por ahí fuera?

MARIO. Serán vecinos.

EL PADRE. Llevo días oyendo muchas voces. Llantos, risas... Ahora lloran. *(Se acerca al tragaluz.)* Aquí tampoco es.

(Se acerca al pasillo.)

MARIO. Nadie llora.

EL PADRE.   Es ahí fuera. ¿No oyes? Una niña y una mujer mayor.

MARIO.   *(Seguro de lo que dice.)* La voz de la mujer mayor es la de madre.

EL PADRE.   ¡Ji, ji! ¿Hablas de esa señora que vive aquí?

MARIO.   Sí.

EL PADRE.   No sé quién es. La niña sí sé quién es. *(Irritado.)* ¡Y no quiero que llore!

MARIO.   ¡No llora, padre!

EL PADRE.   *(Escucha.)* No. Ahora no. *(Se irrita de nuevo.)* ¿Y quién era la que llamó antes? Era la misma voz. Y tú hablaste con ella en la puerta.

MARIO.   Fue una confusión. No venía aquí.

EL PADRE.   Está ahí fuera. La oigo.

MARIO.   ¡Se equivoca!

EL PADRE.   *(Lento.)* Tiene que entrar.

> *(Se miran. El padre va a sentarse y se absorbe en una revista. Una pausa. Se oye el ruido de la llave. La madre entra y cierra. Llega al cuarto de estar.)*

LA MADRE.   *(Mira a hurtadillas a su hijo.)* Sal un rato si quieres, hijo.

MARIO.   No tengo ganas.

LA MADRE.   *(Con ansiedad.)* No has salido en todo el día...

MARIO.   No quiero salir.

LA MADRE.   *(Titubea. Se acerca y baja la voz.)* Hay alguien esperándote en la escalera.

MARIO.   Ya lo sé.

LA MADRE.   Se ha sentado en los peldaños... [A los vecinos les va a entrar curiosidad...]

MARIO.   Ya le he dicho [a ella] que se vaya.

LA MADRE.   ¡Déjala entrar!

MARIO.   No.

LA MADRE.   ¡Y os explicábais!

MARIO. *(Se levanta y pasea.)* ¡Por favor, madre! Esto no es una riña de novios. Tú no puedes comprender.

(Un silencio.)

LA MADRE. Hace una hora me encontré a esa chica en la escalera y me la llevé a dar una vuelta. Me lo ha contado todo. [Entonces yo le he dicho que volviera conmigo y que yo te pediría que la dejases entrar.] *(Un silencio.)* ¡Es una vergüenza, Mario! Los vecinos murmurarán... No la escuches, si no quieres, pero déjala pasar. *(Mario la mira, colérico, y va rápido a su cuarto para encerrarse. La voz de La madre lo detiene.)* No quieres porque crees que no me lo ha contado todo. También me ha confesado que ha tenido que ver con tu hermano.

(Estupefacto, Mario cierra con un seco golpe la puerta que abrió.)

MARIO. *(Se acerca a su madre.)* Y después de saber eso, ¿qué pretendes? ¿Que me case con ella?

LA MADRE. *(Débil.)* Es una buena chica.

MARIO. ¿No es a mi hermano a quien se lo tendrías que proponer?

LA MADRE. Él... ya sabes cómo es...

MARIO. ¡Yo sí lo sé! ¿Y tú, madre? ¿Sabes cómo es tu favorito?

LA MADRE. ¡No es mi favorito!

MARIO. También le disculparás lo de Encarna, claro. Al fin y al cabo, una ligereza de hombre, ¿no? ¡Vamos a olvidarlo, como otras cosas! ¡Es tan bueno! ¡Nos va a comprar una nevera! ¡Y, en el fondo, no es más que un niño! ¡Todavía se relame con las ensaimadas!

LA MADRE. No hables así.

MARIO. ¡No es mala chica Encarna, no! ¡Y además, se comprende su flaqueza! ¡El demonio de Vicente es tan simpático! Pero no es mujer para él; él merece otra cosa. ¡Mario, sí! ¡Mario puede cargar con ella!

LA MADRE. Yo sólo quiero que cada uno de vosotros viva lo más feliz que pueda...

MARIO. ¿Y me propones a Encarna para eso?

LA MADRE. ¡Te propongo lo mejor...!

MARIO. ¿Porque él no la quiere?

LA MADRE. *(Enérgica.)* ¡Porque ella te quiere! *(Se acerca.)* Es tu hermano el que pierde, no tú. Allá él... No quiero juzgarlo... Tiene otras cualidades... Es mi hijo. *(Le toma de un brazo.)* Esa chica es de oro puro, te lo digo yo. Por eso te confesó ayer sus relaciones con Vicente.

MARIO. ¡No hay tal oro, madre! Le fallaron los nervios, simplemente. ¡Y no quiero hablar más de esto! *(Se desprende. Suena el timbre de la puerta. Se miran. La madre va a abrir.)* ¡Te prohibo que la dejes entrar!

LA MADRE. Si tú no quieres, no entrará.

MARIO. ¡Entonces, no abras!

LA MADRE. Puede ser el señor Anselmo, o su mujer...

EL PADRE. *(Se ha levantado y se inclina.)* La saludo respetuosamente, señora.

LA MADRE. *(Se inclina, suspirando.)* Buenas tardes, señor.

EL PADRE. Por favor, haga entrar a la niña.

> *(La madre y el hijo se miran. Nuevo timbrazo. La madre va a la puerta. El padre mira hacia el pasillo.)*

MARIO. ¿A qué niña, padre?

EL PADRE. *(Su identidad le parece evidente.)* A la niña.

> *(La madre abre. Entra Vicente.)*

VICENTE. Hola, madre. *(La besa.)* Pregúntale a Mario si puede entrar Encarna.

MARIO. *(Se ha asomado al oír a su hermano.)* ¿A qué vienes?

VICENTE. Ocupémonos antes de esa chica. [No pensarás dejarla ahí toda la tarde...]

MARIO. ¿También tú temes que murmuren?

VICENTE. *(Con calma.)* Déjala pasar.

MARIO. ¡Cierra la puerta, madre!

(La madre vacila y al fin cierra. Vicente avanza, seguido de su madre.)

EL PADRE. *(Se sienta y vuelve a su revista.)* No es la niña.

VICENTE. *(Sonriente y tranquilo.)* Allá tú. De todos modos voy a decirte algo. Admito que no me he portado bien con esa muchacha... *(A su madre.)* Tú no sabes de qué hablamos, madre. Ya te lo explicaré.

MARIO. Lo sabe.

VICENTE. ¿Se lo has dicho? Mejor. Sí, madre: una ligereza que procuraré remediar. Quería decirte, Mario, que hice mal despidiéndola y que la he readmitido.

MARIO. ¿Qué?

VICENTE. *(Risueño, va a sentarse al sofá.)* Se lo dije esta mañana, cuando fue a recoger su sobre.

MARIO. ¿Y... se quedó?

VICENTE. [No quería, pero yo tampoco quise escuchar negativas.] Había que escribir la carta a Beltrán y me importaba que ella misma la llevase al correo. Y así lo hicimos. *(Mario lo mira con ojos duros y va bruscamente a su mesita para tomar un pitillo.)* Te seré sincero: no es seguro que vuelva mañana. Dijo que... lo pensaría. ¿Por qué no la convences tú? No hay que hacer un drama de pequeñeces como éstas...

LA MADRE. Claro, hijos...

VICENTE. *(Ríe y se levanta.)* ¡Se me olvidaba! *(Saca de su bolsillo algunas postales.)* Más postales para usted, padre. Mire qué bonitas.

EL PADRE. *(Las toma.)* ¡Ah! Muy bien... Muy bien.

Mario. ¡Muy bien! Vicente remedia lo que puede, adora a su familia, mamá le sonríe, papá le da las gracias y, si hay suerte, Encarna volverá a ser complaciente... La vida es bella.

Vicente. *(Suave.)* Por favor...

Mario. *(Frío.)* ¿A qué has venido?

Vicente. *(Serio.)* A aclarar las cosas.

Mario. ¿Qué cosas?

Vicente. Ayer dijiste algo que no puedo admitir. Y no quiero que vuelvas a decirlo.

Mario. No voy a decirlo.

(Enciende con calma su cigarrillo.)

Vicente. ¡Pero lo piensas! Y te voy a convencer de que te equivocas.

(Inquieta y sin dejar de observarlos, La madre se sienta en un rincón.)

Mario. Bajar aquí es peligroso para ti... ¿O no lo sabes?

Vicente. No temo nada. Tenemos que hablar y lo vamos a hacer.

La madre. Hoy no, hijos... Otro día, más tranquilos...

Vicente. ¿Es que no sabes lo que dice?

La madre. Otro día...

Vicente. Se ha atrevido a afirmar que cierta persona... aquí presente... ha enloquecido por mi culpa.

(Pasea.)

La madre. Son cosas de la vejez, Mario...

Vicente. ¡Quiá, madre! Eso es lo que piensas tú, o cualquiera con la cabeza en su sitio. Él piensa otra cosa.

Mario. ¿Y has venido a prohibírmelo?

Vicente. ¡A que hablemos!

LA MADRE. Pero no hoy... Ahora estáis disgustados...

VICENTE. Hoy, madre.

MARIO. Ya lo oyes, madre. Déjanos solos, por favor.

VICENTE. ¡De ninguna manera! Su palabra vale tanto como la tuya. ¡Quieres que se vaya para que no te desmienta!

MARIO. Tú quieres que se quede para que te apoye.

VICENTE. Y para que no se le quede dentro ese infundio que te has inventado.

MARIO. ¿Infundio? *(Se acerca a su padre.)* ¿Qué diría usted, padre?

(El padre lo mira, inexpresivamente. Luego empieza a recortar un muñeco.)

VICENTE. ¡Él no puede decir nada! ¡Habla tú! ¡Explícanos ya, si puedes, toda esa locura tuya!

MARIO. *(Se vuelve y lo mira gravemente.)* Madre, si esa muchacha está todavía ahí fuera, dile que entre.

LA MADRE. *(Se levanta, sorprendida.)* ¿Ahora?

MARIO. Ahora, sí.

LA MADRE. ¡Tu hermano va a tener razón! ¿Estás loco?

VICENTE. No importa, madre. Que entre.

LA MADRE. ¡No!

MARIO. ¡Hazla entrar! Es otro testigo.

LA MADRE. ¿De qué?

(Bruscamente, Vicente sale al pasillo y abre la puerta. La madre se oprime las manos, angustiada.)

VICENTE. Entra, Encarna. Mario te llama.

(Se aparta y cierra la puerta tras Encarna, que entra. Llegan los dos al cuarto de estar. El padre mira a Encarna con tenaz interés.)

ENCARNA. *(Con los ojos bajos.)* Gracias, Mario.

MARIO. No has entrado para hablar conmigo, sino para escuchar. Siéntate y escucha.

(Turbada por la dureza de su tono, Encarna va a sentarse en un rincón, pero la detiene la voz del Padre.)

EL PADRE.   Aquí, a mi lado... Te estoy recortando una muñeca...

LA MADRE.   *(Solloza.)* ¡Dios mío!

(Encarna titubea.)

MARIO.   Ya que no quieres irte, siéntate, madre.

(La conduce a una silla.)

LA MADRE.   ¿Por qué esto, hijo?...

MARIO.   *(Por su hermano.)* Él lo quiere.

EL PADRE.   *(A Encarna.)* Mira qué bonita...

(Encarna se sienta junto al Padre, que sigue recortando. Vicente se sienta en la silla de la mesita.)

LA MADRE.   *(Inquieta.)* ¿No deberíamos llevar a tu padre a su cuarto?

MARIO.   ¿Quiere usted irse a su cuarto, padre? ¿Le llevo sus revistas, sus muñecos?

EL PADRE.   No puedo.

MARIO.   Estaría usted más tranquilo allí...

EL PADRE.   *(Enfadado.)* ¡Estoy trabajando! *(Sonríe a Encarna y le da palmaditas en una mano.)* Ya verás.

VICENTE.   *(Sarcástico.)* ¡Cuánta solemnidad!

MARIO.   *(Lo mira y acaricia la cabeza de su madre.)* Madre, perdónanos el dolor que vamos a causarte.

LA MADRE.   *(Baja la cabeza.)* Pareces un juez.

MARIO.   Soy un juez. Porque el verdadero juez no puede juzgar. Aunque, ¿quién sabe? ¿Puede usted juzgar, padre?...

(El padre le envía una extraña mirada. Luego vuelve a su recorte.)

VICENTE. Madre lo hará por él, y por ti. Tú no eras más que un niño.

MARIO. Ya hablaremos de aquello. Mira antes a tus víctimas más recientes. Todas están aquí.

VICENTE. ¡Qué lenguaje! No me hagas reír.

MARIO. *(Imperturbable.)* Puedes mirar también a tus espaldas. Una de ellas sólo está en efigie. Pero lo han retratado escribiendo y parece por eso que también él te mira ahora. *(Vicente vuelve la cabeza para mirar los recortes y fotos clavados en la pared.)* Sí: es Eugenio Beltrán.

VICENTE. ¡No he venido a hablar de él!

EL PADRE. *(Entrega a Encarna el muñeco recortado.)* Toma. ¿Verdad que es bonito?

ENCARNA. Gracias.

> *(Lo toma y empieza a arrugarlo, nerviosa. El padre busca otra lámina en la revista.)*

VICENTE. ¡Sabes de sobra lo que he venido a discutir!

EL PADRE. *(A Encarna, que, cada vez más nerviosa, manosea y arruga el muñeco de papel.)* ¡Ten cuidado, puedes romperlo! *(Efectivamente, las manos de Encarna rasgan, convulsas, el papel.)* ¿Lo ves?

ENCARNA. *(Con dificultad.)* Me parece inútil seguir callando... No quiero ocultarlo más... Voy a tener un hijo. [18]

> *(La madre gime y oculta la cabeza entre las manos. Vicente se levanta lentamente.)*

EL PADRE. ¿He oído bien? ¿Vas a ser madre? ¡Claro, has crecido tanto! *(Encarna rompe a llorar.)*

---

[18] Confesión difícil, desde un punto de vista teatral. Es absolutamente necesario que, durante la acción que sigue, sea conocido este dato, que, por otra parte, ya ha venido siendo insinuado varias veces desde el principio mismo de la obra. Sin embargo, esta confesión hace decaer, por unos instantes, la tensión y el interés del espectador, que el dramaturgo recupera unos segundos más tarde.

¡No llores, nena! ¡Tener un hijo es lo más bonito del mundo! *(Busca, febril, en la revista.)* Será como un niño muy lindo que hay aquí. Verás.

> *(Pasa hojas.)*

MARIO. *(Suave, a su hermano.)* ¿No tienes nada que decir?

> *(Desconcertado, Vicente se pasa la mano por la cara.)*

EL PADRE. *(Encontró la lámina.)* ¡Mira qué hermoso! ¿Te gusta?
ENCARNA. *(Llorando.)* Sí.
EL PADRE. *(Empuña las tijeras.)* Ten cuidado con éste, ¿eh? Éste no lo rompas.

> *(Comienza a recortar.)*

ENCARNA. *(Llorando.)* ¡No!...
VICENTE. Estudiaremos la mejor solución, Encarna. Lo reconoceré... Te ayudaré.
MARIO. *(Suave.)* ¿Con un sobre?
VICENTE. *(Grita.)* ¡No es asunto tuyo!
LA MADRE. ¡Tienes que casarte con ella, Vicente!
ENCARNA. No quiero casarme con él.
LA MADRE. ¡Debéis hacerlo!
ENCARNA. ¡No! No quiero. Nunca lo haré.
MARIO. *(A Vicente.)* Por consiguiente no hay que pensar en esa solución. Pero no te preocupes. Puede que ella enloquezca y viva feliz..., como la persona que tiene al lado.
VICENTE. ¡Yo estudiaré con ella lo que convenga hacer! Pero no ahora. Es precisamente de nuestro padre de quien he venido a hablar.

> *(El padre se ha detenido y lo mira.)*

MARIO. Repara... Él también te mira.

VICENTE. ¡Esa mirada está vacía! ¿Por qué no te has dedicado a mirar más a nuestra madre, en vez de observarle a él? ¡Mírala! Siempre ha sido una mujer expansiva, animosa. No tiene nieblas en la cabeza, como tú.

MARIO. ¡Pobre madre! ¿Cómo hubiera podido resistir sin inventarse esa alegría?

VICENTE. *(Ríe.)* ¿Lo oyes, madre? Te acusa de fingir.

MARIO. No finge. Se engaña de buena fe.

VICENTE. ¡Y a ti te engaña la mala fe! Nuestro padre está como está porque es un anciano, y nada más.

(Se sienta y enciende un cigarrillo.)

MARIO. El médico ha dicho otra cosa.

VICENTE. ¡Ya! ¡El famoso trastorno moral!

MARIO. Madre también lo oyó.

VICENTE. Y supongo que también oyó tu explicación. El viejo levantándose una noche, hace muchos años, y profiriendo disparates por el pasillo..., casualmente poco después de haberme ido yo de casa.

MARIO. Buena memoria.

VICENTE. Pero no lo oyó nadie, sólo tú...

MARIO. ¿Me acusas de haberlo inventado?

VICENTE. O soñado. Una cabeza como la tuya no es de fiar. Pero, aunque fuera cierto, no demostraría nada. [Quizá fui algo egoísta cuando me marché de aquí, y también he procurado repararlo. ¡Pero] nadie se vuelve loco porque un hijo se va de casa, a no ser que haya una predisposición a trastornarse por cualquier minucia! Y eso me exime de toda culpa.

MARIO. Salvo que seas tú mismo quien, con anterioridad, creases esa predisposición.

EL PADRE. *(Entrega el recorte a Encarna.)* Toma. Éste es su retrato.

ENCARNA. *(Lo toma.)* Gracias.

VICENTE. *(Con premeditada lentitud.)* ¿Te estás refiriendo al tren?

(La madre se sobresalta.)

MARIO. *(Pendiente de su padre.)* Calla.
EL PADRE. ¿Te gusta?
ENCARNA. Sí, señor.
EL PADRE. ¿Señor? Aquí todos me llaman padre... *(Le oprime con afecto una mano.)* Cuídalo mucho y vivirá.

(Toma otra revista y se absorbe en su contemplación.)

VICENTE. *(A media voz.)* Te has referido al tren. Y a hablar de él he venido.

(El padre lo mira un momento y vuelve a mirar su revista.)

LA MADRE. ¡No, hijos!
VICENTE. ¿Por qué no?
LA MADRE. Hay que olvidar aquello.
VICENTE. Comprendo que es un recuerdo doloroso para ti..., por la pobre nena. ¡Pero yo también soy tu hijo y estoy en entredicho! ¡Dile tú lo que pasó, madre! *(A Mario, señalando al Padre.)* ¡Él nos mandó subir a toda costa! Y yo lo logré. Y luego, cuando arrancó la máquina y os vi en el andén, ya no pude bajar. Me retuvieron. ¿No fue así, madre?
LA MADRE. Sí, hijo.

(Rehuye su mirada.)

VICENTE. *(A Mario.)* ¿Lo oyes? ¡Subí porque él me lo mandó!
MARIO. *(Rememora.)* No dijo una palabra en todo el resto del día. ¿Te acuerdas, madre? Y luego, por la noche... *(A Vicente.)* Esto no lo sabes aún, pero ella

también lo recordará, porque entonces sí se despertó...
Aquella noche se levantó de pronto y la emprendió
a bastonazos con las paredes..., hasta que rompió el
bastón: aquella cañita antigua que él usaba. Nuestra
madre espantada, la nena llorando, y yo escuchándole
una sola palabra mientras golpeaba y golpeaba las
paredes de la sala de espera de la estación, donde nos
habíamos metido a pasar la noche... *(El padre atiende.)*
Una sola palabra, que repetía y repetía: ¡Bribón!...
¡Bribón!...

LA MADRE. *(Grita.)* ¡Cállate!

[EL PADRE. *(Casi al tiempo, señala a la cómoda.)*
¿Pasa algo en la sala de espera?

MARIO. Nada, padre. Todos duermen tranquilos.]

VICENTE. ¿Por qué supones que se refería a mí?

MARIO. ¿A quién, si no?

VICENTE. Pudieron ser los primeros síntomas de su
desequilibrio.

MARIO. Desde luego. Porque él no era un hombre
al uso. Él era de la madera de los que nunca se reponen de la deslealtad ajena.

VICENTE. ¿Estás sordo? ¡Te digo que él me mandó
subir!

LA MADRE. ¡Nos mandó subir a todos, Mario!

MARIO. Y bajar. "¡Baja! ¡Baja!", te decía lleno de
ira, desde el andén... Pero el tren arrancó... y se te
llevó para siempre. Porque ya nunca has bajado de él.

VICENTE. ¡Lo intenté y no pude! Yo había escalado
la ventanilla de un retrete. Cinco más iban allí dentro.
Ni nos podíamos mover.

MARIO. Te retenían.

VICENTE. Estábamos tan apretados... Era más difícil
bajar que subir. Me sujetaron, para que no me quebra-
ra un hueso.

MARIO. *(Después de un momento.)* ¿Y qué era lo
que tú sujetabas?

VICENTE. *(Después de un momento.)* ¿Cómo?

MARIO. ¿Se te ha olvidado lo que llevabas?

Vicente. *(Turbado.)* ¿Lo que llevaba?

Mario. Colgado al cuello. ¿O no lo recuerdas? *(Un silencio. Vicente no sabe qué decir.)* Un saquito. Nuestras escasas provisiones y unos pocos botes de leche para la nena. Él te lo había confiado porque eras el más fuerte... La nena murió unos días después. De hambre. *(La madre llora en silencio.)* Nunca más habló él de aquello. Nunca. Prefirió enloquecer.

(Un silencio.)

Vicente. *(Débil.)* Fue... una fatalidad... En aquel momento, ni pensaba en el saquito...

La madre. *(Muy débil.)* Y no pudo bajar, Mario. Lo sujetaban...

(Largo silencio. Al fin, Mario habla, muy tranquilo.)

Mario. No lo sujetaban; lo empujaban.

Vicente. *(Se levanta, rojo.)* ¡Me sujetaban!

Mario. ¡Te empujaban!

Vicente. ¡Lo recuerdas mal! ¡Sólo tenías diez años!

Mario. Si no podías bajar, ¿por qué no nos tiraste el saco?

Vicente. ¡Te digo que no se me ocurrió! ¡Forcejeaba con ellos!

Mario. *(Fuerte.)* ¡Sí, pero para quedarte! Durante muchos años he querido convencerme de que recordaba mal; he querido creer en esa versión que toda la familia dio por buena. Pero era imposible, porque siempre te veía en la ventanilla, pasando ante mis ojos atónitos de niño, fingiendo que intentabas bajar y resistiendo los empellones que te daban entre risas aquellos soldadotes... ¿Cómo no ibas a poder bajar? ¡Tus compañeros de retrete no deseaban otra cosa! ¡Les estorbabas! *(Breve silencio.)* Y nosotros también te estorbábamos. La guerra había sido atroz para todos, el futuro era incierto y, de pronto, comprendiste que el saco era tu primer botín. No te culpo del todo; sólo eras un muchacho hambriento y asustado. Nos tocó crecer en años difíciles... [19] ¡Pero ahora, hombre ya, sí eres culpable! Has hecho pocas víctimas, desde luego; hay innumerables canallas que las han hecho por miles, por millones. ¡Pero tú eres como ellos! Dale tiempo al tiempo y verás crecer el número de las tuyas... Y tu botín. *(Vicente, que mostró, de tanto en tanto, tímidos deseos de contestar, se ha ido apagando. Ahora mira a todos con los ojos de una triste alimaña acorralada. La madre desvía la vista. Vicente inclina la cabeza y se sienta, sombrío. Mario se acerca a él y le habla quedo.)* También aquel niño que te vio en la ventanilla del tren es tu víctima. Aquel niño sensible, a quien su hermano mayor enseñó, de pronto, cómo era el mundo.

EL PADRE. *(A Encarna, con una postal en la mano.)* ¿Quién es éste, muchacha?

ENCARNA. *(Muy quedo.)* No sé.

EL PADRE. ¡Je! Yo, sí. Yo sí lo sé.

(Toma la lupa y mira la postal con mucho interés.)

VICENTE. *(Sin mirar a nadie.)* Dejadme solo con él.

MARIO. *(Muy quedo.)* Ya, ¿para qué?

VICENTE. ¡Por favor!

(Lo mira con ojos extraviados.)

MARIO. *(Lo considera un momento.)* Vamos a tu cuarto, madre. Ven, Encarna.

(Ayuda a su madre a levantarse. Encarna se levanta y se dirige al pasillo.)

---

[19] En el texto inicial, en vez de decir: "Nos tocó vivir en años difíciles", Mario decía: "Nos tocó crecer en un tiempo de asesinos y nos hemos hecho hombres en un tiempo de ladrones". (Cf. P. W. O'Connor, *Ibid.*)

LA MADRE. *(Se vuelve hacia Vicente antes de salir.)*
¡Hijo!...

> *(Mario la conduce. Encarna va tras ellos. Entran
> los tres en el dormitorio y cierran la puerta. Una
> pausa. El padre sigue mirando su postal. Vicente
> lo mira y se levanta. Despacio, va a su lado y se
> sienta junto a la mesa, de perfil al Padre, para
> no verle la cara.)*

VICENTE.   Es cierto, padre. Me empujaban. Y yo no
quise bajar. Les abandoné, y la niña murió por mi
culpa. Yo también era un niño y la vida humana no
valía nada entonces... En la guerra habían muerto cien-
tos de miles de personas... Y muchos niños y niñas
también..., de hambre o por las bombas... Cuando me
enteré de su muerte pensé: un niño más. Una niña
que ni siquiera había empezado a vivir... *(Saca lentamente del bolsillo el monigote de papel que su padre
le dio días atrás.)* Apenas era más que este muñeco
que me dio usted... *(Lo muestra con triste sonrisa.)* Sí.
Pensé esa ignominia para tranquilizarme. Quisiera que
me entendiese, aunque sé que no me entiende. Le hablo
como quien habla a Dios sin creer en Dios, porque
quisiera que Él estuviese ahí... *(El padre deja lentamente de mirar la postal y empieza a mirarlo, muy
atento.)* Pero no está, y nadie es castigado, y la vida
sigue. Míreme: estoy llorando. Dentro de un momento
me iré, con la pequeña ilusión de que me ha escuchado, a seguir haciendo víctimas... De vez en cuando
pensaré que hice cuanto pude confesándome a usted
y que ya no había remedio, puesto que usted no entiende... El otro loco, mi hermano, me diría: hay remedio. Pero ¿quién puede terminar con las canalladas
en un mundo canalla?

> *(Manosea el arrugado muñeco que sacó.)*

EL PADRE.   Yo.
VICENTE.   *(Lo mira.)* ¿Qué dice? *(Se miran. Vicente
desvía la vista.)* Nada. ¿Qué va a decir? Y, sin em-

bargo, quisiera que me entendiese y me castigase, como cuando era un niño, para poder perdonarme luego... Pero ¿quién puede ya perdonar, ni castigar? Yo no creo en nada y usted está loco. *(Suspira.)* Le aseguro que estoy cansado de ser hombre. Esta vida de temores y de mala fe fatiga mortalmente. Pero no se puede volver a la niñez.

EL PADRE. No.

(Se oyen golpecitos en los cristales. El padre mira al tragaluz con repentina ansiedad. El hijo mira también, turbado.)

VICENTE. ¿Quién llamó? *(Breve silencio.)* Niños. Siempre hay un niño que llama. *(Suspira.)* Ahora hay que volver ahí arriba... y seguir pisoteando a los demás. Tenga. Se lo devuelvo.

(Le entrega el muñeco de papel.)

EL PADRE. No. *(Con energía.)* ¡No!
VICENTE. ¿Qué?
EL PADRE. No subas al tren.
VICENTE. Ya lo hice, padre.
EL PADRE. Tú no subirás al tren.

(Comienza a oírse, muy lejano, el ruido del tren.)

VICENTE. *(Lo mira.)* ¿Por qué me mira así, padre? ¿Es que me reconoce? *(Terrible y extraviada, la mirada del Padre no se aparta de él. Vicente sonríe con tristeza.)* No. Y tampoco entiende... *(Aparta la vista; hay angustia en su voz.)* ¡Elvirita murió por mi culpa, padre! ¡Por mi culpa! Pero ni siquiera sabe usted ya quién fue Elvirita. *(El ruido del tren, que fue ganando intensidad, es ahora muy fuerte. Vicente menea la cabeza con pesar.)* Elvirita... Ella bajó a tierra. Yo subí... Y ahora habré de volver a ese tren que nunca para...

*(Apenas se le oyen las últimas palabras, ahoga-
das por el espantoso fragor del tren. Sin que se
entienda nada de lo que dice, continúa hablando
bajo el ruido insoportable. El padre se está le-
vantando.)*

EL PADRE. ¡No!... ¡No!...

*(Tampoco se oyen sus crispadas negaciones. En
pie y tras su hijo, que sigue profiriendo palabras
inaudibles, empuña las tijeras. Sus labios y su
cabeza dibujan de nuevo una colérica negativa
cuando descarga, con inmensa furia, el primer
golpe, y vuelven a negar al segundo, al tercero...
Apenas se oye el alarido del hijo a la primera
puñalada, pero sus ojos y su boca se abren ho-
rriblemente. Sobre el ruido tremendo se escucha,
al fin, más fuerte, a la tercera o cuarta puñalada,
su última imploración.)*

VICENTE. ¡Padre!...

*(Dos o tres golpes más, obsesivamente asesta-
dos por el anciano entre lastimeras negativas, caen
ya sobre un cuerpo inanimado, que se inclina hacia delante y se desploma en el suelo. El padre
lo mira con ojos inexpresivos, suelta las tijeras
y va al tragaluz, que abre para mirar afuera.
Nadie pasa. El ruido del tren, que está dismi-
nuyendo, todavía impide oír la llamada que dibujan sus labios.)*

EL PADRE. ¡Elvirita!...

*(La luz se extingue paulatinamente. El ruido del
tren se aleja y apaga al mismo tiempo. Oscuridad
total en la escena. Silencio absoluto. Un foco ilumina a los investigadores.)*

ELLA. El mundo estaba lleno de injusticia, guerras
y miedo. Los activos olvidaban la contemplación; quienes contemplaban no sabían actuar.

ÉL. Hoy ya no caemos en aquellos errores. Un ojo
implacable nos mira, y es nuestro propio ojo. El pre-

sente nos vigila; el porvenir nos conocerá, como nosotros a quienes nos precedieron.

ELLA. Debemos, pues, continuar la tarea imposible: rescatar de la noche, árbol por árbol y rama por rama, el bosque infinito de nuestros hermanos. Es un esfuerzo interminable y melancólico: nada sabemos ya, por ejemplo, del escritor aquél a quien estos fantasmas han citado reiteradamente. Pero nuestro próximo experimento no lo buscará; antes exploraremos la historia de aquella mujer que, sin decir palabra, ha cruzado algunas veces ante vosotros.

ÉL. El Consejo promueve estos recuerdos para ayudarnos a afrontar nuestros últimos enigmas.

ELLA. El tiempo... La pregunta...

ÉL. Si no os habéis sentido en algún instante verdaderos seres del siglo veinte, pero observados y juzgados por una especie de conciencia futura; si no os habéis sentido en algún otro momento como seres de un futuro hecho ya presente que juzgan, con rigor y piedad, a gentes muy antiguas y acaso iguales a vosotros, el experimento ha fracasado.

ELLA. Esperad, sin embargo, a que termine. Sólo resta una escena. Sucedió once días después. Hela aquí.

(*Señala al lateral izquierdo, donde crecen las vibraciones luminosas, y desaparece con su compañero. El lateral derecho comienza a iluminarse también. Sentados al velador del café, Encarna y Mario miran al vacío.*)

ENCARNA. ¿Has visto a tu padre?

MARIO. Ahora está tranquilo. Le llevé revistas, pero no le permiten usar tijeras. Empezó a recortar un muñeco... con los dedos. (*Encarna suspira.*) ¿Quién es mi padre, Encarna?

ENCARNA. No te comprendo.

MARIO. ¿Es alguien?

ENCARNA. ¡No hables así!

MARIO. ¿Y nosotros? ¿Somos alguien?

ENCARNA.   Quizá no somos nada.

(Un silencio.)

MARIO.   ¡Yo lo maté!

ENCARNA.   *(Se sobresalta.)* ¿A quién?

MARIO.   A mi hermano.

ENCARNA.   ¡No, Mario!

MARIO.   Lo fui atrayendo... hasta que cayó en el precipicio.

ENCARNA.   ¿Qué precipicio?

MARIO.   Acuérdate del sueño que te conté aquí mismo.

ENCARNA.   Sólo un sueño, Mario... Tú eres bueno.

MARIO.   Yo no soy bueno; mi hermano no era malo. Por eso volvió. A su modo, quiso pagar.

ENCARNA.   Entonces, no lo hiciste tú.

MARIO.   Yo le incité a volver. ¡Me creía pasivo, y estaba actuando tremendamente!

ENCARNA.   Él quería seguir engañándose... Acuérdate. Y tú querías salvarlo.

MARIO.   Él quería engañarse... y ver claro; yo quería salvarlo... y matarlo. ¿Qué queríamos en realidad? ¿Qué quería yo? ¿Cómo soy? ¿Quién soy? ¿Quién ha sido víctima de quién? Ya nunca lo sabré... Nunca.

ENCARNA.   No lo pienses.

MARIO.   *(La mira y baja la voz.)* ¿Y qué hemos hecho los dos contigo?

ENCARNA.   ¡Calla!

MARIO.   ¿No te hemos usado los dos para herirnos con más violencia?

(Un silencio.)

ENCARNA.   *(Con los ojos bajos.)* ¿Por qué me has llamado?

MARIO.   *(Frío.)* Quería saber de ti. ¿Continúas en la Editora?

ENCARNA.   Me han echado.

MARIO. ¿Qué piensas hacer?

ENCARNA. No lo sé. *(La prostituta entra por la derecha. Con leve y aburrido contoneo profesional, se recuesta un momento en la pared. Encarna la ve y se inmuta. Bruscamente se levanta y toma su bolso.)* Adiós, Mario.

(Se encamina a la derecha.)

MARIO. Espera.

(Encarna se detiene. Él se levanta y llega a su lado. La esquinera los mira con disimulada curiosidad y, al ver que no hablan, cruza ante ellos y sale despacio por la izquierda. El cuarto de estar se va iluminando; vestida de luto, La madre entra en él y acaricia, con una tristeza definitiva, el sillón de su marido.)

ENCARNA. *(Sin mirar a Mario.)* No juegues conmigo.

MARIO. No jugaré contigo. No haré una sola víctima más, si puedo evitarlo. Si todavía me quieres un poco, acéptame.

ENCARNA. *(Se aparta unos pasos, trémula.)* Voy a tener un hijo.

MARIO. Será nuestro hijo. *(Ella tiembla sin atreverse a mirarlo. Él deniega tristemente, mientras se acerca.)* No lo hago por piedad. Eres tú quien debe apiadarse de mí.

ENCARNA. *(Se vuelve y lo mira.)* ¿Yo, de ti?

MARIO. Tú de mí, sí. Toda la vida.

ENCARNA. *(Vacila y, al fin, dice sordamente, con dulzura.)* ¡Toda la vida!

(La madre se fue acercando al invisible tragaluz. Con los ojos llenos de recuerdos, lo abre y se queda mirando a la gente que cruza. La reja se dibuja sobre la pared; sombras de hombres y mujeres pasan; el vago rumor callejero inunda la escena. La mano de Encarna busca, tímida, la de Mario. Ambos miran al frente.)

MARIO.   Quizá ellos algún día, Encarna... Ellos sí, algún día... Ellos...

> *(Sobre la pared del cuarto de estar las sombras pasan cada vez más lentas; finalmente, tanto La madre, Mario y Encarna, como las sombras, se quedan inmóviles. La luz se fue extinguiendo; sólo el rectángulo del tragaluz permanece iluminado. Cuando empieza a apagarse a su vez, Él y Ella reaparecen por los laterales.)*

ÉL.   Esto es todo.
ELLA.   Muchas gracias.

TELÓN

ÍNDICE DE LÁMINAS

SE TERMINÓ
DE IMPRIMIR ESTA OBRA
EL DÍA 4 DE JULIO DE 1981

clásicos castalia

ÚLTIMOS TÍTULOS PUBLICADOS